浙江科技学院学术著作出版专项资助

失地老人经济参与的行动逻辑分析
——基于苏中N市Z社区的调查

SHIDI LAOREN JINGJI CANYU DE XINGDONG LUOJI FENXI
Jiyu Suzhong N Shi Z Shequ De Diaocha

于兰华 / 著

图书在版编目(CIP)数据

失地老人经济参与的行动逻辑分析：基于苏中 N 市 Z 社区的调查 / 于兰华著. —北京：中国社会科学出版社，2019.4
ISBN 978-7-5203-4110-3

Ⅰ.①失… Ⅱ.①于… Ⅲ.①老年学—经济学—研究 Ⅳ.①C913.6-05

中国版本图书馆 CIP 数据核字（2019）第 039111 号

出 版 人	赵剑英
责任编辑	刘　艳
责任校对	陈　晨
责任印制	戴　宽

出　　版	中国社会科学出版社
社　　址	北京鼓楼西大街甲 158 号
邮　　编	100720
网　　址	http://www.csspw.cn
发 行 部	010-84083685
门 市 部	010-84029450
经　　销	新华书店及其他书店
印　　刷	北京明恒达印务有限公司
装　　订	廊坊市广阳区广增装订厂
版　　次	2019 年 4 月第 1 版
印　　次	2019 年 4 月第 1 次印刷
开　　本	710×1000　1/16
印　　张	15.75
插　　页	2
字　　数	227 千字
定　　价	68.00 元

凡购买中国社会科学出版社图书，如有质量问题请与本社营销中心联系调换
电话：010-84083683
版权所有　侵权必究

序

  城市化是现代化前行的"车轮",也是人类社会现代文明演进的重要节点。伊始于工业革命以来的西方国家城市化,造就了若干现代化城市,也带来了西方工业文明的迅猛发展。经济基础决定上层建筑,马克思资本城市化理论认为,西方国家"城市人造环境的形成和发展是工业资本利润无情驱动和支配的结果,资本家按自己的意愿创建城市人文物质景观",其结果会因资本过度积累而造成社会关系紧张,并侵扰城市弱势群体的日常生产与生活,城市失业、城市贫困、城市犯罪等社会关系领域的矛盾问题也就难以避免。秉承中国特色社会主义现代化建设新动能,中国城市化战略大规模启动于21世纪,诺贝尔经济学奖得主斯蒂格利茨曾高度评价其是本世纪影响世界的两件大事之一。中国是人民当家作主的社会主义国家,不会有也不会走上西方国家城市化的桎梏。然而,任何国家城市化都会面临一个共同问题:日常生产、生活理念与方式不同的农村人如何实现城市人的顺利转变?这一问题对于现实中国而言同样存在。党的十八大将人的城市化上升为国家战略,明确提出"新型城镇化的核心是人的城镇化"命题。现实看来,"人的城市化"的主要对象是大批失地农民,城市化对他们而言是由农村走向城市,意味着"土地"为业的农村生产、生活方式结束,取而代之的是城市生活、生产方式。在其中,城乡空间的理念、习俗、技能等方面差异无疑是失地农民城市化的障碍。诚然,消除这一障碍,需要国家、社会各界的大力扶持,也需要失地农民自身的自觉努力。服务社会是社会科学研究者的应然使命,近年来中国城市化浪潮下带来的人的城市化问题引发了学界高度关注,诸多相关研究成果出版与公开发表是最好验证，于兰华博士撰写的《失地老人经济参与的行动逻辑分析》著作即是以上研究成果其中之一，也必然会为这一领域的研究增色添彩。

失地老人是失地农民中的特殊群体，相比一般失地农民，具有年龄大、农村生产生活理念根深蒂固、城市生活适应差等特点，因此他们的城市化道路更为艰难。于兰华博士将研究目标聚焦在失地老人的日常生活场景上，以产出性老龄化理论为基础，以现实中失地老人的经济参与行为为研究对象，从行动动机、行动空间、行动策略、行动再生产等方面展开研究，呈现出失地老人在失地后自觉获取生活资料的生动图景，这对于促进失地老人城市化有较为重要实践价值和理论意义，体现出年轻学者浓厚的学术旨趣和人文关怀。产出性老龄化不同于"老而无用"的传统老龄观念，将老年人看作为仍有人力资本的群体，并通过制度、伦理等方面的支持，促进老年人投入到社会生产链条之中，如此不仅可以使他们获得相应的物资生活资料，同时也可在精神生活上获得满足。阿马蒂亚·森认为："只有实现实质自由，才能实现人的全面自由发展，发展可以看作是扩展人们享有的真实自由的一个过程。"失地老人经济参与是失地老人可行能力的现实表达，这种行为的意义：对个体而言，有利于满足他们物质生活资料需求，更有利于他们在精神层面获得更多自我"成就感"，缓解他们城市化不适应带来的情绪压力；对于社会而言，失地老人这种积极作为，可以看作为老年人自我养老能力的彰显，在中国应对老龄化严峻形势方面有重要意义。

通览全书，不难发现，这是一部具有鲜明时代性和学理性的著作，该书特点有：首先，以行动—结构互动为框架，结合中国社会行动的特点，来解释失地老人经济参与的行动逻辑，认为中国人情社会中的"情理法"、制度默许下的"违规空间"，在失地老人经济参与行动实践中都有具体体现。其次，将失地老人经济参与行动置于中国政治、经济、文化、社会的具体情境中分析，认为尽管存在就业年龄限制、市场排斥等不利因素，但社区治理滞后产生的行动"缝隙"、城郊区域劳动力市场需求、失地农民社区乡—城文化的促进等能为他们的经济参与提供狭小的有利空间。再次，提炼了两种不同类型经济参与的行动策略，认为个体摊贩型经济参与借助合作共赢、获取同情、群体性违规策略来获得行动"许可"，而劳务雇佣型经济参与则采用"找关系"、"假年龄"、"低报酬"等变通方式获取工作的"准入"。最后，分析了经济参与的行动再生产意义和未来走向，认为现阶段经济参与行动再生产可以为失地老人提供更多生活保障，是失地老人自发城市化的有效途径，并在城市化过渡阶段构建一种"有序秩序"。现实问题需要理论观照，失地老人经济参与是一种社会现象，作者并非是简单的就事论事，而是采取事实与价值相统一方式，既有现实问题的事实解剖，也有学理意义上的价值追问。对失地老人经济参与行动逻辑的解剖，展现了城市化进程中失地老人主动城市化的自为面相；对失地老人经济参与行动再生产的探究，则是立足社会结构层面、从自我价值和可持续生计的双重实现维度呈现出经济参与再生产的意义、机制与阻滞因素。特别是结论部分对失地老人经济参与的未来走向——走向老年人经济参与的学理判断，较好提升了失地老人经济参与的价值规格，为消解中国老龄化引发的问题提供新思路。

社会科学立足于社会又服务于社会。习近平总书记说："一切有价值有意义的学术研究，都应该反映现实，观照现实，都应该有利于解决现实问题，回答现实课题。"书中呈现的研究成果之于"失地老人的城市化"、"失地老人的养老保障"、"老年人生活质量"、"积极老龄化"等方面都有较为重要的价值。当然该书也存在些许不足，比如失地老人经济参与是个动态的发展过程，不同的行动空间有着不同的行动状态，同时也存在不同的再生产风险，伴随中国新型城镇化国家战略的深入，对此问题的实证跟踪研究可谓是任重道远。

以上只是我的个人浅见，该书真正价值和意义到底如何，还有待各位学界同仁、政府部门以及广大读者给予评鉴！学习无止境，研究无禁区，希望于兰华博士再接再厉，不断进取，勇攀高峰！

是为序。

范斌
2019.2.24

目 录

第一章 导论 (1)
第一节 研究缘起及研究意义 (1)
一 研究缘起 (1)
二 研究意义 (3)
第二节 概念界定 (4)
一 失地老人 (4)
二 经济参与 (7)
三 行动逻辑 (9)
第三节 研究方法 (11)
一 方法论及研究方式 (11)
二 研究样本的选取 (12)
三 资料收集方法 (17)
四 资料分析方法 (19)
第四节 研究思路 (20)
一 分析框架 (20)
二 内容框架 (26)

第二章 文献综述与理论基础 (29)
第一节 文献综述 (29)
一 失地老人研究综述 (29)
二 失地老人经济参与研究综述 (37)
三 行动研究综述 (45)

四　简要述评……………………………………………………（49）
　第二节　理论基础………………………………………………（51）
　　一　行动理论……………………………………………………（51）
　　二　常人方法学理论……………………………………………（52）

第三章　特殊的行动者：城市化进程中的失地老人………（56）
　第一节　城市化推进与失地老人………………………………（56）
　　一　城市化的核心是人的城市化………………………………（56）
　　二　失地老人的生产生活状况…………………………………（58）
　第二节　失地老人问题的出现…………………………………（63）
　　一　城市化进程中征地拆迁制度………………………………（63）
　　二　失地老人的困境……………………………………………（69）
　第三节　经济参与：失地老人生活困境的能动反应…………（72）
　　一　失地老人经济参与的意愿…………………………………（72）
　　二　失地老人经济参与的表现…………………………………（73）

第四章　失地老人经济参与的行动动机……………………（77）
　第一节　一切为了生活…………………………………………（77）
　　一　何谓"生活"界定的标准……………………………………（77）
　　二　生活需求的满足……………………………………………（79）
　第二节　满足生计的动机………………………………………（83）
　　一　失地前后的收支对比分析…………………………………（83）
　　二　与非失地老人的经济对比…………………………………（91）
　　三　对未来预期的焦虑…………………………………………（94）
　第三节　为了家庭代际关系的动机……………………………（98）
　　一　失地老人的家庭经济分析…………………………………（99）
　　二　失地老人的家庭矛盾分析…………………………………（102）
　第四节　社会融入的动机………………………………………（107）
　　一　熟人社会的脱嵌……………………………………………（107）
　　二　经济参与对社会关系的再嵌入……………………………（109）

第五节 获取认同的动机 …………………………………………（112）
　　一 自我认同 ……………………………………………………（112）
　　二 家庭认同 ……………………………………………………（114）
　　三 社会认同 ……………………………………………………（115）

第五章 失地老人经济参与的行动空间 ………………………（119）
　第一节 空间与行动 ………………………………………………（119）
　第二节 失地老人经济参与的政治结构因素 ……………………（122）
　　一 缺失的失地老人就业制度保障 ……………………………（122）
　　二 郊区治理的困境 ……………………………………………（124）
　　三 治理"缝隙"：经济参与行动的可能 ………………………（127）
　第三节 失地老人经济参与的经济结构因素 ……………………（128）
　　一 失地老人劳动力市场的排斥 ………………………………（128）
　　二 多元化市场对就业者需求 …………………………………（129）
　第四节 失地老人经济参与的文化结构因素 ……………………（131）
　　一 "乡—城"交会的社区文化现状 ……………………………（131）
　　二 社区文化对失地老人经济参与的促动 ……………………（133）
　第五节 失地老人经济参与的社会结构因素 ……………………（134）
　　一 社会供养观念对失地老人经济参与的影响 ………………（134）
　　二 相同利益社会诉求下的集体行动动员 ……………………（137）

第六章 失地老人个体摊贩型经济参与的行动策略 …………（141）
　第一节 个体摊贩型经济参与的特征 ……………………………（141）
　　一 人群特征 ……………………………………………………（141）
　　二 自谋出路：经济参与的进入途径 …………………………（143）
　　三 怀旧：失地老人的心理分析 ………………………………（144）
　第二节 个体摊贩型经济参与的形式 ……………………………（146）
　　一 特殊的土地生产者：种菜卖菜的城市菜农 ………………（146）
　　二 屡禁不止的流动摊贩 ………………………………………（150）

第三节 个体摊贩型经济参与的行动策略：管理者——
　　　　社区居民——失地老人的互动 ………………………（153）
　一 影响了谁的环境：行动引发的冲突 ………………（153）
　二 利益均沾：生存伦理下的"和合"策略 ……………（158）
　三 群体性违规：失地老人的妥协与抗争 ……………（162）

第七章　失地老人劳务雇佣型经济参与的行动策略 …………（166）
　第一节 劳务雇佣型经济参与的特征 ……………………（166）
　　一 人群特征 ……………………………………………（166）
　　二 关系介绍与年龄"掩饰"：经济参与的进入途径 ……（168）
　　三 向新：失地老人的心理分析 ………………………（171）
　第二节 劳务雇佣型经济参与的形式 ……………………（173）
　　一 集体承包项目中的临时工 …………………………（173）
　　二 不同形式的"正式工" ………………………………（174）
　第三节 劳务雇佣型经济参与的行动策略：管理者——
　　　　同事——失地老人的互动 …………………………（176）
　　一 老骥伏枥还是抢工作：不同主体的思考方式 ……（176）
　　二 拒绝"搭便车"：对失地老人的别样考核 …………（178）
　　三 以权益换保障：工作权利的维护 …………………（182）

第八章　失地老人经济参与的行动再生产 ……………………（185）
　第一节 何谓行动再生产 …………………………………（185）
　第二节 经济参与的行动再生产意义 ……………………（187）
　　一 为失地老人生活提供更多的保障 …………………（187）
　　二 失地老人自发城市化的有效途径 …………………（191）
　　三 构建城市化过渡阶段的"有序秩序" ………………（193）
　第三节 经济参与的行动再生产机制 ……………………（195）
　　一 个体自我的反思：行动再生产的内在机制 ………（195）
　　二 个体对社会系统的反思：行动再生产的外在机制 …（197）
　　三 重复与调适：行动再生产的实践连续 ……………（204）

第四节　经济参与的行动再生产阻滞因素 …………………（209）
　　　　一　行动空间的变化 ………………………………………（209）
　　　　二　家庭行动时间的"挤占" ………………………………（211）
　　　　三　个体行动能力弱化 ……………………………………（214）
　　第五节　经济参与的行动再生产困境消解 …………………（215）
　　　　一　构建社会支持网络 ……………………………………（215）
　　　　二　加强制度保障 …………………………………………（216）

第九章　结论与讨论 ……………………………………………（221）
　　第一节　研究的结论 …………………………………………（221）
　　　　一　"情理法"的工具性运用 ………………………………（221）
　　　　二　"违规空间"下的自发秩序 ……………………………（223）
　　　　三　乡村性—城市性的行动表征 …………………………（226）
　　第二节　进一步的讨论：失地老人经济参与行动的
　　　　　　未来走向 ……………………………………………（228）

参考文献 …………………………………………………………（231）

附录1　N市Z社区失地老人经济参与调研访谈提纲 …………（236）

附录2　N市Z社区失地老人经济参与调研访谈情况
　　　　一览表 …………………………………………………（239）

第一章 导论

第一节 研究缘起及研究意义

一 研究缘起

随着城市化进程的加速,失地农民数量越来越多。由于失地农民失去了土地保障,目前还无法享受与城市居民同等的社会保障,使他们的社会风险增大,失地农民问题逐渐凸显。作为本书研究对象的失地老人,是失地农民群体中的一部分。他们作为失地农民,同样面临着失地后的生存困境和身份转化的困境。而作为失地老人,他们又缺少中青年失地农民具有的维持生计的竞争力。作为老年人,他们也不能享受与城市老年人相同的养老保障待遇,面临着"生活"和"养老"的双重困境。随着失地老人人数的不断增加,他们的问题已成为一个严重的社会问题亟待解决。

笔者调查发现,在现实生活中经历了空间转换的失地老人并非无所适从,一些有劳力资源的老年人或做菜农、或做流动摊贩、或做临时工、或成为单位的正式雇工。他们是在用自己的行动积极适应着生活,并在现有的社会养老保障资源、家庭养老保障资源外为自己争取到更多有利的养老资源。本书将失地老人的这些行动称为经济参与。在表面上看,这种经济参与是失地老人在城市环境中获取物质生活资料的一种自发行为。但在深层次意义上,这种经济参与又体现了失地老人与城市环境之间的相互作用,体现出行动与结构之间的互嵌互构特点。一方面,经济参与的发生是失地老人适应城市生活的结果;另一方面,经济参与作为失地老人的日常生活实践,又在悄然改变着他们所处的城市环境。

中国的就业环境对失地老人经济参与行动的实施是不利的。老年就业制度保障的缺失、社区管理和城市管理制度的限制、劳动力市场的年龄排斥、社会"供养"观念下对老年就业者的不认同以及失地老人本身体力智力条件的限制，这些都对失地老人经济参与行动设置了诸多障碍。但失地老人经济参与行动在现实中确实发生了。那么失地老人的经济参与是怎样发生的？面临这些限制，失地老人采取了什么策略来应对？经济参与行动又是怎样延续的呢？这些问题都值得我们深思。

然而，现实中政府的关注点主要集中在拆迁补偿、失地农民社会保障、失地农民就业等问题的对策方面。现有的学术研究的焦点也主要在失地农民整体利益的维护方面。在鲜有的对于失地老人的研究中，学者们更关注的是他们的养老问题以及失地后他们因环境改变带来的生活变化，更多只是从"问题"角度对失地老人的生活状况、养老保障、社会网络等方面进行描述，分析他们在失地后静态层面的生活变化，而没有从动态层面关注失地老人失地后的现实境遇和行动回应，换句话说，就是没有关注失地老人主体在变化的环境中尤其是在面临较大生存风险的情况下是如何适应并行动的。而这正是本书的研究旨趣。笔者认为，失地老人是城市化进程中出现的群体，失地老人的城市化是城市化的核心。只有关注到失地老人主体的生活实践状况，才能更好地去认清和解决失地老人面临的问题。失地老人的经济参与是他们生活实践的一部分，在失地后的困境面前，失地老人并没有甘于现状，而是利用自己的勤劳刻苦和生活经验去化解。失地老人经济参与不仅体现了中国人具有较强韧性的生活能力的一面，而且是失地老人适应城市生活和自发城市化的尝试。因此，对失地老人经济参与的关注就非常有意义。为准确把握失地老人的经济参与实践，探求失地老人的经济参与是怎样发生的、失地老人是如何在不利的环境中实施行动的等问题，本书拟选取苏中N市Z社区为样本地，运用质性研究方法，从行动动机、行动空间、行动策略、行动再生产等方面探讨失地老人经济参与的行动逻辑，希冀能为缓解失地老人生活和养老困境、更好地促进他们城市化转变提出管窥之见。

二 研究意义

本书对失地老人经济参与的行动逻辑进行研究，有其重要的理论意义和现实意义。

（一）理论意义

第一，目前对于失地老人的研究，学界多从生活保障、养老保障、社会网络等方面分析他们失地后的生活处境问题。本书认为，生活处境与日常生活密切相关，探讨失地老人的生活处境，还应该从他们失地后的日常生活实践中去把握。为此，本书以"失地老人经济参与"这一生活实践为研究进路，全面了解失地老人经济参与的发生与行动，并在此基础上把握这种自发经济参与与城市生活秩序之间的关系，寻求两者之间的"平衡"，从而更好地促进失地老人的城市化。

第二，注重在中国语境下分析失地老人经济参与的行动逻辑。失地老人的经济参与"如何发生"和"如何行动"是本书研究的主旨内容。研究过程中，立足行动与结构的互动框架，注重运用中国制度、文化、社会心理等影响因素进行分析。如"失地老人韧性的生活态度"、"违规空间的出现"、"情理法的工具性运用"等等都是中国语境下分析的结果，从而能较为客观地深层次探析失地老人经济参与的行动逻辑。

（二）现实意义

现实中，"土地换保障"制度的亟待完善、家庭养老功能的渐趋下降以及传统老龄观对老年群体经济参与的负面影响，失地老人面临着生活与养老的双重困境。而随着失地老人数量不断增多，加上地区发展不平衡，地方政府养老供给也面临极大挑战，失地老人经济参与可成为养老制度的重要补充。另外，失地老人自身劳动资源储备和劳动惯习，主观上也需要有所作为。而在实际生活中，他们也在践行着各种经济参与活动，为改善自身处境做着各种努力。

本书在对城市化核心是"人"的城市化的背景总结与反思基础上，以失地老人的经济参与为研究进路，围绕失地老人经济参与的行动动机、行动空间、行动策略、行动再生产进行探讨：一是通过对失地老人经济参与的发生与行动逻辑的整体分析，可以为政府如何缓解失地老人生活和养老困境、促进他们有序城市化提供新的思路。二是通过对失地老人经济参与行动的意义分析，了解其在生活保障、自我城市化、城市有序秩序等方面的积极作用，可以为提升老年人自我价值认同、改变传统老龄观念提供依据。三是通过对失地老人经济参与行动再生产的困境与消解路径的分析，可以为实践中的失地老人经济参与行动提供政策支持。

第二节　概念界定

一　失地老人

失地老人又称失地老年农民、老年失地农民，指的是失地农民中的老年群体。

失地农民是中国在从农业社会向工业社会转变的过程中出现的特定群体，目前学术界对失地农民的概念界定不一，概括起来主要有广义和狭义之分。广义上的失地农民是指无论出于何种原因而导致农民失去土地，只要是农民（农户）合法拥有的农地在数量上发生减少，他就成为事实上的失地农民。这其中包括下列情况中的任何一种：（1）农民土地所有权转移与否，土地集体所有或转为国家所有；（2）土地使用权的转移方向，转移到个人、单位、企业或政府；（3）土地用途的改变与否，农业用地或非农业用地；（4）农民的失地意愿如何，农民的主动失地或被动失地。而狭义上的失地农民是仅指在城市化进程中农民的土地被全部或大部分征用为非农用地，农民被迫失去土地，所以也可以称为被征地农民。文中失地老人的概念取其狭义含义，指的是城市化进程中被动失去土地的农民，而"老年"取其年代年龄，遵从中国的法律上对老年人的界定。因此，本书研究的群体主要是指60岁以上的失地农民。

失地老人是一个特殊群体，在生活方式和养老保障方面他们既不同于农村老人，也不同于城市老人。

首先，养老资源减少。与农村老人相比，失地老人失去了土地保障，这就意味着他们失去了生活保障，也失去了自我养老的基础和平台，从农村到城市的生活方式改变，导致包括基本生活消费成本、住房成本、医疗成本、服务成本和休闲成本在内的五类显性成本的提高[1]，对于收入保障较差的老年人来说，会导致不堪重负。另外失地老人的家庭保障也面临着功能弱化的趋势。代际关系的变化、老年人权威的日渐丧失使得他们在家庭中的地位下降，而他们又没有城市老人的退休金和养老金待遇，经济上的拮据使得他们更加依赖家庭。与农村老人和城市老人不同的是，失地老人家庭子女也多为失地农民，被动失地后面临着的是重新就业和社会适应。因此失地老人得到的家庭保障不仅取决于子女的孝道，还取决于子女家庭的经济情况。

与城市老人相比，失地老人的社会保障不健全。"土地换保障"制度是目前政府主要执行的征地补偿政策，但对于这个制度的评价多数学者褒贬不一。在诸多的"土地换保障"制度模式中，学者们将失地老人养老保障纳入农村养老保险体系、城市养老保险体系、失地农民养老保险体系、商业保险体系等不同的制度设计。但不管是什么样的模式，都需要失地农民缴纳一定的养老保险费用才能享受到养老待遇，费用从征地补偿费中列支。失地老人的养老保险费用是一次性缴纳，于次月起才能享受政府发放的养老金。而且中国目前发放的失地农民养老金数额偏低，有些地方相当于当地最低保障待遇标准，有些地方则低于这个标准。这样的待遇水平只能保障老年人的基本生活，如果与失地后不断上升的生活支出相比，老年人的生活水平是下降的。

在社区福利方面，失地农民社区与城市社区相比社区福利项目不健全。失地农民社区一般坐落在城市郊区或开发区，社区居委会工作较多处在由农村社区向城市社区转变的过渡阶段，很多工作尚待开展。因此，失地农民社区一定程度上对社区居民的需求无法及时了

---

[1] 施国庆：《被征地农转居老年人口养老成本构成研究》，《河海大学学报》（哲学社会科学版）2014年第1期。

解，社区活动的不丰富也使得失地老人的闲暇娱乐受到影响。不同的是城市社区建设较为成熟，非营利组织的介入也不同程度地提供了资金和各种服务，如慈善超市、敬老院等。

表 1.1　农村老人、失地老人、城市老人养老资源对比

群体/资源	自我保障	家庭保障	社会保障	社区支持	养老走向
农村老人	土地，房屋租赁、商铺收入、集体收入	较强依赖子女物质支持、精神慰藉	新农保、新农合、农村救助	较强的熟人社会网络	建立城乡统筹的多层次的养老保障体系：非缴费型国民养老金、社会养老保险、企业年金和商业保险
失地老人	土地换保障收入、不断减少的集体分红	较强依赖子女物质支持、精神慰藉	参加农村社会保障或城市社会保障或失地社会保障	较弱的熟人社会网络，欠缺的社区福利	
城市老人	退休金或养老金	物质支持依赖小，较强依赖子女精神慰藉	城市社会养老保险、城市社会医疗保险、城市救助	较完善的社区建设，较好的社区福利	

其次，社会风险抵御能力较弱。在经济生活领域，农村老人较少货币支出，土地生产出的农产品可以提供食物来源，自给自足的生活状态在生活成本不断上升的现代社会，为农村老人留有一定生存空间。而且土地资本的不断升值和土地流转政策的实施为农村老人的生计提供了一种可靠保障。城市老人承受着生活成本不断上升的压力，退休金和养老金的货币替代率不断下降，但动态增长的工资调整机制一定程度上消解了这种下降趋势。失地老人没有土地保障，也没有退休金或养老金，仅有的土地换保障收入虽有动态增长，但在城市生活成本和通货膨胀面前，生存风险加大。并且，在社会保障方面，农村老人和城市老人的社会保障体系在不断构建，并向着城乡统筹的方向不断完善，而当前各地的失地农民养老保障多自成一个体系，缺乏与其他社会保障体系的衔接，征地政策和安置方式的不断变换也使得失地老人对未来的养老制度缺乏信心。

在社会生活领域，短缺的社会保障使得农村老人更依赖家庭，文化变迁相对迟缓的农村保留了社区邻里的互助和人际间较多的非物质

资源。土地耕种和操持家务提供了老年人自娱自乐的空间，他们可以从中找到自我价值的实现。城市老人除了在家庭中发挥余热外，越来越多的老年人倾向于参与社区事务，他们通过看报纸、电视、广播等现代传媒，了解现代社会变化，并学习以逐渐跟上社会的发展。而失地老人受到教育文化水平的限制，他们不像城市老人那样可以参与社区事务，他们也没有土地可以耕种，所以他们的精神生活内容比较单调，且自我认同危机严重。

在文化领域，三个群体的老年人都面临着从传统文化到现代文化的文化转型。不同的是，农村环境中的文化转型较慢，因此农村老人所受到文化转型的影响相对较小；城市老人生活丰富，社会参与热情较高，善于在多样化生活中调节自身，他们对于现代文化的接受能力较高；失地老人面临的处境较为艰难，他们既没有传统文化的支撑，也没有现代文化的熏陶，在物质保障不足的情况下，失地老人难以抵御文化转型带来的风险。

通过比较我们可以发现，农村老人、城市老人、失地老人都面临着一定的社会风险，但在抵御风险时他们的能力不同（如表1.1所示）。农村老人生存风险不大，社会环境和文化氛围有利于其养老，但有限的货币收入和活动空间的狭窄使其生活质量不高。城市老人身处急速发展的现代社会，观念的转变和知识更新对其养老环境提出挑战，但在不断完善的社会保障制度和社会福利条件中，他们通过自身的调整，能较好地抵御社会风险。失地老人在居住条件和享受的现代社区福利待遇方面有了改善，但征地政策的不确定性使其生存风险的抵抗能力较差，而养老环境也面临着城市老人的处境，他们在自身调节方面既缺少外在的支持也受自身能力的限制，抵御社会风险的能力较差。

二 经济参与

这里的经济参与是指老年经济参与。国内外对于老年经济参与的定位不同，所以在这个概念界定上也不同。

在国外的研究中，经济参与是指"参与有报酬的商品生产及服务供给的活动"①，老年经济参与和志愿服务、家庭照顾一起同属于产出性老龄化的主要内容，经济参与居于三者之首②，是最能体现老年人对经济社会发展产出效应的部分。国外的产出性老龄化发展迅速，因此国外学者对经济参与研究较多。在他们的研究中，多将经济参与等同于正式的工作参与，即老人有工作的权利和保障并在正规的单位上班。

在中国，对于经济参与的解释并不多。原因在于，在中国法律界定中从事经济活动的主体应该是劳动年龄范围内（16—60岁）的劳动者，60岁以上的老年人则属于退休人群。在现有的劳动观念和市场规范影响下，老年群体被排斥在工作参与活动之外，也就是说，他们并不能像其他劳动年龄内的群体一样拥有劳动机会和权利，即便进入劳动力市场也不能得到相应的权益保障。

本书中对经济参与的定义是根据中国制度规定和市场经济的发展情况，对经济参与的界定加以扩展，它不仅包括国外学者研究中的工作参与，而且还包括失地老人所从事的其他非正式的经济参与形式。在概念界定上，本书将经济参与界定为失地老人以赚取收入为主要目的，通过各种形式参与到市场经济活动中的参与行为。失地老人的物质资源匮乏，所以他们的参与行动必然是以挣钱为首要的目的，是一种主动的参与行为。

多元的市场需求为他们进行经济活动提供了多种参与形式。文中提及的失地老人经济参与有四种形式两种类型，经济参与的四种形式为种菜卖菜、流动摊点、临时工作和正式工作，两种类型是个体摊贩型经济参与和劳务雇佣型经济参与，前两种经济参与形式属于个体摊贩型，后两种经济参与形式属于劳务雇佣型。经济参与形式体现了失地老人在市场中的经济参与行为，不管是哪种类型的经济参与形式都是在市场中以赚钱为目的的经济行为，比如种菜卖菜，失地老人更多

---

① M-H. Nancy, J. Hinterlong & M. Sherraden. *Productive aging: concepts and challenges*, Baltimore: The Johns Hopkins University Press, 2001.
② 南希·莫罗-豪厄尔：《生产性老龄化：理论与应用视角》，《人口与发展》2011年第6期。

体现出来的是一种经济人视角，是对于城市人对绿色蔬菜需求的市场回应，这与他们失地前自给自足的种菜模式不同，同时又与菜贩有着一定的区别。因此，本书以"菜农"来称呼这些失地老人，他们既有着农民自己耕种的特征，但又有着强烈的市场参与意识，菜农较为突出地显示了失地老人从农民到市民的过渡性。经济参与类型反映的是失地老人经济参与的劳务关系，更能体现经济参与的就业性质，菜农和流动摊贩属于个体参与，无劳务关系，不受单位管辖；而临时工和正式工则是有劳务雇佣关系的工作，他们要受到相关单位的规范和制约。经济参与形式和类型的划分，不仅可以展现失地老人经济参与的多样性，而且体现了失地老人在失地后生产生活方式的改变。

三 行动逻辑

"行动"是社会学研究中的一个重要议题。自从马克斯·韦伯把"行动"及行动研究引入社会学领域，"行动"就成为众多社会学家研究的对象。社会学中的行动是行动者与环境互动的结果，有着行动逻辑演进的轨迹。尽管"行动逻辑"的概念并没有被研究者明确提出来，但对行动逻辑的表述却充斥在行动理论中。如帕森斯认为"一项行动在逻辑上应包含：（1）当事人，即行动者；（2）目的；（3）情境。一种是行动者不能控制的叫'条件'，另一种是行动者可以控制的叫'手段'；（4）这些因素间的关系形式，即选择达到目的的手段时要受到规范约束"[1]，只要行动者在环境许可的范围内，采取的手段是"根据可以理解的并且可以由实证经验科学证实的理由来看是在本质上最适合目的的手段"[2]，那么行动就是合理的。按照帕森斯的说法，失地老人经济参与的行动逻辑应包括以下几个部分：

第一，行动者，即失地老人。从行动者主体入手，追寻其实施行动的内在原因，可以帮助我们深刻了解行动者所处的环境，从而更好

---

[1] ［美］帕森斯：《社会行动的结构》，张明德译，译林出版社2003年版，第49—50页。

[2] 同上书，第64页。

地分析行动实施过程中的行动者的理性。

第二，行动动机，即行动者想要得到什么。学者们对行动者的行动动机有着理性或非理性的不同解释，如韦伯从行动者的动机出发把社会行动分为目的合理性行动、价值合理性行动、感情性行动和传统性行动，他认为行动者是主观的、受情感因素所支配；马歇尔把个人看作是有意图有目的的行动者，采取的是通过手段达到目的的工具理性行动；帕森斯则认为个人行动受社会结构的影响，行动是一个包括手段、目的、规范、条件与主观努力等多种因素在内的具有多方面属性的动作过程，是行动者在规范的社会结构中积极主动选择目的的行为。那么，失地老人的行动动机是什么？对这一问题的分析将有利于我们了解为什么在不利的环境中失地老人仍然坚持经济参与的动力所在。

第三，行动空间，即行动发生的环境。任何行动都发生在一定的社会空间中，并受其影响和制约。在行动空间中，有利环境和不利环境同时并存，这些都是客观存在的。对失地老人而言，他们要做的就是对行动空间中的各要素进行分析，哪些是有利资源，哪些是不利资源，从而更好实施行动策略以整合。

第四，行动策略，即行动者采取的手段。行动策略是为达到目的而采取的，是保证行动实现的必要条件。既然如此，行动策略的选择就非常重要，而失地老人的行动策略必然带有其自身群体的特色。

另外，本书在行动逻辑论述中增加了"行动再生产"。再生产是行动的连续，也是行动目的实现后的行动评估。卡班等认为，在研究行动逻辑时还应注意到，"一是理性与认同之间的联系。分析行动不要局限于只分析个体利益，而是要考虑社会认同的各种组成要素，要从自我给他人留下的印象，以及他人为自我制作的形象开始。二是理性与社会公正结合到一起。承认行动逻辑多元性的存在，一下子就使人们联想到社会公正的多种原则与领域的存在。"① 因此，对行动再

---

① ［法］菲利普·卡班、［法］多尔蒂耶：《法国视角下的社会学史和社会学思想》，吴绍宜译，北京大学出版社 2010 年版，第 216 页。

生产的论述会使得失地老人经济参与的行动逻辑分析更加完整。

因此，行动逻辑可以分解为行动者、行动动机、行动空间、行动策略、行动再生产等几个方面。失地老人不同的经济参与方式，其行动策略也必然有所不同，因此本书在探讨失地老人的具体经济参与行动时，按照行动的不同场域进行描述、分析，以期补充每种行动的特定场景和条件约束，从而更好地展示失地老人经济参与的行动逻辑。

第三节　研究方法

一　方法论及研究方式

（一）方法论

本书运用的是解释主义方法论。解释主义可以追溯到德国以新康德主义为代表的历史学派，其代表人物是文德尔班和李凯尔特。新康德主义认为，文化科学与自然科学不同，文化科学的研究，"只能用与价值相关联的特殊方法去表达社会想象的意义"。[①] 德国社会学家马克斯·韦伯继承了新康德主义的观点，把人的社会行动作为社会学研究的对象。

解释主义与实证主义不同的地方在于，他们把社会行动作为一种社会现象来研究，把行动主体充分展现出来，体现行动者的主观意向性。行动主体会用自己的眼光看待和理解外部世界，并进而构建自己的行动。为此，解释研究者较为关注日常生活中人们的社会行动是如何发生的，人们之间是如何互动和相互影响的。解释研究取向为的是，通过对日常生活中社会行动的观察，分析行动者是如何适应并改造自己的生活世界并给予解释，以便系统分析具有社会意义的行动。

解释主义方法论对本书的研究是最为适用的，表现在：第一，将失地老人的经济参与看作有意识的行动，并在具体行动环境中分析行动者的行动理由；第二，逐步深入到经济参与的各个场域，对他们的

[①] 彭华民：《社会学概论》，高等教育出版社2006年版，第25页。

行动加以理解和解释;第三,对行动参与中的多种矛盾冲突加以解释,失地老人的经济参与可能会涉及社区居委会、社区居民、城管人员等利益相关者,解释主义可以从不同立场出发给予主体话语分析,从而更清晰地描绘出失地老人经济参与的具体实施状况。通过这种观察和解释,本书可以在纵观描述的同时揭示行动困境,并期望能为解决行动困境提供解决的思路。

(二)研究方式

本书是以失地老人为研究对象,以经济参与的行动逻辑为研究切入点,这就使得本书研究不仅要关注到老年人"善于表达,不善文笔"的特点,又要深入到行动的每个阶段去微观观察。因此,本书采取的是质性研究的研究方式。

质性研究是一种以描述的方式来理解意义的研究方法,它关注人与人之间的意义理解、交互影响、生活经历和现场情景,研究者可以通过参与到实际调查环境中,充分收集资料,对社会现象进行整体性解读。通过质性研究,笔者可以在调研中搜集到失地老人、社区居民及相关管理者对经济参与行动的看法和感受,尤其是行动者的主观体验,可以通过和调查对象的访谈,了解到更多更全面的信息。

二 研究样本的选取

在社会调查研究中,在总体调查对象中选取有代表性的样本加以研究,并以此推测总体概况的调查研究方法是很普遍的。随着城市化的推进,失地老人问题逐渐普遍化,失地老人经济参与现象在全国各地都有不同程度的发生。但是,受各种因素的影响,比如经济发展水平、社会保障制度实施情况等的影响,失地老人经济参与行动的表现又有所不同。因此,为了更好更全面地揭示和解释失地老人的经济参与问题,研究样本的选取需要涉及多种影响因素。

苏中N市位于江苏省中东部,是中国首批对外开放的14个沿海城市之一,被称为"中国近代第一城"。改革开放以来,N市的经济发展逐渐落后于其他沿海城市,但后发势头明显。在2013年中国社会科学院发布的《2013年中国城市竞争力蓝皮书:中国城市竞争力报告》①中，N市城市综合经济竞争力排名第30位。相比于江苏省的苏南和苏北，苏中N市是个典型的经济发展中城市，后期经济发展的态势影响到人们的生活水平变化和政策制定的变化，这些变化轨迹有利于我们进行纵向分析，因此N市较为适合作为样本研究本书的研究主题。

(一) 样本城市N市的情况介绍

N市是中国有名的"长寿之乡"，人口老龄化发展迅速。早在1982年，N市全市65岁以上老人占总人口比重为7.2%，按照国际标准，N市就已先于全国17年、全省4年进入人口老龄化社会。而据2010年第六次全国人口普查数据显示，N市共有60岁以上常住老年人170.8万人，占常住人口总数的23.5%，老龄化程度远高于全省乃至全国平均水平，而且N市"老"得越来越快，老年人口以平均3%的增长速度逐年递增，老龄化程度呈持续加速态势。随着近年来N市城市化进程的加快，失地老人数量也在迅速增加中。1949年，N市城市非农业人口占总人口的比重仅有7.42%。至改革开放前，城市化水平一直在10%以内徘徊。1978年以后，随着中国经济体制改革的深化和改革开放的深入，N市城市社会经济得到快速发展，城市化进程也迎来了持续、稳定发展的新时期。2000年N市的城市化水平为33.5%，到2015年城市化水平就已达到61%。

随着政府对民生工程的重视，加上经济增长带来的物质后盾，N市的社会保障制度也在不断健全中。与中国其他地方一样，N市的失地农民保障制度在安置方式上经历了工作安置、货币安置和就业培训几个阶段，在补偿标准上则是数量的不断提高。在2004年后，N市的社会保障制度新举措不断出台，为研究失地老人的经济参与提供了丰富的素材。表现在：

第一，从保障制度的变化分析其对老年经济参与行动的影响。2004年江苏省实施《被征地农民基本生活保障制度》，N市作为首批

---

① 《全国综合经济竞争力N市排名第30位》，2013-05-23，N市网，http://www.zgnt.net/content/2013-05/23/content_2201418.htm。

试点城市开始实践。实施伊始，制度规定并不严谨，对于失地老人的补偿有两种选择，要么按月领取生活保障金直至逝世，要么一次性领取（也叫一次性买断），一次性领取的保障金额大致以按次领取的十年总和计算。在这种规定下，部分老人选择一次性领取，后期生活无从保障。2012 年，N 市取消了一次性领取的规定，开始实施《N 市市区被征地农民基本生活保障、城乡居民社会养老保险和企业职工基本养老保险衔接办法》，自此失地老人的待遇标准大大提高。2014 年《市区被征地农民纳入企业职工养老保险缴费和享受待遇标准》出台。在中国，不论是横向各地区间还是在纵向不同时期间失地农民保障制度都显现出不同之处，N 市可以作为一个横截面，从社会保障制度的变化观察其对失地老人生产生活的真实影响。

第二，从保障标准的变化分析其对老年经济参与行动的影响。失地老人的经济参与行动的动机是什么？是单纯的物质因素还是有别的影响因素在起作用？在剖析中，行动主体的经济状况是个非常重要的考量因素。而对于失地老人来讲，失地保障金是其中最重要的组成部分。自 2004 年始，失地老人（一次性领取的除外）每月都可以固定地领到基本生活保障金，虽然保障金在动态增加，从最初的 170 元每月到 2010 年的 300 元每月，但其标准都远远低于当时当地的城市最低生活保障标准。2012 年 N 市实施新制度以来，失地老人的保障金额有了大幅度提高，以年龄为标准从 500 多元到 1000 多元不等。从保障标准的变化可以分析失地老人经济参与的行动动机，进而分析其之后的行动选择。而 N 市近年来失地老人保障金额的变动可以在一定程度上反映不同经济发展地区失地农民经济保障的状况。

第三，笔者自 2004 年进入 N 市工作，正好见证了 N 市经济发展和城市化的进程，多年间对征地拆迁问题的关注也为笔者积累了大量的资料和人脉资源。

（二）样本社区 Z 社区的情况介绍

N 市辖崇川区、港闸区和通州区三个区，面积 1692 平方公里，户籍人口 225 万人。按照"南进东扩"的城市发展战略，位于 N 市南端的崇川区征地拆迁工作紧锣密鼓，从2009年到2010年，下辖的各社区中有139个"城乡结合部"改为"主城区"，有8个"村委会"改为"城乡结合部"。作为N市城市化的主战场，崇川区失地农民问题较为突出，文中访谈资料涉及的Z社区即位于崇川区内。选取Z社区作为样本社区有很大的代表性：

首先，Z社区是个"村改居"社区。Z社区原名Z村，2009年底改称社区。Z社区地处N新城区中心，辖区范围1平方公里，社区党总支现有党员67名，下设五个支部，三个农村党员支部，两个非公企业党支部。社区下辖10个居民小组，（村）常住人口1749人，共430户。

其次，Z社区中有失地老人也有未失地老人，对比性明显。Z社区自2009年开始拆迁，到2014年底已全部安置拆迁七个小组，失地农民数1044人，其中老年人270人，女性145人，男性125人，老年人口占失地人口比例为25.86%。三组、六组和七组尚有705人待迁，市政规划于三年内全部拆迁完毕。因城市建设规划，Z社区居民因项目拆迁到不同小区，目前社区辖有五山公寓、五山新苑两个纯安置小区，少数安置人员分散到其他社区，但他们仍然参与集体分红。

最后，Z社区人口老龄化程度较高，失地老人经济参与现象明显。Z社区的人口老龄化程度较高，老年人口占全部人口的比重为21.46%。为了服务老年人，社区设有居家养老服务站和各式便民服务点，所有老年人都参加了城镇居民医疗保险，并且从2012年6月份起社区对60岁以上老年人建立了健康档案，每周四下午有专门医生进社区为老年人进行健康体检和健康咨询。Z社区失地老人经济参与现象明显。据Z社区袁主任介绍，社区内270名失地老人中有156名实施过经济参与行动。可见只要身体许可，大多数失地老人都在工作，但技术含量较低，多集中在菜农、流动摊贩等领域。

Z社区老龄人口较多，失地老人经济参与活动明显，且有部分未拆迁人员与之比较，因此，Z社区作为研究样本能较好地突出主题，而且本人多次进入社区调研，对社区情况比较了解，并能得到社区有关工作人员的资料提供，对收集资料有诸多便利。

表 1.2　　　　　　Z 社区失地老人基本情况一览表① 　　　单位：人

性别	男	125	文化程度	未上过学	73
	女	145		扫盲班	24
年龄	60—69 岁	158		小学	130
	70—79 岁	80		初中	27
	80 岁及以上	32		初中以上	16
婚姻状况	无配偶	86	居住情况	单独居住	174
	有配偶	184		与未婚子女两代居住	12
身体情况	健康	149		与已婚子女三代及以上居住	80
	基本健康	99			
	不健康，但生活能自理	16		老少居	4
	生活不能自理	6			

资料来源：N 市 2010 年"六普"数据、Z 社区 2010 年户口簿、Z 社区所属医院 L 医生健康档案及访谈资料。

（三）失地老人经济参与情况的介绍

基于本人对 Z 社区比较熟悉，所以在抽样访谈对象时采取的是立意抽样的方法，从 270 名失地老人中选取 49 名曾经或正在经济参与的失地老人作为访谈对象，了解他们的经济参与情况。综观失地老人经济参与的形式中，菜农、流动摊贩的参与人数占总人数的 63.3%；临时工参与人数为 11 人，参与人数占总人数的 22.4%；而正式工参与人数仅为 7 人，占总人数的 14.3%，这与老年就业市场的排斥有关。

---

① 文化程度一栏数据是依据 N 市第五次人口普查的分类标准并结合第六次普查结果对比分析得出；婚姻状况一栏只区分为两种，无配偶既包括未婚也包括丧偶和离异，有配偶包括原配和再婚；居住情况中，单独居住指的是纯老人户，包括一人户、两人户以及 60 岁以上老人与更老父母的居住；老少居指的是老年人与未成年人共同居住；身体情况一栏的分类参照 N 市第六次人口普查的分类标准。

表 1.3　　　　　　失地老人经济参与的基本情况　　　　　　单位：人

性别		男	21
		女	28
年龄		60—69 岁	36
		70—79 岁	12
		80 岁及以上	1
参与类型	个体摊贩型经济参与（菜农、流动摊贩）		31
	劳务雇佣型经济参与	临时工	11
		正式工　保洁员	4
		草坪修剪工	1
		车库管理员	2

三　资料收集方法

文献法。即通过收集各种文献资料，获得调查课题有关信息的方法。本书的文献研究法获得的文献资料主要包括两方面：一是国内外学者关于发展型社会政策、福利多元主义、产出性老龄化、生活质量等的相关研究成果以及国内关于失地老人养老保障方面的研究成果；通过此部分资料的研读，对经济参与的必要性、表现以及影响因素等相关要件进行研究。二是关于 N 市失地农民养老政策的档案资料、网络文献以及相关新闻报道等。随着失地农民问题的凸显，专门针对失地农民的政策不断出台，这些政策代表了国家对这一群体的指导态度和关注程度，同时也影响着失地老人的经济参与意愿和经济参与取向，因此对相关政策的分析有助于更好地把握老年人经济参与的宏观背景。而且对政策的文本分析可以发现普通阅读中把握不到的深层意义，将政策文本解读延伸到实践领域可以检验政策实施在现实生活中的效用，只有这样，才能了解失地老人对相关政策的态度和其影响程度，才能理解经济参与行动发生的现实逻辑。

访谈法。本书中的质性研究是通过访谈的方式呈现的。访谈是围绕对象在具体情境中的特殊事件广泛地搜集资料，并进行分析推理的过程，它是了解 N 市失地老人经济参与实况的重要途径。本书采用的访谈方式为非结构式访谈。非结构式访谈又称非标准化访谈、深度访谈，它的优点在于访谈过程比较开放，受访者不受问卷的限制可以自由阐述，从而可以得到更多的信息。另外，采用非结构式访谈的资料收集方法，也与本书主要的受访对象——失地老人——有关。在调查中发现，失地老人的思维零散，很难在短时间内回答多个问题，他们总是围绕着一个事情前前后后地具体讲述，并将与这个事情有关的所有信息都扩散开来。因此，非结构式访谈可以更深入地获取失地老人经济参与的真实感受和外界的评价。

本人在调研对象选取上采取的是立意抽样的方式。立意抽样是调查员在较为熟悉的环境内使用的抽样方法，这种方法选取的调查对象代表性高，且被调查者比较配合，资料收集较为有效。本人选取的访谈对象主要有四类人：一类是失地老人，了解他们经济参与的内容、动机以及心理感受；一类是失地老人周边的家属、亲戚或是邻居，了解他们对经济参与的态度和支持力度；一类是所在社区、相关主管部门的工作人员，了解他们对失地老人经济参与的态度和支持措施；还有一类是未失地老人，以对比分析"失地"对经济参与的影响。在访谈方式上，笔者采取了团体访谈（座谈会）和个案访谈两种方式，共访谈到92名对象，包括59名失地老人（包括49名曾经或正在经济参与的失地老人和10名没有从事过经济参与的失地老人）、13名失地老人子女、10名农村老人（未失地老人）、4名工作人员、5名社区居民和1名菜场卖菜的菜贩。（见表1.4）

表1.4　　　　　　　Z社区调研访谈形式一览表　　　　　　单位：人

访谈对象	访谈形式	访谈人数
失地老人	座谈会	40
	个案访谈	19
失地老人子女	座谈会	8
	个案访谈	5

续表

访谈对象	访谈形式	访谈人数
农村老人（未失地老人）	座谈会	10
工作人员	个案访谈	4
社区居民	座谈会	5
菜贩	个案访谈	1
合计		92

为了具体呈现访谈的内容，文中将访谈时间2012年、2013年、2014年分别编号为A、B、C，并按访谈时间的先后顺序标记为A1、A2、A3等，B1、B2、B3等，C1、C2、C3等，团体访谈中涉及的某个具体对象以A1-1、A1-2、A2-1等加以表示。具体见附录2。

观察法。实地观察法是指在现实生活场景中观察被访对象的言行举止和所作所为，从生活常态中发现调查对象的思想观念和行为。N市失地老人的经济参与虽然形式多样，有菜农、流动摊贩、临时工和正式工，但他们都频繁活动在我们的日常生活中，因此运用观察法调研非常便利。在文章中观察法的应用主要体现在以下两个方面：第一，在非结构式访谈中观察各类受访对象对经济参与的态度；第二，深入经济参与的实地现场，观察失地老人是如何进行经济参与的。比如在菜农领域，他们是如何在小区内种菜，如何处理与其他社区居民、社区工作人员的关系？他们如何卖菜，如何处理与菜贩之间的矛盾？在流动摊贩领域，他们是如何划定自己的经营地范围，当与城管人员发生冲突，他们又是怎么处理的？在正式工作岗位上，他们是怎么工作的？观察法使失地老人的实际行为"在线"，能够收集到更加丰富和更为真实的信息。

四 资料分析方法

本书采用的资料分析方法是多元话语分析法和历史分析法。

话语分析指的"就是要对那些已经说出来的'话'到底是以怎

样的方式以及按照什么样的规则被说出和被传播的过程加以分析"。① 人类社会中的话语，不仅是传递信息的工具，而且话语作为一种社会实践，体现着权力和意识形态，因此"话语"就成为一种社会分析的工具。与传统话语分析相比，多元话语分析强调"话语分析"与"多元主义"的结合，能更好地将不同话语体系下的言说者话语进行解读。多元话语分析有几个构成：第一，话语策略，即言说者本身为什么如是说；第二，话语规则，即是什么导致言说者如是说；第三，话语效应，话语产生的社会效应是什么？通过多元话语分析，研究者可以对不同话语体系下的基本特征进行分析，并由此将社会行动进行深入解读。

在失地老人经济参与行动中，涉及的话语主体有失地老人、他们的子女、社区居委会、社区居民、城管人员以及工作雇主。不同的主体对老年人经济参与的态度是不同的，他们在行动中也采取了不同的方式，或支持或反对来影响经济参与。从不同主体角度出发进行多元话语分析，可以使我们更好地理解话语主体的不同利益取向，从而为协调矛盾、统一行动提供了可靠路径。

历史分析法。历史分析法是研究者通过对同一对象的研究进行历时性的分析，以从不同阶段的演变中看出某种模式或规律。本书以失地老人为研究对象，不仅对其失地前后的生活进行比较分析，而且在2012—2014年三年间对其经济参与意愿、经济参与方式、经济参与困境进行了历时性的分析。通过历史分析法，笔者希望能够归纳出失地老人经济参与行动的演变逻辑，发现中国情境中经济参与行动实施的特点，并且为促进经济参与行动可持续提供些许建议。

第四节 研究思路

一 分析框架

行动是社会中的行动，行动的发生、发展以及未来的走向都离不

---

① 谢立中：《多元话语分析：社会分析模式的新尝试》，《社会》2010年第2期。

开社会结构诸因素,因此在逻辑分析中,本书使用"结构—行动"的分析框架。

(一)结构与行动的关系论证

在社会学研究中,结构与行动的关系始终受到社会学家们的关注。而关于结构与行动的关系,社会学家们主要持两种不同的观点,一种是结构与行动的二元论,一种是结构与行动的二重性或互构性,而后者已经成为结构与行动关系研究的主流。

结构与行动的二元论者倾向于把行动和社会结构置于分析的两边单独论述,从而使其呈现二元状态。在两者相互关系上,学界则又存在着结构制约行动与行动具有独立性、主体能动性等不同看法。一种看法是主张结构制约行动。学者是社会整体论或唯实论的代表,他们多从宏观方面分析社会,强调社会对个人及其行为的决定作用,把社会看作是君临于个人之上,不依赖于个人而独立存在的客观实体,其代表人物是孔德、涂尔干和帕森斯。另一种看法是承认行动具有独立性、主体能动性。学者从微观方面分析结构与行动的关系,认为人与人之间的互动建立了一种秩序性的安排,即社会结构,不了解个人行动及其主观意义,也就不了解社会结构。马克斯·韦伯最先提出了社会行动的主观意义,符号互动论、交换理论、常人方法学等理论流派继承并深入阐释。结构与行动的二元对立,片面扩大化了行动或结构的作用,使个人与社会、微观与宏观关系处于矛盾冲突的境地。

结构与行动的二重性论者强调从整体上把握社会事实,试图调和或者重构结构与行动的关系,其主要代表人物是马克思、吉登斯、布迪厄和哈贝马斯。

马克思用历史唯物主义观点分析结构与行动的关系,认为结构与行动间相互影响、相互建构。他从生产力与生产关系、经济基础与上层建筑的关系出发,既承认人主观能动性的作用又认为行动受到客观规律的支配,并且认为社会是一个相互联系的有机整体,在研究社会现象时,要把所有的相关因素都考虑进去。具体而言,马克思认为人"首先是有生命的个人、自然的人;其次是现实的个人、社会的人;

再次是具有二重性的人,既是个人的存在,又是社会存在物"。① 资本主义社会的生产方式"异化"了社会中的人,同时也锻造了一批试图摧毁和改造整个社会结构的无产阶级。《共产党宣言》凝聚了马克思对于结构与行动观点的精华,宣言的最后一句清楚表明了这一点。"共产党人不屑于隐瞒自己的观点和意图。他们公开宣布:他们的目的只有用暴力推翻全部现存的社会制度才能达到。让统治阶级在共产主义革命面前发抖吧。无产者在这个革命中失去的只是锁链。他们获得的将是整个世界。"②

现当代社会学家吉登斯、布迪厄、哈贝马斯都致力于结构与行动的整合,而且他们的论域都集中在行动实践层面而非认识论,"因为社会现实既包括行动也包括结构,以及由二者相互作用所产生的历史,而这些现实的材料存在于(实践中的具体)关系之中。"③ 吉登斯提出了结构二重性观点,认为结构与行动不可分离,二者相互建构。他不仅对行动概念提出了新的解释,将行动称为能动并赋予其动态性和时间性特征,而且,他还强调对行动过程的研究,实践意识、行动合理化、对行动后果的应对等④具体研究都显示了吉登斯对行动的实践研究。而就在行动实践中,结构通过共同知识、记忆痕迹内化于行动者日常生活中并在行动中体现出来,而且通过"定位在某一时空情境里的重复性活动"⑤ 得以再生产。结构在行动中"总是同时具有制约性和使动性"⑥,呈现二重性特征。这样,吉登斯通过结构二重性观点,把结构与行动建构在一起。

---

① 叶昌友:《论马克思、恩格斯"个人与社会关系"思想的逻辑起点》,《科学社会主义》2006年第4期。
② [德]马克思、恩格斯:《共产党宣言》,http://www.181855.com/xuanyan/004.htm。
③ [法]布迪厄、华康德:《反思社会学导引》,中央编译出版社1998年版,第16页。
④ 张帆:《行动的意义、结构与分类——以温奇、吉登斯和柯林斯为代表的三种行动观》,《科学技术哲学研究》2012年第3期。
⑤ [英]吉登斯:《社会的构成》,李康、李猛译,上海三联书店1998年版,第75—76页。
⑥ 同上书,第90页。

布迪厄关注现实实践中的社会行动，他分别用场域、资本、惯习回答了行动者在哪里实践、用什么实践和如何实践的问题，场域、资本、惯习以及三者的关系构成了他社会实践理论的主要内容。布迪厄认为，场域"可以被定义为由不同的位置之间的客观关系构成的一个网络，或一个构造"。① 场域是行动者行动的场所，是不同位置的空间排列。惯习是行动者长期实践经验和意识的结构性产物，构成了行动者的行动倾向并指导行动。惯习既是结构的产物，同时也体现着行动者的主动性，是"结构化的结构"和"促结构化的结构"。行动者在惯习的指引下，运用经济资本、文化资本、社会资本等不同资本形式在场域中实践行动，以取得与所在环境的一致性和有利性。而"场域在布迪厄社会实践理论中起一个中介作用，即外在的经济、政治、文化等制约因素并不是直接作用于置身在特定场域的行动者，而是借助于场域的特定中介作用来影响行动者的实践"。② 场域、资本、惯习的相互关系就把结构与行动建构与被建构的关系有机联系在一起。

哈贝马斯在生活世界殖民化背景下讨论能动性和结构问题。哈贝马斯认为，现代社会所面临的最重要的困境就是系统控制了生活世界，即生活世界的殖民化。也就是说，原本属于私人领域和公共空间（生活世界）的非市场和非商品化的活动，被市场机制和科层化的权力（系统）侵蚀了。③ 而要走出生活世界的殖民化，需要人们在交往中遵循一定的规则如平等、商谈并达成共识，这就是哈贝马斯的交往行动理论。他认为，人们的交往行动是合理性行动，不仅再生产了生活世界，而且是系统（哈贝马斯把整个社会世界分为生活世界和系统）维持的基础。不管是生活世界还是系统，与人们的交往行动密切相关，并相互建构。"生活世界的各个部分，如文化模式、合法制度以及个性结构等，是贯穿在交往行为当中的理解过程、协调行为过程以及社会化过程的浓缩和积淀。生活世界当中潜在的资源有一部分进

---

① 包亚明：《布尔迪厄访谈录——文化资本与社会炼金术》，上海人民出版社1997年版，第142页。
② 宫留记：《布迪厄的社会实践理论》，《理论探讨》2008年第6期。
③ 阮新邦等：《解读〈沟通行动论〉》，上海人民出版社2003年版，第23页。

入交往行为，使人们熟悉语境，它们构成交往实践知识的主干。经过分析，这些知识逐渐凝聚下来，成为传统的解释模式；在社会群体的互动网络中，它们则凝固成为价值和规范；经过社会化过程，它们则成为了立场、资质、感觉方式以及认同。"①

从马克思、吉登斯、布迪厄和哈贝马斯的研究中发现，结构与行动二重性观点认为，结构是行动中的结构，行动亦是结构中的行动，结构与行动相互建构，共同组成日常生活的实践连续。相比于结构与行动的二元分化，结构与行动的互构关系更能解释人们的行动本质，因此本书对失地老人经济参与行动逻辑研究主要采用的就是结构与行动的二重性的分析框架。

(二) 本书中结构与行动的框架应用

结构与行动的二重性分析中注重结构与行动的互嵌互构，强调行动者的主体能动性。因此，在本书中结构与行动分析框架的应用表现在两个方面：

第一，从结构与行动的分析框架出发，分析结构如何影响行动，而行动又是如何回应结构。从行动所处的结构分析，失地老人的经济参与行动既有有利资源，也面临着较多不利资源。失地老人经济参与的有利资源表现在四个方面：一是政治因素，城市化进程中城郊治理中管理制度不健全、社区治理不规范，使得失地老人经济参与环境较为宽松，即便有时违反相关规定也能得到谅解；二是经济因素，人们生活水平提高带来了多元市场需求，从而为失地老人经济参与提供了多种可能性的就业机会；三是文化因素，"乡—城"交汇的社区文化促进了失地老人经济参与；四是社会因素，社会供养观念对失地老人经济参与的同情为其缓解冲突提供了便利，相同利益下的社会诉求形成集体行动的动员。失地老人经济参与的不利资源表现在，在个体方面，失地老人体力智力的限制使得他们在经济参与方式方面需要有所选择；在家庭方面，老年经济参与可能影响到家庭照顾从而受到子女

---

① [德] 哈贝马斯：《后形而上学思想》，曹卫东等译，译林出版社2001年版，第82页。

的反对；在社会方面，中国老年就业的制度缺失和市场排斥限制了失地老人的经济参与行动的实施。在既定的结构面前，失地老人想进行经济参与就必须做出调整行动决策，充分利用有利资源，规避不利资源。在个体能力有限的条件下，他们选择了低体力低技术的能够胜任的经济参与形式；在家庭反对情况下，他们选择与家庭妥协，尽力保持经济参与与家庭之间的平衡；在就业制度限制的情况下，他们选择多渠道就业，在不影响他人利益的前提下有限的"违规"，等等。经过这些努力，失地老人的经济参与行动得以实施和再生产，结构与行动实现有机的相互建构。

第二，从结构与行动的分析框架出发，分析行动者在特定环境中是如何发挥主体能动性的。从行动者主体分析，失地老人是一个处在中国情境中的特殊群体，因此，对其行动进行研究就必须将研究的落脚点放在中国的基本情况上，从而使其行动体现出中国情境中的结构与行动框架。华夏文明上下几千年，造就了具有典型华夏特性的中国文明，形成了具有中国本土特色的文化、价值取向和伦理规范，在多年的文明演进中，这些本土特色资源成为影响和制约中国社会公众行动的重要因素。与西方社会相比，中国社会取向的本土特色主要体现在以下方面：一是中国人注重家庭，与西方社会崇尚个人自由平等不同，中国人的家庭和家族理念更为浓厚，一旦两者之间出现矛盾，必将是舍个人而取家庭；二是中国人注重人情关系，与西方国家法治化不同，"靠山、撑腰、走后门、托人、求情"等人情交换方式在中国人们日常生活行为中较为普遍；三是脸面取向，在西方，脸面"所能理解及衍生出来的理论不过是个人印象整饰的策略或人际沟通的一种话语策略"，而在中国，脸面却是一个社会人在社会中的荣誉感、光荣感和成就感的体现，"是个体为了迎合某一社会圈认同的形象，经过印象整饰后表现出来的认同性的心理和行为"[①]，多年以来，"有脸面"和"争脸面"成为中国人奋斗的目标，也成为他们社会行动的

[①] 翟学伟：《中国人脸面观的同质性与异质性》，载《中国人行动的逻辑》，社会科学文献出版社2001年版，第74页。

最主要动力所在。

结合本书中失地老人经济参与的行动逻辑分析,结构与行动的分析框架主要表现为:困境、动机、空间、策略和再生产的一系列行动过程,力争详细真实地展现出失地老人的经济行动如何在特定的环境中开展实施,行动如何地适应环境,环境在行动中又发生了怎样改变,以至产生行动实践连续的条件。

二 内容框架

在内容分析中,本书以失地老人经济参与作为研究对象,着重研究失地老人经济参与的行动逻辑。本书主要包括以下几个部分:

第一部分:导论。主要介绍选题缘起、概念界定、研究思路、研究设计、研究意义等内容。失地老人是失地农民群体中被忽视的人群,失去土地使他们生活发生了很大改变,加上中国目前较为不利的养老环境,使得他们的生活状况成为被关注的焦点。但失地老人不是被动地去接受生活,他们没有安于现状,而是积极主动地运用自己的生活方式来适应和调解周边环境,并通过不同形式的经济参与发挥自己的作用和价值,以获得社会认同和自我认同。本书以苏中N市Z社区作为调查研究区域,选取对象进行非结构式访谈。

第二部分:文献综述与理论基础。随着城市化和征地运动的快速推进,失地农民成为各界关注的群体,但失地老人研究较少,群体特征没有得到足够重视。在现有的失地老人研究文献中,研究者主要描述的是他们的生存状况和养老保障状况,而没有关注到他们在新的环境中的主体行为。本书以行动理论、常人方法学理论、产出性老龄化理论为理论基础,主要研究失地老人在新的城市生活环境中的经济参与行动。

第三部分:失地老人经济参与的行动逻辑(包括第三—八章)。

特殊的行动者:城市化进程中的失地老人。失地老人是伴随城市化而出现的一个群体。中国现阶段的征地补偿制度和拆迁安置制度的实施并没有达到预期的城市化战略构想,失地老人陷入生存困境和老年困境中。失地老人自立自强的经济参与行动对缓解困境有着非常重要的意义。

失地老人经济参与的行动动机。失地老人的行动动机是为了生活的需要而产生的。其中，生计动机是为了缓解失地老人的生存焦虑、满足失地老人生活的物质需要，是现阶段失地老人经济参与的最直接的动力。家庭代际关系动机、社会融入动机和认同动机是为了满足失地老人生活的精神需要，是推动他们经济参与的内在动力。

失地老人经济参与的行动空间。任何行动都是发生在空间中的。失地老人的经济参与行动受到政治、经济、文化、社会各因素的影响和制约，从而在外部环境层面展现了经济参与行动可能面临的各种有利不利条件，这为进一步分析失地老人经济参与的行动开展提供了前提。

失地老人经济参与的行动策略。失地老人经济参与分为个体摊贩型经济参与和劳务雇佣型经济参与两种。个体摊贩型经济参与以种菜卖菜和流动摊点为主要形式，在实施中失地老人需要处理与社区管理者、城市管理者、社区居民之间的关系；劳务雇佣型经济参与以临时工和正式工为主要形式，在实施中失地老人需要处理与单位管理者、同事之间的关系。在失地老人的策略实施下，在"违规空间"中，失地老人的经济参与行动得以实施。

失地老人经济参与的行动再生产。一方面，这种经济参与的行动再生产是失地老人自发的实践连续性的表现。另一方面，通过对经济参与的积极意义分析，现阶段失地老人经济参与有其再生产的必要性。为了消解经济参与再生产的阻滞因素，政府和社会需要采取适当的规避措施。

第四部分：结论与讨论。通过对失地老人经济参与的行动逻辑研究，本书有两个结论，第一，"情理法"的工具性运用。失地老人经济参与是城市生活环境下的一种不规范的自发行动，缺少制度和社会的支持，主要依靠失地老人利用中国情境下的"情理法"策略来获取可能的"违规空间"。第二，"违规空间"下的自发秩序。"违规空间"是失地老人主体努力下的制度"默许"的结果。"违规空间"中的经济参与行动不仅为失地老人获取了生活资料，同时也重构了一种隐性不规范的自发秩序，它与城市空间中显性规范的制度秩序并行存在。第三，乡村性—城市性的行动表征。失地老人经济参与行动同时具有乡村性和城市性的特点。行动的乡村性指的是在农民身份和农民心理作用下，失地老人较多地选择从事个体摊贩型经济参与，且在行动中同质社会资本的运用。行动的城市性体现了失地老人在城市生活环境中的适应能力，表现在他们对劳务雇佣型经济参与的选择，以及在行动中业缘关系的社会交往和异质社会资本的积累。乡村性和城市性在行动中相互补充，不仅促成了失地老人在城市生活环境中新的生产方式的演绎，同时也在悄然改变着失地老人的生活方式、文化观念和社会交往，从而引导着失地老人的城市化转变。

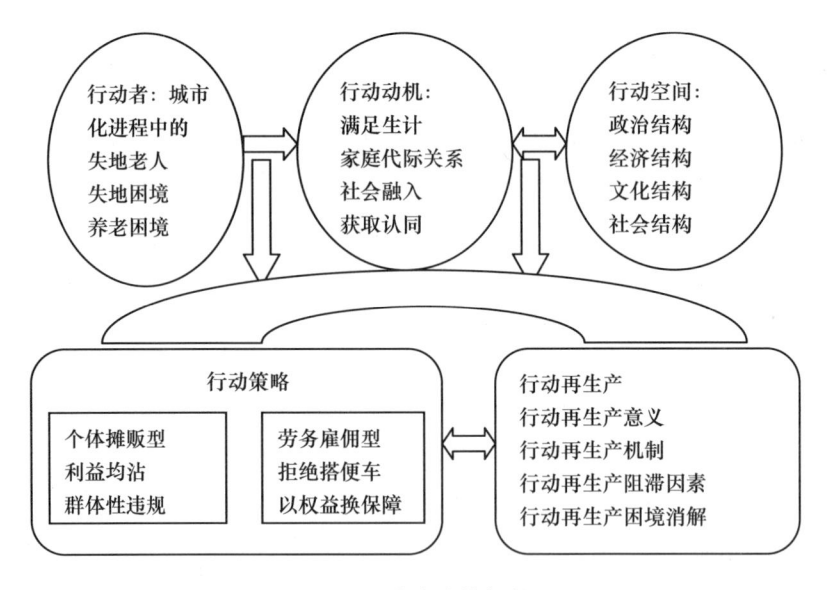

图1.1 本书主体框架

最后，本书进一步讨论，从城市化发展的趋势看，失地老人经济参与行为将发生转型。同时，为更好地迎接中国人口老龄化的挑战和回应失地老人的需求，政府应该以积极主导的态度，借鉴发展型社会政策和产出性老龄化理念，立足中国情境，去引导、去规范，从而为老人经济参与提供更广阔的规范行动空间。

第二章 文献综述与理论基础

基于对失地老人相关研究的综述发现，学界多将失地老人置于失地农民整体中加以研究，在少有的文献中以静态思维探讨失地老人的生活处境问题，而缺少从日常生活实践的动态视角开展研究的成果，这也成为本书以"失地老人经济参与"这一日常实践作为研究进路的理由。为契合研究主题，本书以行动理论、常人方法学理论等作为研究的理论基础。

第一节 文献综述

一 失地老人研究综述

失地老人是失地农民群体中的一部分，因此"失地老人的研究综述"首先要关注学界对于失地农民的研究。

（一）失地农民研究

中国的失地农民问题是在城市化进程中出现的。1978年改革开放以后中国的城市化速度加快，由此出现三次"圈地热"。20世纪80年代中期和90年代初期发生的两次"圈地热"，产生了一批失地农民，但由于政府较好的安置，失地农民矛盾没有激化。而2000年以后发生的第三次大规模"圈地热"，一是城市大量占有土地，失地农民数量激增；二是政府的征地、安置政策并没有体现失地农民的意愿，他们没有共享城市化带来的成果，不仅面临农民与市民间的身份尴尬，又成为"无土地、无工作、无社保"的"三无"对象。随着征地拆迁矛盾的加剧，失地农民问题逐渐成为一个社会问题，引起学界研究者的不断关注。

1. 失地农民问题的"原因"分析

从已有的文献中，对失地农民问题的"原因"分析主要集中在以下三个方面：

第一，土地产权不明晰。土地产权是指以土地所有权为核心的土地财产权利的总和，包括土地所有权及与其相联系的和相对独立的各种权利，如占有权、使用权、经营权等。① 依中国的相关法律，土地所有权属于国家和集体所有，而农民拥有土地的使用权和经营权。如《中华人民共和国宪法》和《中华人民共和国土地管理法》明确规定：城市的土地属于国家所有；农村和城市郊区的土地，除由法律规定属于国家所有的以外，属于集体所有。任何单位或个人需要使用土地，必须依法申请使用国有土地。土地所有权和使用权的分离使农民在国家征地时无从选择，并且这一国家法律层次的制度安排将农民拒之于土地增值收益之外，而农村土地所有权"集体"的虚位，使得"农地被征占时，土地的补偿收益在制度设定和实际操作中就几乎都给了集体（乡镇政府、村委会代表等）"。②

第二，现行征地制度的缺陷。中国现行征地制度产生于计划经济年代，改革开放以来虽几经修改，但制度本身仍存在着不少内在缺陷，如征地补偿原则与经济发展水平的冲突，征地补偿对土地发展权的侵害，征地程序抑制了农民的知情权、参与权等权利，被征地农民生活水平无法城市化等。③ 冀县卿在研究中发现，失地农民普遍对征地制度不满意，不愿意土地被征；市民化后失地农民的征地制度满意度主要受征地制度本身及配套制度的影响。④ 而由于"公共利益"的概念抽象导致的土地征收权滥用、征地补偿制度的不合理（补偿范围狭窄、

---

① 《土地产权》，百度百科，http://baike.baidu.com/view/787290.htm。
② 沈关宝：《城市化进程中的失地农民问题研究》，《上海大学学报》（社会科学版）2006年第7期。
③ 王顺祥：《中国征地制度变迁：驱动因素与制度供给》，博士学位论文，南京农业大学，2010年，第48—62页。
④ 冀县卿：《基于市民化后失地农民视角的征地制度满意度研究》，《中国土地科学》2011年第11期。

补偿标准偏低、补偿方式单一、补偿款分配不合理）、征地程序不规范（审查阶段欠缺对实质内容的审查、征地程序缺少监督机制、土地征收程序中对被征收者的保护不足）导致了中国大规模的征地冲突。①

第三，征地过程中的利益博弈。中国目前农地征收的法律规定和"强政府—弱农民"的力量对比态势决定了农地征收中的零和博弈，即政府利益最大化，而农民权益被剥夺。陈锡文曾撰文指出，由于工业化、城镇化等原因，仅 1979—2000 年间，国家通过征地在地价上从农民那里就拿走了不低于 20000 亿元的土地收益。② 通过对全国 31 省（区、市）91 个被征地村庄和 638 户被征地农户的有效样本调查发现，征地过程中农民的知情权、参与权、处置权、收益权受损严重，且与征地纠纷呈正相关性。③

2. 农民失地引发的"问题"分析

随着城市化进程的加快，土地征用越来越多，而农民失地后引发的一系列问题也逐渐引起学界关注，主要集中在以下几个领域：首先，征地补偿问题。征地补偿是征地制度的核心，也是征地农民最为关心和最为不满的部分。在征地补偿方面，多数学者普遍认为现有的征地补偿无论是范围还是标准都不合理，土地补偿不仅要考虑土地征收前的原有价值，更要考虑土地的市场价值。按照征地后土地用途不同采用不同的确定方法能够提高征地补偿标准。④ 不仅如此，征地补偿既要注重社会公平，更应兼顾土地市场效率。⑤

其次，社会保障问题。对现阶段的中国农民来说，土地不仅是最基本的农业生产资料，而且还是重要的社会保障载体，具有养老保障

---

① 谭峥嵘：《征地冲突与征地制度的完善》，《求实》2011 年第 S1 期。
② 楼培敏：《中国城市化：农民、土地与城市发展》，中国经济出版社 2004 年版，序言第 1—6 页。
③ 侯江华：《城镇化进程中被征地农民的权益损害与征地纠纷》，《西北农林科技大学学报》（社会科学版）2015 年第 3 期。
④ 徐济益：《我国征地补偿中的农地市场价值评估模型及应用》，《华南农业大学学报》（社会科学版）2014 年第 4 期。
⑤ 柴国俊：《征地补偿的多与寡：公平与效率视角》，《农业经济问题》2017 年第 2 期。

和就业保障的功能。因此，学界普遍认为，在给予失地农民的实际收益补偿中，应该构建失地农民的社会保障体系来实现对土地社会保障功能的有效替代。由于中国地方经济发展情况不同，各地失地农民社会保障模式也呈现出不同的探索，如北京的"城保模式"、山东青岛的"农保模式"、上海的"镇保模式"和重庆的"商保模式"。但这些社会保障模式的资金来源于国家给予的标准较低的征地补偿款，社会保障资金不足现象严重。因此，国家需要在逐步完善失地农民补偿安置机制基础上，以共享发展为理念，构建普惠型失地农民社会保障机制。① 而黄健元则认为，土地保障与社会保障并不具有内在的一致性，现存的社会保障安置实际上是侵害了失地农民的社会保障权。为更全面地保障被征地农民的权益，应在合理安置的基础上完善社会保障这一"安全网"。②

再次，失地农民市民化问题。农民失去土地进入城市从事非农生产，其身份、地位、价值观念和生产生活方式必然向市民转变。因此，市民化是城市化的必然结果也是失地农民的最终归宿。但在现实环境中，失地农民市民化遇到诸多困境。学界研究一般从两个理路加以研究：

一个研究理路是政策、制度视角引导市民化路径。张引引用现代空间社会学理论认为城市化越发展到高级阶段，失去土地的农民可以为自己获得社会空间的机会就越少，得不到政府有效安置的农民是难以完成市民化的。③ 社区是政府管理的基层组织，也是人们生活的场所。汪萍基于发展性视角提出聚居型失地农民社区具备促成失地农民完成市民化角色转变的特殊社会化功能，而且社区重建可以实现失地农民的发展诉求，因此社区建设非常必要。④ 孔娜娜也认为，失地农民市民化不仅是

---

① 邵彦敏：《共享发展与失地农民社会保障》，《学习与探索》2017年第2期。
② 黄健元：《论被征地农民社会保障安置的局限与出路》，《河海大学学报》（哲学社会科学版）2014年第4期。
③ 张引：《城市化进程中失地农民市民化路径障碍研究》，《东疆学刊》2010年第1期。
④ 汪萍：《发展视角下聚居型失地农民社区建设问题探讨》，《福建论坛》（人文社会科学版）2012年第1期。

生产方式的市民化，还是生活方式的市民化，因此政府不仅要引入城市经济资源（公共财政），更重要的是引入城市社会资源（城市社会管理和公共服务的制度、理念、人才、机制等），以缩短农民市民化过程、减少农民市民化成本、减轻农民市民化痛苦。同时，失地农民市民化是一个制度化过程，需要政府的制度创设和导入、居委会的制度执行（实施）、民间组织的制度内化以及各主体的分工合作。①

另一个研究理路是农民本身对市民化生活的融入路径。早在2005年，郑杭生就提出了农民市民化的问题。他认为从传统农民的角度来看，农民市民化的进程其实是一个农民超越传统、获得现代潜质的过程。他们要积累社会资本，学会重组社会关系网络与关系资源，扩大交往和学习合作意识。②叶继红认为，失地农民的城市适应实质上是文化适应过程，文化适应作为主体自身的一种行为方式和生存策略，离不开主体能动性的发挥。因此失地农民市民化需要从物理适应、社会适应、观念适应三个层面进行文化建构。③

最后，再就业问题。农民失去土地，也就失去了生存的根本，再就业就成为其维持生存和发展的必需。但失地农民再就业，既面临着城市制度壁垒、市场竞争的阻力，又面临着自身人力资本和社会资本重塑的局限。翟年祥认为，地方政府在失地农民就业问题上的职能失职和现行城乡分割的就业制度制约着失地农民就业。④周毕芬从"社会排斥"的视角出发，认为结构性排斥和功能性排斥使得失地农民在城市中很难立足。⑤刘立宏认为失地农民就业困难的成因可分为两类：

---

① 孔娜娜：《城市社会资源引入与制度系统兼容：失地农民市民化的基本逻辑》，《社会主义研究》2010年第1期。
② 郑杭生：《农民市民化：当代中国社会学的重要研究主题》，《甘肃社会科学》2005年第4期。
③ 叶继红：《城市新移民的文化适应：以失地农民为例》，《天津社会科学》2010年第2期。
④ 翟年祥：《城市化进程中失地农民就业的制约因素及其政策支持》，《中国行政管理》2012年第2期。
⑤ 周毕芬：《社会排斥视角下的失地农民权益问题分析》，《农业经济问题》2015年第4期。

一是中小企业、第三产业发展滞后的制约和劳动力市场分割、就业制度不完善的限制；二是人力资本和社会资本缺失的局限。① 王晓刚基于可雇佣性（就业能力）视角指出，失地农民在外部城市竞争压力和内部再社会化焦虑等主客观因素影响下，会出现职业认同、人力资本、环境、社会支持网四个维度上的不适应，从而影响其就业能力。② 因此，实现失地农民再就业是一个系统工程，需要多方主体的共同努力。刘锦城以浙江嘉兴"两分两换"为背景，指出失地农民就业时权利极易被侵犯，促进失地农民再就业需要政府保护他们的就业权。③

（二）失地老人研究

在失地农民群体中，有一部分人是需要高度关注的，那就是失地老人。随着城市化进程加快而数量不断增多的失地农民群体中老年人队伍也将越来越庞大。他们具有"经济上的低收入性、生活上的贫困性、政治上的低影响力和心理上的高度敏感性"的特点，④ 是社会的弱势群体，其境遇值得社会关注。但在相关的文献中，学界大多把研究的目光界定在失地农民群体身上，并没有注意到群体内部的分化和不同需求，失地老人的研究较少。在中国期刊全文数据库（CNKI）中查找，2007—2017年以"失地农民"为篇名的文章有3588篇，而以"老年失地农民"、"失地老年人"、"失地老人"为篇名的合计只有21篇；以关键词来查找，"失地农民"数有9424篇，而"老年失地农民"、"失地老年人"、"失地老人"合计只有20篇，所占比例非常低。

老年人相对于其他年龄层，对往日生活较多留恋，对新环境较难适应，导致他们在社会适应方面存在一定的困难，另外，他们有着直接的养老需求，其需求的满足情况和养老资源供给状况都值得我们去

---

① 刘立宏：《失地农民就业困难：成因与对策》，《理论探索》2011年第6期。
② 王晓刚：《基于可雇佣性视角的失地农民就业能力结构及维度研究》，《农村经济》2012年第4期。
③ 刘锦城：《"两分两换"背景下的失地农民就业权研究》，《当代法学》2012年第2期。
④ 高灵芝：《老年弱势群体社会支持体系的分析与思考》，《社会科学战线》2004年第6期。

进行专门研究。

从零散的已有文献中，学界对失地老人的研究主要集中在其生存境况和养老保障两个方面。

1. 失地老人的生存境况研究

学界普遍认为，失地老人的生活与失地前相比发生巨大变化，并有生活水平下降的趋势。第一，社会支持网络缩减。在传统乡村社会中，农民邻里相互之间的支持极为充实，然而随着土地的失去，这种相互支持的熟人社会迅速瓦解，从而使失地老人的外来支持网络被中断。如沈关宝认为："原有的邻里和亲缘关系有所疏远，工具性倾向增强，他们从中获得的社会性支持减少。"[①] 第二，市民角色认同度偏低。受教育程度、年龄、市民的态度等因素影响，失地农民在从农民角色向市民角色的转变中，存在混乱不清的状况，特别是失地老人，对于市民的认同度明显偏低。失地老人对市民角色的认同度越低，对农民角色的认同度越高，他们就更依赖既有生活，产生对新生活有较多的忧虑和不适应。[②] 第三，生活保障堪忧。农民失去生活支柱的土地，加上政府在土地安置措施方面的不到位，造成失地农民特别是失地老人生活保障堪忧。学者郑功成认为，失地农民养老保险体系的缺失以及一次性补偿政策的缺陷，造成失地农民的养老问题缺乏保障，导致失地农民大量转化为城市贫民，进而影响到城乡社会稳定。[③] 对此，为稳定社会秩序，建设社会主义和谐社会，必须妥善解决失地农民的安置问题，尤其是老年人的生活保障问题，必须建立起失地农民的基本养老保险制度，使失地农民老有所养。[④]

但也有学者认为，在征地补偿较为合理、老年保障到位的情况

---

① 沈关宝：《网络中的蜕变：失地农民的社会网络与市民化关系探析》，《复旦学报》（社会科学版）2010年第2期。

② 沈关宝：《角色转型背景下失地农民的社会心理探析》，《探索与争鸣》2010年第9期。

③ 郑功成：《中国社会保障制度变迁与评估》，中国人民大学出版社2002年版，第32—37页。

④ 王中伟：《我国城市化进程中失地农民养老保险问题探析》，《广西社会科学》2014年第3期。

下，失地老人无须再辛苦劳作而获得类似城市退休老年的生活，他们的生活质量提高了。如吴丽通过对杭州市、南昌市、贵州省荔波县失地农民幸福感的对比分析发现，失地农民总体幸福感水平高低既与地区征地制度、经济发展水平等因素有关，也与失地农民个体的身体健康状况、社会适应、交往能力、性别、年龄有关，而调查发现老年人比其他年龄段的人幸福感水平要高。[①]

2. 失地老人的养老保障研究

随着传统基本养老资源土地的失去，失地老人在养老方式方面必然发生重大转变。王慧娟认为，征地拆迁后随着土地置换社会保障、自建房置换产权房、农民角色置换市民角色，失地老人养老方式也发生了改变，由家庭养老加自我养老转变为家庭养老加社会养老，而依靠自种农田、出租房屋、副业收入和集体分红收入支撑的自我养老方式随着土地的失去而消失了。[②]

然而，基于当前所存在的两种养老方式，学界大多认为不同方式存在着不同问题：

首先，家庭养老保障弱化。随着农村家庭养老的基础——土地的失去，家庭保障存在着弱化趋势。一方面，家庭的赡养能力因土地被征用而大为削弱。通常来讲，失地农民是被集体征地，也就是说，失地老人的子辈也可能是失地农民，他们要维持生计的可持续，就必须参与到市场的激烈竞争中，不断改变自身，发展自身。而他们的生活境遇对失地老人影响很大，子女生活状况良好，失地老人获得的经济资源会多些，相反则会很少。但众多研究表明，失地农民生计可持续明显不足。[③] 另一方面，家庭所提供的日常照料随着居住环境的改变而减少。失地前，由于房屋居住面积相对较大，农村的传统也是倾向

[①] 吴丽：《失地农民幸福感研究——基于社会生态学视角》，博士学位论文，浙江大学，2009年，第131页。

[②] 王慧娟：《征地拆迁对城市郊区老年农民生活影响研究——以南京市QQ村为例》，《中国软科学》2009年第5期。

[③] 杜书云：《内源式发展视角下失地农民可持续生计困境与破解机制研究》，《经济学家》2016年第7期。

父母与子女同住，这样，老年人与年轻人之间可以相互的照料；失地后，拆迁安置使得子女更愿意独立出去小家庭居住，老年人所需的日常照料就不如以前那么周到。在征地拆迁后，"以地养老"配合"养儿防老"的传统家庭养老方式遭遇危机。① 赡养长辈是中华民族的传统美德，也是老年人最为偏爱和习惯的养老方式。为此要努力增强家庭养老的能力，增强老人的自我养老能力，强化国家法律的强制力，强化政府制度的保障力，强化社会养老的支持力，全面促进家庭养老可持续能力的提升。②

其次，社会养老保障不健全。学界普遍认为，"土地换保障"是失地农民失去土地后所享有的主要社会养老方式，"土地换保障"制度的施行使失地老人切实享受到了社会保障待遇，然而，具体运作中土地换保障制度在参保主体选定、保险项目选择、保障水平确定、保障资金筹集四个方面均面临多重困境，土地换保障制度难以建立真正现代意义的社会保障制度。③ 只有充分尊重农民自身意愿，优化置换路径以及与相关保障制度的衔接，失地农民的社会养老保障才能真正发挥其作用。④

二 失地老人经济参与研究综述

纵观国内外研究发现，学者们并没有对"失地老人经济参与"进行过研究。所以在此部分论述中，主要对国内外老人经济参与的研究综述进行梳理。

老年人寿命的延长是现代社会经济发展的必然结果，自法国在1865年第一个步入老龄化社会后，其他西方发达国家也紧跟其后，先后在20世纪发生了人口老龄化的现象。目前，全世界已经有60多个国家进入了人口老龄化社会行列，不仅发达国家，发展中国家的老

---

① 李永萍：《"养儿防老"还是"以地养老"：传统家庭养老模式分析》，《华南农业大学学报》（社会科学版）2015年第2期。
② 韦加庆：《新时期农村家庭养老的可持续性思考》，《江淮论坛》2015年第5期。
③ 王瑞雪：《土地换保障的逻辑困境与出路》，《中国土地科学》2013年第6期。
④ 郑雄飞：《"土地换保障"权益协调机制研究》，《北京社会科学》2014年第3期。

龄化现象也越来越明显。老龄化的到来，深刻影响了社会和经济的发展，一方面表现为劳动力市场人数的减少、抚养比的上升、养老金支出的增长、医药卫生费用的增加等问题，另一方面又出现了一大批健康、富有活力和有参与意愿的老年群体。由此也引起了国内外学者对经济参与研究的极大兴趣。

（一）国外老年人经济参与研究

经济参与是产出性老龄化的集中体现，国外学者对经济参与的研究主要集中在对产出性老龄化的相关研究方面。产出性老龄化意在转变人们原有的看待老年人的消极的观点，鼓励支持老年人参与社会，实现自身价值的同时为社会、家庭做出贡献。产出性老龄化提出以后，就受到国外众多学者和政策制定者的关注，理论研究也向纵深发展。

1. 理论研究方面，国外学者对产出性老龄化的概念和意义进行了详细的阐述，以此为实践中的推行提供理论依据

首先，产出性老龄化的概念分析。英文"Productive"意为多产的、富有成效的、生产的，其词义最先应该和经济领域相联系。传统观点认为，当一个人因为退休或是失业，离开劳动力队伍时，就不再具有产出性。在对此观点的批评下，产出性老龄化概念孕育而出。[1]

什么是产出性老龄化？学者们也经历了一番争论。1999年世界卫生组织发起了"积极老龄化全球运动"，其内涵主要指"参与"、"健康"和"保障"，强调人在进入老年后，尽可能在较长时间内保持良好状态。德纳姆（M. J. Denham）认为，产出性老龄化是老年退休后在工作领域继续其有效率和有用的生活。[2] 克施纳（Helen K. Kerschner）和巴特勒（Frances F. Butler）认为，产出性老龄化应该是包括就业、参与既有政府和私人举办的各种志愿活动以及一些非

---

[1] 杨培珊：《台湾百岁老人生活中的产出性是什么？》，产出性老龄化论坛论文，济南，2009年7月，第159—165页。

[2] M. J. Denham, *Productive Aging: Concepts and Challenges*, Age and Ageing, 2004 (33).

正式的对朋友和邻居的照顾性活动。① 而凯泽等（Marvin A. Kaiser et al.）进一步认为，老年人的价值体现不止这些，还应看到他们的自我照顾、对家庭的照顾以及对社区的发展和社会文化的传播都有贡献，都应该予以承认。② 在产出性老龄化研究方面，学界一般从以下三方面进行研究：一是健康层面。即从关注老年人健康的角度来进行产出性老龄化研究；二是经济层面。即从人口老龄化的经济成本，包括对工作的参与、对国内生产总值的贡献以及影响促进人们积极参与工作等方面进行产出性老龄化研究；三是社会层面。即从社会资本、共同责任、社会包容等方面进行产出性老龄化研究。③ 而豪厄尔（Nancy Morrow-Howell）认为，产出性老龄化主要包括三个内容，工作性产出、志愿性产出和照顾性产出。④

其次，产出性老龄化的意义分析。学界大多认为，随着老龄化时代的到来，产出性老龄化是解决人口老龄化的重要措施。罗斯（Derek Ross）认为，"人口老龄化是21世纪主要的全球性难题之一。逐渐降低的生育率和死亡率，特别是在工业化国家，促使了老年人口的不断增长。对于老龄化，不削弱的能力、发展中的潜力以及持续的资格已成为一个大众化的导向，而不是只关注年龄。由此，老年人就业或社会参与活动就被赋予了价值和意义"。⑤

产出性老龄化的作用方面，学者们普遍认为产出性老龄化以一种肯定的眼光来看待老年人的各种社会参与活动，不管其是有偿的还是志愿性的，都对老年人本身、经济发展、社会发展有益：一是创造社会财富。在老年人活动对经济社会产生的产出性贡献方面，

---

① Helen K. Kerschner and Frances F. Butler, *Productive Aging and Senior Volunteerism: is the U. S. Experience Relevant*, Ageing International, 1988（12）.

② Marvin A. Kaiser and Sandeep Chawla, *Productive But Not Empowered in Developing Countries*, Ageing International, 1993（3）.

③ Elizabeth Ozanne：《澳大利亚产出性老龄化的政策和项目》，产出性老龄化论坛论文，济南，2009年7月，第34—56页。

④ 南希·莫罗-豪厄尔：《生产性老龄化：理论与应用视角》，《人口与发展》2011年第6期。

⑤ Derek Ross, *Ageing and work: an overview*, Occupational Medicine, 2010（3）.

罗萨里奥（Rozario）认为，在美国大约有1/4的老年人在从事着没有收入的志愿性工作，而且这个数字还在继续增长着，他们每年平均志愿服务的时间为96小时，创造了大约价值44亿美元的财富。[1] 二是提升老年人的生活质量。豪厄尔认为，对老年个体来讲，高水平的身体健康、精神健康、生活满意度和死亡年龄的推迟，与持续的参与工作以及志愿性活动密切相关。[2] 西格里斯特等（Johannes Siegrist et al.）通过对欧洲14个国家的调查研究发现，积极参与社会活动，包括志愿工作、非正式帮助、照顾他人等，有助于提高年轻老年人的生活质量，而不论其受教育程度和收入状况。[3] 罗布（Rob Ranzijn）也认为，老年人在一起集中做事感到很愉快也很有成就感。[4] 三是减轻家庭负担。南希认为，当一个家庭中的老年人与社会、经济以及信息资源保持着紧密联系时，整个家庭都会受益。[5] 另有学者认为，对于发展中国家来讲，产出性老龄化的强调与实施也具有特别重要的意义，可以在促进国民经济整体发展的同时，为老龄人口创造条件而使他们获得收入。[6]

2. 推动老年人经济参与的实践研究

产出性老龄化成为一种世界潮流，现如今在美国、澳大利亚、日本、韩国等许多国家和政府都采取了各种政策措施来推动产出性老龄化，对于产出性老龄化实践的研究成为时髦。在美国，为保障有能力有就业意愿的老年人继续就业，20世纪70年代修改了雇用中

---

[1] Rozario, *Volunteering Among Current Cohorts of Older Adults and Baby Boomers*, Generations, 2006 (30).

[2] Nancy Morrow-Howell, *Productive Engagement of Older Adults: Effects on Well-being*, http://www.askkids.com/resource/Longer-Life.html.

[3] Johannes Siegrist and Morten Wahrendorf, *Participation in socially productive activities and quality of life in early old age: findings from SHARE*, Journal of European Social Policy, 2009 (19).

[4] Rob Ranzijn, *The Potential of older Adults to Enhance Community Quality of Life Links between Positive Psychology and Productive Aging*, Ageing International, Spring, 2002 (2).

[5] Morrow-Howell, *Who benefits from volunteering*? The Gerontologist, 2009 (49).

[6] Dr. Helen Kerschner, *A National Strategy to Encourage Productive Aging*, Ageing International, 1992 (6).

年龄歧视法令，禁止在任何年龄段的强迫退休。① 其后，政府又推出了 AMWI、SCSEP、AACC 等政策项目，为老年人就业提供有利的条件和机会；并在促进老年志愿服务方面，推出了"老人团"、"高级社区服务计划"等服务岗位。② 在澳大利亚，政府制定了三大框架（健康、经济、社会）以宏观指导，并在四个领域（就业/退休、志愿活动/公民参与、照顾、终身学习）具体实施有利于产出性老龄化的措施。③

通过对各国产出性老龄化实践的研究，学者认为在产出性老龄化成为趋势并得到政府大量支持的同时，也存在不少的问题。如陈礼美在对日本的产出性老龄化实践研究发现，日本政府出台了大量的产出性政策和项目，但在产出性老龄化过程中，存在着老年人技能差异、老年志愿者独特要求匮乏以及培训和督导方面的机会匮乏等方面的问题。④ 豪厄尔通过对美国的产出性老龄化实践研究，认为老年人经济参与主要面临以下几方面的问题：一是机会利用障碍，即老年人经常联系不到可以利用的工作和机会；二是结构性障碍，即老年人经济参与的精英化，缺乏对亚群体老年人的包容；三是价值观障碍，即工作受歧视等方面的挑战。⑤ 另外，汉克（Karsten Hank）在对欧洲11个国家老年志愿者参与活动的对比中发现，生活质量水平较高的北欧国家包括荷兰、比利时和法国老年人志愿参与度较高，而在生活质量指数较低的意大利、西班牙和希腊老年人志愿参与度较低；调查显示，志愿者的比例不同也与教育程度有关，对受高等教育者来说，义工和

---

① Lenard W. Kaye, *Toward a Productive Ageing Paradigm for Geriatric Practice*, Ageing International, Spring 2003 (2).

② Nancy Morrow-Howell：《美国老年人的经济参与》，产出性老龄化论坛论文，济南，2009年7月，第10—18页。

③ Elizabeth Ozanne：《澳大利亚产出性老龄化的政策和项目》，产出性老龄化论坛论文，济南，2009年7月，第34—56页。

④ 陈礼美：《产出性老龄化在日本》，产出性老龄化论坛论文，济南，2009年7月，第95—108页。

⑤ Nancy Morrow-Howell：《美国老年人的经济参与》，产出性老龄化论坛论文，济南，2009年7月，第10—18页。

非正式照料则更为盛行。① 老年志愿者在面临机构改革和创新时也面临着不适应和转变的压力。沃伯顿等（Jeni Warburton et al.）通过研究认为，大量的非营利组织开始运用新理念和制定新的制度框架，而那些资深的较为传统的老年志愿者面临着转变的困难，比如在谈话的技巧上、新环境的适应方面等，这需要非营利组织提供训练和增长技能的机会，帮助其转变。②

基于产出性老龄化所存在的问题，学者们提出了许多不同的应对方案。如克施纳认为，政府应该制定国家战略，包括提高卫生服务，保障老年人健康；为老年人创造各种社会参与机会；提供商业贷款；提供信息咨询服务；鼓励各种机构为老年人创造就业机会等等。③ 卡尔（Dawn Carr）认为，要保持"第三龄"宝贵资源的不间断，政府不仅仅要鼓励老年群体参与社会，还应帮助他们获得必要的资源以有能力去选择如何参与社会。比如让有工作意愿的老年人继续留在工作岗位上，他们就可以继续发挥他们的经济价值，保持社会网络，积累经验，并可以有更多的选择决定离开工作岗位他们将做什么。④ 卢埃林等（Gwynnyth Llewellyn et al.）认为要想保持有活力的晚年必须在退休前就开始计划，包括收入积累、健康维持、经验积累、能力培养和关系网强化等等。⑤ 豪厄尔认为，完善产出性老龄化，应该在加大老年人力资本的投入、服务学习以及培育老年人养成良好的职业道德等方面努力。⑥

---

① Karsten Hank, *Volunteering in "Old" Europe：Patterns, Potentials, Limitations*, Journal of Applied Gerontology Online First, 2009（12）.

② Jeni Warburton and Catherine McDonald, *The challenges of the new institutional environment：an Australian case study of older volunteers in the contemporary non-profit sector*, Ageing & Society, 2009（29）.

③ Dr. Helen Kerschner, *A National Strategy to Encourage Productive Aging*, Ageing International, 1992（6）.

④ Dawn Carr, *Aging in America：The Link Between Productivity and Resources in the Third Age*, Ageing Int 2009（3）.

⑤ Gwynnyth Llewellyn, Susan Balandin, Angela Dew, David McConnell, *Promoting healthy, productive ageing：plan early, plan well*, Journal of Intellectual & Developmental Disability, 2004（29）.

⑥ Nancy Morrow-Howell：《美国老年人的经济参与》，产出性老龄化坛论文，济南，2009年7月，第10—18页。

国外老龄化时代的较早步入和实践中产出性老龄化的有效推进，为学者们的研究奠定了基础。综观国外学者的研究成果，主要开展对各国产出性老龄化的实证研究，这些研究成果一方面为中国产出性老龄化实践提供了借鉴，同时也为国内研究奠定了基础。

（二）国内老年人经济参与研究

1. 老年人经济参与的理论研究

近些年随着中国老龄化时代的到来，国内学者也开始涉足老年人参与方面的相关研究。相比于国外对于产出性老龄化的热衷，中国学界对这一领域研究较少。到 2015 年为止，在中国期刊全文数据库中以"产出性老龄化"或"生产性老龄化"为篇名的共有 10 篇，以此为关键词的有 14 篇。相对于产出性老龄化研究视域，中国学者更倾向于从积极老龄化视域来探讨老年人参与问题。但范斌认为虽然两者都是以积极乐观的态度看待人口老龄化，主张开发老年资源。然而，他们在侧重点方面、角色定位方面、实施范围方面有着较大的不同。与积极老龄化相比，产出性老龄化更能体现老年人的功能和作用，更适用于目前中国人口老龄化的困境解决。[1]赵怀娟认为挖掘老年人口的"产出"是应对老龄化的积极举措，而消除年龄歧视、促进参与、增强政策的包容性有助于扩大生产性老龄化的作用。[2]于兰华从国外产出性老龄化理论和实践发展中得出启示，中国的产出性老龄化是一个系统工程，需要在观念和实际操作中共同推进。[3]

虽然产出性老龄化在中国的发展不如国外迅速，但重视和开发老年人资源已成为大家的共识。作为有效解决人口老龄化问题的重要举措，老年人社会参与受到学者们的积极推崇，认为推进社会参与不仅必要而且必需。如学者杜鹏认为，中国的人口老龄化具有老年人口规

---

[1] 范斌：《产出性老龄化内涵、功能与推进路径》，《华南农业大学学报》（社会科学版）2012 年第 1 期。

[2] 赵怀娟：《"生产性老龄化"的实践与启示》，《安徽师范大学学报》（人文社会科学版）2010 年第 3 期。

[3] 于兰华：《国外产出性老龄化研究及对当代中国的启示》，《湖北社会科学》2012 年第 5 期。

模最大、人口老龄化速度较快、高龄化趋势明显、老龄化地区差异显著、未富先老等特点，决定了我们在面对老龄化问题时必须采取一种积极的视角。① 孙钦荣也认为，真正可怕的并不是老龄化本身的挑战，而是我们的种种认知和制度安排。② 另有学者认为在中国应该积极通过开发和转化老年人口的健康资源和能力资源（"银色资源"），将老年人的健康资源和能力资源进行生产性的转化，使之在健康自乐的同时，既能增强自己在经济上的自我保障能力，同时也能为国家的经济建设和社会进步贡献出新的力量。③

2. 老年人经济参与的实践研究

中国产出性老龄化理论研究的不足，使得以此为支撑的老年人参与缺少了社会对"产出性"的认可，由此而导致了一方面老年人经济参与动力不足，另一方面则是国家政策和社会支持网络的不到位。在已有的研究文献中，老年人经济参与研究较少。

老年人经济参与是产出性老龄化的重要组成部分，是体现老年人"产出"效应最好的方式。许多国家如美国、澳大利亚、日本等都出台政策鼓励老年人就业，保障老年人就业的权益。而在中国，人口多就业难的阴影一直萦绕着劳动力市场，男60岁、女55岁到达退休年龄后，就很难再就业。2012年6月5日，人保部在集中答复网友提问时明确表示，延迟退休年龄已是一种必然趋势，人保部将适时提出弹性延迟领取基本养老金年龄的政策建议。表态一出，舆论哗然，反对的声音不绝于耳。虽然反对者的立场各不相同，但从整个世界老龄化发展的趋势看，发挥老年人资源非常必要，而且老年人也有较强的工作意愿。崔红威认为，不管是城市还是农村的低龄老年人（60—69岁）都有较强的工作意愿，从而可以看出，中国低龄老年人力资源丰富、开发潜力巨大。④

---

① 杜鹏：《中国人口老龄化与积极老龄化》，产出性老龄化论坛论文，济南，2009年7月，第1—9页。
② 孙钦荣：《基于不同老龄观下的老龄工作策略选择分析》，《学理论》2010年第18期。
③ 宋全成：《人口高速老龄化的理论应对》，《山东社会科学》2013年第4期。
④ 崔红威：《低龄老年人口特征及其人力资源开发潜力研究》，《河北大学学报》（哲学社会科学版）2011年第2期。

宋宝安通过数据分析认为，退休老年人的再就业可以增强他的幸福感，对其身心健康有益。[①] 姚翔认为，与发达国家相比，中国劳动力退休年龄偏低，多数人在退休时有能力并且愿意继续工作。[②]

针对中国老年人经济参与实践发展的举步维艰，吴帆认为这是制度性老年歧视的后果，一方面中国现有的老年人公共政策体系中大多数政策未对老年人的社会价值做出判断，并有部分政策在价值取向上将老年人视为社会负担，另一方面政策主要集中于对老年人群体中弱势群体的基本生存保障而缺乏对老年人能力建设和发展的支持，从而直接制约了老年人平等获得资源和机会的途径。[③]

三 行动研究综述

人类行动既是社会生活的一部分，也是社会生活的反映，因此"行动"引起诸多学者的研究，尤其中国正处在社会转型时期，人们的行动取向、行为特征等都表现出了不同的特点。从研究内容上，学者们研究比较集中在行动理论和现阶段行动实践方面；而在研究视角上，则呈现出多角度多学科交叉分析的态势。

（一）对行动理论的研究

社会学行动理论博大精深，其不仅涉及行动者微观行动，同时也关乎宏观社会结构，是社会学研究的主要命题，在社会学发展的每个阶段都受到社会学家们的关注。国内学者对于行动理论的研究，不仅对西方社会学家们的行动理论加以分析，而且对于行动理论本身也提出新的见解。学者们的研究视角主要有以下几种：

1. 结构主义研究视角

结构与行动是行动理论研究中最为关注的问题。和结构与行动关系的对立研究不同，瞿岩认为不论在理论中还是实践中，结构与行动

---

① 宋宝安：《城镇老年人再就业对幸福感的影响——基于吉林省老年人口的调查研究》，《人口学刊》2011年第1期。
② 姚翔：《老年雇员退休返聘行为内在机制的研究》，《人口与发展》2011年第6期。
③ 吴帆：《中国老年歧视的制度性根源与老年人公共政策的重构》，《社会》2011年第5期。

都有融合的可能性。而从20世纪末始，社会学中就呈现出了由结构与行动单向对立向双向的用结构解释行动，再用行动解释结构的研究趋势。① 吉登斯的"结构二重性"理论就很好地阐明了这种双向关系。他认为人们在制约其行动的结构当中又生产了结构，结构既是人们行动的前提、中介，同时也是人们行动的结果。结构具有制约性也具有使动性。②

2. 制度主义研究视角

制度是反映社会结构的一种具体设置，制度对行动的制约抑或行动对制度的建构，即制度与行动的关系是制度主义研究的范畴之一。张军从制度社会学角度对比分析了新老制度学派在制度与行动者关系上的不同，他认为，制度与行动者之间存在着从对立到互嵌的关系转变，认识到两者间的紧密联系使新制度主义的解释更具现实意义和现实发展性。③ 张云昊以科层制构建为研究起点，他认为韦伯的科层制模式正是借助"规则—权力—行动"的三角形结构才得以成立，发挥规则和权力的作用，发挥行动的自主性和策略性，科层组织才能保持持续发展、永续存在的稳定的动态平衡。④ 瞿岩从制度变迁的视角，认为制度和行动间存在着制度行动化和行动制度化的双向生成性和开放性的"互动"、"互构"及协同演进的关系，因此制度变迁必然带来行动模式的转换。⑤

3. 知识社会学研究视角

郭强认为强知识弱行动的社会知识论或强行动弱知识的社会行动

---

① 瞿岩：《试析结构与行动理论相互融合的可能与途径》，《社会科学战线》2008年第1期。
② 乔丽英：《吉登斯结构化理论中"行动"概念的深度审视》，《江西师范大学学报》（哲学社会科学版）2007年第5期。
③ 张军：《从对立到互嵌：制度与行动者关系的新拓展》，《江淮论坛》2010年第3期。
④ 张云昊：《规则、权力与行动：韦伯经典科层制模型的三大假设及其内在张力》，《上海行政学院学报》2011年第2期。
⑤ 瞿岩：《制度变迁中的行动模式转换》，博士学位论文，吉林大学，2006年，第90—103页。

论都存在一定的理论缺陷。吉登斯试图调和知识与行动的关系，他的结构化理论逻辑起点是行动，而行动者是知识行动者，并建构了两者双重阐释模式，为知识行动论提供了丰富的思想资料和社会学想象力。①

4. 行动类型研究视角

在行动实践中，对行动者动机、目的认识不同，社会学家们区分了不同的行动类型，如韦伯、帕累托、舒茨、帕森斯、科尔曼都提出了自己的行动分类标准。韦伯最早明确了行动的研究对象，他认为社会行动的四种理想类型不是一种理想或目的，而是研究社会现象、社会行动的一种概念性工具，是一种方法。②韦伯的分类研究启发了后来者，因此也成为一个不断比较的参照物，比如韦伯与科尔曼的比较③、韦伯与舒茨的比较④等等。与这种传统分类方式不同，张兆曙把社会行动分为常规行为和非常规行为，他认为，在"社会何以可能"的建构中，现代社会学注重以例行化的常规行为加以阐释，但当例行化程序和路径无法支持行动者的自主性欲求时，行动者将会筹划出新的行动程序和路径，借助非常规行动实现自主性欲求。常规行动表现为例行化行动或惯习，而非常规性行动是行动者在安排社会行动的过程中"不按套路（或常规）出牌"或者在例行化的行动程序和路径之外"另起炉灶"。非常规行动是一个日常生活化的概念，它的生成及其社会后果包含了社会变迁的重大机遇，因此它的提出具有重要意义。⑤

---

① 郭强：《知识与行动：社会学理论永恒主题的承继与创新》，《中共福建省委党校学报》2008年第5期。

② 杨成波：《韦伯社会行动的理想类型及当代启示》，《山西师大学报》（社会科学版）2011年第1期。

③ 张鸿飞：《马克斯·韦伯和科尔曼的社会行动理论之比较》，《理论界》2004年第1期。

④ 李南海：《赋予行动以意义：韦伯与舒茨行动理论的比较研究》，《经济与社会发展》2007年第3期。

⑤ 张兆曙：《非常规行动与社会变迁：一个社会学的新概念与新论题》，《社会学研究》2008年第3期。

(二) 对行动实践的研究

不管行动研究多么深奥吸引人,对行动理论的研究总归还是要落实到行动实践中。在中国社会转型期,集体行动逐渐增多,个人行动、集体行动、共同行动都呈现出行动的时代特征,对这些行动加以研究,将有利于当前中国的社会稳定和社会发展。学界对行动实践的研究主要集中在以下两个方面:

1. 现阶段社会行动特点分析

目前中国正处于社会转型时期,社会行动既是一种社会现象必然带有时代烙印。市场经济是当今社会的一个主要内容,反映在社会行动中,则是社会行动更多地与经济利益结合在一起,在策略上则将中国特有的利、理、情、缘等社会资本融入其中。① 而无论是行动主体个人的偏好、行动的动机,还是行动的决策模式抑或是行动的具体实施过程,都要受到社会环境的影响。比如,随着权益保障意识的提高,新生代农民工相较第一代农民工而言,有较强的利益抗争意识和更多的利益抗争行动,但由于文化程度、对劳动法熟知程度等结构性力量的欠缺,两代农民工的抗争都是以非制度化的形式出现的,不仅对社会稳定有破坏力,而且也不能达成劳资共识和有效的权益保障。② 乔超以时代变迁的视角探究农村老人与成家子辈间的冲突状况,他发现在时代更替的每个阶段,老人在家庭代际冲突中强度、烈度和公开度的行动方式都有所不同,但总体上看,老人在代际冲突中的行动方式趋向弱化与私密化,其行动策略也顺应时代价值观念的变化而有所不同,显示了老年人行动的时代变迁性。③

2. 集体行动研究

集体行动研究是中国行动实践研究中的重点。在不同历史时期,集体行动的因素包括行动参与者主导形象、行动动机和行为取向都是

---

① 王尚银:《市场经济条件下的社会行动及其情境》,《社科纵横》2011 年第 5 期。
② 刘爱玉:《劳动权益受损与行动选择研究:两代农民工的比较》,《江苏行政学院学报》2011 年第 1 期。
③ 乔超:《农村代际冲突中老人行动方式变迁研究》,博士学位论文,上海大学,2011 年,第 94 页。

不同的。① 当前中国的集体维权行动不再只由弱势群体发起，而是有中产阶级、社会精英的参与，出现了跨阶层的行动单元。② 而群体的社会网络对于集体行动的生发有着非常重要的影响，它不仅可导致群体成员集体层面的意义建构，对集体行动潜在参与者产生强大的动员潜能，而且它还可以通过对信息的传递、对行动者的监控、激励与庇护、对组织者和积极分子的供给施加影响，从而改变潜在参与者集体行动的预期收益，进而改变着他们的行动选择。③

四 简要述评

从学者们的研究发现，在失地老人经济参与行动研究方面存在的不足之处为：

（一）从已有的文献成果来看，失地老人的养老保障形式仍然局限在家庭保障和社会保障的范围之内，养老保障的内容以经济保障为主，失地老人作为被供养、被照料者而排除在自身养老保障体系之外。正是在这种养老政策理念及实施中，失地老人被"负担"和被"包袱"，由此他们的地位和话语权进一步被边缘化；而且在这种"不作为"中，失地老人的主体能动性不凸显，他们的自我评价和认可度也呈现消极化态势。理论方面，产出性老龄化观点认为，老年群体不应被当作社会负担，他们也是社会发展的重要力量，能为家庭、社会做出他们自己的贡献。而且在自身养老问题上，老年人应该是积极主动的参与者，他们有权利有责任决定自己的晚年将如何度过，这也是他们"自由"的体现。实践方面，产出性老龄化趋势越发明显，老年人在社会参与、外出工作、照顾以及志愿活动等方面扮演着重要角色。因此，研究失地老人养老保障，除以家庭养老和社会养老为研究视角外，体现失地老人自我养老的经济参与应得

---

① 刘能：《当代中国转型社会中的集体行动对过去三十年间三次集体行动浪潮的一个回顾》，《学海》2009年第4期。
② 罗筠：《中国公众集体行动的倾向性研究》，《中国浦东干部学院学报》2016年第4期。
③ 曾鹏：《群体网络与集体行动生发的可能性》，《浙江学刊》2009年第1期。

到充分研究，这不仅是理论完备之所需，更是推进失地农民自我养老实践之所需。

（二）对于老年人的社会参与，不管是政策层面还是理论研究层面都给予了较高评价。但关于如何推动老年人参与，如何采取不同措施引导和推动老年群体内部日益分化的不同层次，这些都没有涉及。老年人经济参与研究集中于精英群体（知识和技术型）的再就业，而缺少对其他群体研究，其实在实际生活中，不同层次的老年人（如失地老人）都在不同的岗位上活跃着，都需要我们去关注并给予认可和支持。

（三）行动理论体系庞大，涉及个人与社会、宏观与微观的不同层面，既是理论的探讨也会对行动实践产生指导作用，因此会吸引更多的学者加以研究。在研究趋势上，对行动理论的深入研究和探讨将是学者们的主要研究趋势之一。除了对社会学发展史上众多社会学家们的行动理论加以研究外，提出符合中国行动特点的行动理论，即表现中国行动理论的"本土化"特点，是未来学者研究努力的方向。

另一个研究趋势是运用行动理论分析现实生活中的具体行动。在中国，群体特征已经显性化和区隔化，不同的社会群体具有不同的思维习惯和行为取向，因此对特定群体的分别化研究将有助于我们更好地解决群体问题和促进社会和谐。虽然目前学者已经进行了一些研究，但就行动主体而言，失地老人这个群体并没有得到关注；在具体行动分析方面，有关特定环境下的行动动机、行动策略、行动分析等具体行动展开论述的文献并不多，只有对这些行动进行深入分析，才能从微观中的行为探究宏观的制约因素，才能有的放矢地解决问题。

失地老人群体有着较大的养老风险，不仅在于他们物质资源的缺乏，还在于其精神上承受的社会及家庭的不认可。研究失地老人的经济参与，是解决其养老需求最为直接的目标取向，但个体不可能脱离整个社会环境采取行动，它必然受到环境的影响并通过行动影响环境。因此，失地老人的经济参与不仅有其行动的动机，还需要运用各种资源展开行动，并借助相应的行动策略以保证经济参与的顺利实现。这样就体现了经济参与的行动逻辑，而本书也就有了可研究的价值和内容。

第二节 理论基础

一 行动理论

行动是人类社会的基本行为，也是人类生活的主要内容。因此行动理论是社会学研究中的一个重要议题。最早将行动纳入社会学研究的是马克斯·韦伯，他认为人类的社会行动是有意义的，可以理解和说明，而且行动有指向性，是针对他人的一种行为。① 因此，韦伯的行动理论可以概括为关乎行动者行动取向的研究。继韦伯之后，众多的社会学家们丰富和发展了行动理论。

在行动理论研究中，行动者、行动的属性、行动与结构的关系是研究的主要内容。与韦伯主观的目的合理性不同，哈贝马斯提出了"沟通合理性"的交往行动理论，他认为人们可以在一定规则下协调自身行动并达成一致，从而实现个人与社会的统一。行动的属性涉及的是行动是微观的个人行动还是宏观的集体行动。社会交换理论学派认为，行动是个体行为，有理性的行动者在行动中获得要交换的利益，符号互动论同样认为行动是独立的个体行为，而涂尔干则认为行动者的意识来源于集体行动，只有集体行动才是行动最基本的表象。② 行动与结构的关系是行动理论中争论最激烈的。涂尔干、帕森斯等认为行动受结构的限制，是结构下的行动，帕森斯的 AGIL 系统就是很好的解释。而吉登斯、哈贝马斯、布迪厄等人认为行动与结构是互构的。布迪厄的场域与惯习、吉登斯的结构二重性理论，都强调行动在结构中的运行及结构在行动中的适应。尤其是吉登斯，他把行动看作是一种持续绵延的行动流，而且把行动本身看作是一种能动行为。通

---

① ［德］马克斯·韦伯：《经济与社会》（上），林荣远译，商务印书馆 1998 年版，第 40 页。
② ［法］涂尔干：《社会分工论》，渠东译，上海三联书店 2000 年版，第 43 页。

过这种行动流,吉登斯把行动与外在客观世界联系在一起,行动者通过对其自身、社会和物理情境状况、行动对象等三者进行反思性监控,并适时调节自己的行为,以达到行动者自身行为符合特定的情境要求和规范。①

中国学者对行动理论的研究结合了中国的本土化特征,特别关注社会转型的环境对社会行动的影响,而在行动者策略选择上则重点结合了中国特有的弱关系网络和强关系网络的论证。

失地老人的经济参与行动是在中国情境下发生的。因此对这一行动的研究,不仅要关注到行动者、行动属性、行动与结构的关系等一般行动理论中涉及的因素,还要将这些分析与中国的具体情况相结合。征地拆迁后失地老人生产生活方式发生很大变化后,经济参与行动动机在新的物质需求和精神需求下激发出来,所以失地老人的行动是理性的有目的的行动。但他们的行动发生在社会中,必然受到社会环境的影响,虽然失地老人的经济参与多是采取非正式工作的形式,但还是受到各方面条件的限制,比如社会观念、就业制度等。为了实施行动,失地老人较多使用的是强关系网络,他们用熟人关系获得信息,在熟人关系中寻求帮助。而失地老人对强关系网络的维系是用情、是用理。他们认为自己的经济参与行动是为了生存而发生的,不会去损害别人的利益,因此在处理各种社会关系和矛盾时他们也会从这一立场出发,用真诚去得到别人的认可与支持,抑或是用别人给予的"同情";也正是他们坚持的这种"生存伦理",使得他们能够理直气壮地和别人理论,就是这种情、理策略的使用在很大程度上帮助了失地老人的经济参与行动的顺利实施。因此,用行动理论分析中国的具体行动,必须结合中国的具体情境具体分析。

二 常人方法学理论

常人方法学理论是从微观角度探讨人的日常生活实践的理论。常

---

① [英]吉登斯:《社会的构成》,李康、李猛译,上海三联书店1998年版,第75—76页。

人方法学概念最早由加芬克尔在1954年提出，20世纪60年代常人方法学发展为一种独立的系统的社会学理论，20世纪70年代该理论在学界影响逐渐扩大。代表人物除加芬克尔之外，还有萨克斯、特纳等人。从发生学角度看，常人方法学理论的诞生，与维特根斯坦的日常语言学、戈尔曼的符号社会学、胡塞尔的现象社会学等密切相关。其中，胡塞尔、舒茨等人的现象社会学对其影响最大，如胡塞尔的感性知识观、舒茨的日常生活世界观都为常人社会学的研究提供了基本思路。

常人方法学理论的主要观点包括以下几方面：

（一）权宜性行动

人们在日常社会中存在着各种各样的生活行动，这些行动的发生并不是人们预先理性的安排，而是人们在日常生活场景中面对自身所处环境的一种权宜性行为。而且这种权宜性行为的发生，并不完全受到规范的影响和约束，来自生活场景中的其他个体或社会非规范因素也是其行为发生的重要影响因素。

（二）索引性行动

日常生活中"当事人的实践活动是运用共同完成且未经申明的假设和共享知识进行的"[①]，这里主要涉及两点含义：一是社会中人们的实践行动往往是共同体内成员们所公认的习惯和经验性行动；二是这种行动的发生又存在一定的不明确性，表现出社会个体在社会生活场景中的一种能动反映。人们日常生活行动所具有的索引性行动特征，为我们考量人们的日常生活行动提供了思路：首先，对于人的日常生活行动的考量，必须放置于这种生活行动所处的生活环境之中去探索。任何人的日常生活行动，与他所处的生活环境之间是互构的形塑关系，离开了生活环境的背景，就很难厘清日常生活行动背后的"隐秘"。其次，在解释人们的日常生活实践时，不能完全按照规范的制度规则和文化规则去生搬硬套。任何生活环境的构成，都离不开规范的制度与文化。而发生于人们生活环境中的日常生活行动，同样

---

① 杨善华：《当代西方社会学理论》，北京大学出版社2000年版，第56页。

也离不开这些规范制度与文化的制约或促进作用。但在生活环境之中，除了规范的制度、文化之外，还有许多非规范的因素，这些非规范的因素同样能对日常生活实践行动有制约或促进作用。

（三）反身性行动

反身性行动认为人们日常的生活实践是人们对所处生活环境的一种行动表现，人们日常的生活实践行动与生活环境之间相互作用，是互为条件的互构关系。因此可以说，任何日常生活实践都是其生活场景的具体体现，是生活场景造就了这种日常生活行动；反过来，这些日常的生活行动又能动作用着生活场景，通过它们一次又一次的生活实践，在潜移默化改变着生活场景中的制度、文化、伦理、价值等各方面的构成要素，从而整体改变着生活场景的走向。

（四）反思性监控行动

反思性监控行动的观点由吉登斯提出，他认为人们的日常生活行动是一个持续再生产的过程。这种持续再生产的发生机制，很大程度上是人们自我反思和对社会环境反思的结果。在反思过程中，人们对于行动的发生总是基于一定的行动动机。"为什么要采取行动？""怎样采取行动？"等等都是他们行动带有强烈动机性的典型表现。

常人方法学从意义上，摒弃了传统社会学的从宏达的制度—结构角度去解释行动现象的理论风格，侧重从微观的日常行动实践场景中去把握这种行动和行动背后的逻辑，从而开创了社会学方法论的重大转向。常人方法学对于社会学研究的最大意义在于它一改以往静态的宏观视角研究问题，而是强调从人们日常的生活实践过程中去描述、分析、把握行动和行动环境之间的实践状态。

失地老人的经济参与与常人方法学理论之间有很大的关联性。从发生角度看，失地老人经济参与的发生是失地老人在新的城市生活环境中的主观行动表现，这种行动的发生一定意义上可以说是这种生活环境的结果。另外，失地老人在城市化进程中，他们的这种经济参与行动不仅会给他们带来物质生活资料，同时也会对失地老人所处的城市生活环境产生一定的影响。从动态视角看，失地老人经济参与与他们所处的城市生活环境是相互影响、相互作用的互构关系，共同在失地老人的日常生活中动态地发生改变。基于此,以常人社会学的相关观点为理论基础,能为我们全面把握失地老人的经济参与、失地老人经济参与的背后逻辑,以及失地老人在城市生活环境中的实践动态提供极大帮助。

第三章　特殊的行动者：城市化进程中的失地老人

本章立足国家城市化战略的背景，在对城市化战略内涵解读基础上，分析了城市化与征地拆迁制度—失地老人生活处境的现状—失地老人经济参与之间的关联性，阐释了失地老人这个行动者的特征以及他们在城市生活环境下经济参与行动的出现。

第一节　城市化推进与失地老人

城市化是人类社会进步的表现，也是一个国家通向现代化的必经之路。近年来，随着社会经济发展的进一步深入，我国城市化进程明显加速。同时，在城市化认识方面也有了明显的提升，城市化不仅仅是空间的转化，更重要的是人的转化，人的城市化是城市化的核心所在。失地老人是城市化的必然现象，也是城市化需要重点关注的对象，他们在生产、生活、观念、交往等方面的城市化情况对城市化的推进有实质性影响。

一　城市化的核心是人的城市化
（一）城市化是社会经济发展的要求

非农产业发展、非农人口增加是社会经济发展到一定阶段必然出现的现象，城市化是社会经济发展的要求，同时也是社会经济发展的动力。

苏中 N 市的城市化发展在计划经济时期发展较慢，城市化率一直在10%以内徘徊。改革开放为城市社会经济发展提供了契机,城市化水平不断上升,从2000年的33.5%上升到2009年的52.7%。2009年,N市提出"南进东扩"发展规划,通过征地拆迁的大规模进行将主城区面积迅速扩大,非农人口数量增多,2013年的城市化率为59%,2015年的城市化率达到61%。

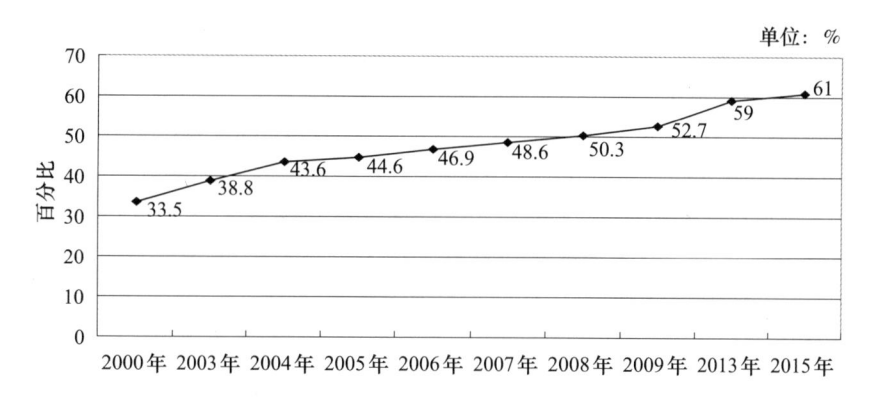

图3.1　2000—2015年N市城市化率的变化曲线
资料来源：江苏省统计局。

(二) 人的城市化：城市化战略的构想

中国城市化战略是迈向现代化的重要手段,其本质在于人的城市化。从含义上理解,人的城市化主要包括以下几方面：一是人的生活空间的城市化。城市化的对象区域是农村地区,城市化实施之前,农民的生活空间是有着典型乡村特色的村落。伴随自上而下的征地、拆迁、安置,一个个传统意义上的自然村落随之解体,取而代之的是城市化形态的拆迁小区的建立,被征地、拆迁的农民生活空间也由此从村落被安置到拆迁小区,实现了生活空间形态的转化。二是人的生产方式的城市化。生产方式是人获取物质生活资料的行动方式和手段。在农村,从事土地上的农业生产是农民的主要生产方式。土地的"失去",意味着失地农民的这种生产方式的终结,取而代之的是与城市空间相匹配的各种生产方式。三是人的生活方式的城市化。乡村生活环境乱、生活节奏慢,婚、丧、嫁、娶、节日、庆祝等乡村习俗是影响乡村生活的主要因素。城市生活相对而言，生活环境好、生活节奏快，生活方式取向上是有典型城市性的个体化、现代化生活理念。四是人的文化观念的城市化。在农村，人的文化观念因循守旧、传统，行事按农村规矩办，不好接受新鲜事物。在城市，人的文化观念趋向多样化、自由化，行事方式多样，不遵从习俗，偏向接受新鲜事物。五是人的社会交往的城市化。乡村社会是熟人社会，社会交往以血缘、地缘为纽带，人际交往圈子小但稳定性、紧密性高，强调亲朋之间、邻里之间的友好礼尚往来。城市社会是陌生人社会，社会交往以业缘关系为主，人际交往广泛但松散性、非稳定性明显。

因此，人的城市化不仅是人生活地理空间的城市化，还涉及人的生产生活方式、社会交往、文化观念等方面的城市化。

二 失地老人的生产生活状况

从城市化的核心是人的城市化的角度出发，失地老人本应实现了从农村人到城市人的转变，即不仅实现生活空间的转变，而且在生产方式、生活方式、文化观念和社会交往方面都实现了向城市人的转变。但现实中失地老人的生产生活状况表明，他们并没有像预期的那样生活。

（一）从"活到老、干到老"到"失业"在家

访谈中发现，失地老人生活中变化最大的当属"失业"。在农村，老人参与土地耕种是再正常不过的事情。如表3.1所示，即便是65岁以上的老年人其劳动参与比例都在81%以上，"活到老、干到老"是农村老人日常生活的写照。但征地后，失地老人没有了可耕种的土地，而他们又不能像年轻的失地农民那样在市场中找到工作，失地老人成了名副其实的"失业"人员。

从"活到老、干到老"到"失业"在家，多数的失地老人感到生活变化太大，一时间不能适应。整理访谈资料发现，失地老人对生活方式改变的感受经历了三个不同阶段：

第一个阶段，轻松愉快阶段。N市人均土地不足一亩，土地耕种

表 3.1　　2010 年 N 市老年人分地域劳动参与的数量与比例

年龄组	全市老人劳动参与数（人）	城市		市镇		乡村	
		劳动参与数（人）	比例（%）	劳动参与数（人）	比例（%）	劳动参与数（人）	比例（%）
60 岁以上	67258	6272	9.33	6239	9.28	54747	81.40
60—64 岁	26863	2355	8.77	2649	9.86	21859	81.37
65 岁及以上	40395	3917	9.70	3590	8.89	32888	81.41

资料来源：N 市 2010 年六普数据长表整理。

时那些过于劳累的活比如浇水、施肥、洒农药等也多交由子女或雇人去做，所以农村老人的土地劳作强度并不是很大，但土地劳作的量很大，每期的耕作物都需要老人细心地照料，需要他们日出而作，日落而息。没有了土地耕种，失地老人的生活变得轻松了，他们可以不用到地里去风吹日晒，不用担心天气变化对农作物不利，不用关注农作物的收成。不仅如此，他们还享受着国家发放的养老金。

第二个阶段，身体不适应阶段。由失地前的忙忙碌碌到失地后的悠闲，生活状况的改变使得失地老人在经历了一段时间的轻松后，身体开始出现各种不适应。

第三个阶段，心理脆弱阶段。从有点事做到没有事做，从自给自足到仰人鼻息，失去了土地这个精神寄托，失地老人的心理变得尤为脆弱。看着年轻人为了生活辛苦奔走，而自己空闲在家，失地老人总有种羞愧感，这在土地耕种时期是没有的。可以说，失地老人心理的脆弱来源于失地前后的生活对比，来源于他们本可以做点什么而却没有做的心虚，来源于他们自我认同感的降低。实地访谈时，老人说的较多的话是"没用"、"不能为孩子分忧"、"自己都不能养活自己"、"闲着都快生病了"。

在访谈中，卢某很清楚地道出了失地后一段时间自己身心的感受：

卢某：刚失地的时候，感觉生活一下子变得轻松了。不用到地里干活了,不用担心刮风下雨,也不用担心耕种施肥,无牵无挂。拿着工资(养老金),感觉像城市人拿退休金,好得很!但过了一段时间,身体有点想要出毛病。原来干活的时候不觉得。现在冷不丁地一闲下来,感觉不是头疼就是脚疼,各种不自在,反正就是觉得自己身体没一处好的。坐着都不舒服,屁股像是硌着什么东西,坐不住。起来转转,又不知道干什么,心情烦躁。身体不舒服不要紧,最要紧的是心里不舒服。每天吃饭睡觉吃饭睡觉,就像在等死,一天天过得没有什么变化。我们不会像人家城里人那样,跳舞唱戏,我们不会,整天不知道干什么好了。(A1-3)①

(二)休闲娱乐方式的改变

休闲娱乐是人们在闲暇时满足身体和精神需求的一种基本方式,在失去土地后,随着农转非身份的变化及居住环境的改变,失地老人在休闲娱乐方面有了些改变。调查结果表明,有84%的失地老人觉得在征地后自己的休闲娱乐时间增多了,征地前老年农民大部分时间都忙于农作,而在失地后没田耕种,年纪也比较大了,大多失地老人空闲在家,因此他们可用于娱乐活动的时间也自然增多了。

表3.2　　征地前后失地老人的娱乐活动

娱乐项目	种花养草	唱歌(戏)、跳舞	打牌下棋	跑步等各种锻炼	看书看报	看电视、听广播
征地前	1%	0	28%	4%	3%	94%
征地后	10%	6%	45%	8%	5%	98%

资料来源:访谈资料整理。

从上表可以看出,征地前后失地老人在休闲娱乐方面的变化主要

---

① 2012年5月12日Z社区居委会实地访谈。访谈对象,卢某,男,流动摊贩(卖水果),62岁。

体现在以下几点：

首先，失地老人的休闲娱乐时间明显增多，且参与的娱乐活动也朝着多样化和丰富化发展。在征地后随着空闲时间的增多、基础设施的完善及生活条件的改善，失地老人参与的娱乐活动也愈加丰富。调查显示，娱乐项目已从征地前人均约只有一项多发展到现在人均近三项。另外从表中可以看到，失地老人的休闲娱乐已经不再局限在家里，在社区活动中心、公园等娱乐场所活动的比例增加，这主要得益于社区基础设施建设的不断完善。

其次，失地老人的休闲娱乐个体性较为明显。分析调查结果发现无论是征地前还是征地后，失地老人的休闲娱乐活动主要是个体性或者家庭性的，公众性或社区性的休闲活动还是较为缺乏。原因主要有两个，一方面是老年人自身的原因，由于受当时生活条件和思想观念的约束，征地前老年农民的娱乐活动主要是个体的或家庭的，这种长期形成的娱乐习惯对老年人的影响较大，因而其改变也不是一蹴而就的；另一方面是失地老人的休闲娱乐活动缺乏外界力量的有力支持与引导，失地农民社区建设仍在发展中，社区为失地老年人举办的公众性或社区性娱乐活动比较少，这也大大影响了社区失地老年人休闲娱乐的质量。

（三）失地老人交往方式的改变

调查发现，在征地后，失地老人邻里间的串门、借东西及寻求帮助的次数都有显著地减少。究其原因主要是：首先，在失地后住入安置小区，生活方式发生了一定的变化，征地前农村家家户户基本都是大门敞开，空闲时邻里间就会相互串门聊天或是寻求帮助，即使在田里劳作，有时临近的老年农民也会边劳作边闲聊，而征地后在小区居住，家家户户多数大门紧闭，见面机会减少了，邻里交往相对也不那么密切了；其次，征地前老年农民间借东西主要借用的是农业生产工具，而在失地后就不需要了，而且搬到城郊居住后，交通便利，基础设施齐全，生活所需要的物品多半都可以在超市中购买，能这样向邻居借东西也就没那么频繁了，邻里间的交往也自然减少。

（四）失地老人居住环境的改变

从农村到城市，失地老人生活中改变最直观的当属居住环境的改变。征地前农村的生活水平有限，房屋环境比较简朴，基础设施也较为落后，而且由于农村的区域位置较为偏僻，距离市镇也较远，生活上难免出现一些不便之处。而在征地后失地老人搬到安置小区居住，在小区物业的统一管理下，小区整体环境变得较为整洁有序。尽管小区物业费只有0.2元/平方米·月（这个收费标准远远低于商品房物业费），但小区卫生保洁工作管理得较为严格，从小区内的垃圾清理到楼道中的卫生保洁都有专门的人员来管理。另一方面，安置小区周围的基础设施建设也慢慢完善起来，超市、医院、健身场所、公园等陆续在小区周边建造起来，这些条件的改善为失地老人的生活提供了很多便利，使其生活质量有显著的提高。

失地老人的居住方式也发生了改变。首先，自建住房被商品楼房所取代。拆迁后，失地老人搬迁到政府规划的安置小区，自建住房被商品楼房所取代。失地老人"上楼"产生两个后果，一是生活空间私密性化了，原来的"敞开门"生活变成了现在的"关着门"生活，提前打电话预约成为相互串门前的必要准备；二是人际交往受到限制，安置小区的楼房建筑多在5—6层楼，都是没有安装电梯的，不管失地老人间居住的距离是同小区还是同栋楼，他们要走动就必须面临着上下爬楼梯的问题。而这对于腿脚不利索的林某来讲，无疑是个很大的障碍，也在一定程度上打消了失地老人与人交往的想法。

> 林某：现在不比原来农村，那时走来走去都是平地，大家串门很方便，走点路就到了，不在家回来就是了。现在找个人麻烦死了，首先，你要先打电话问问人家在不在家，要不你好不容易走到家门口，敲半天门没人应，还得下楼再回来。找个人聊天还得爬上爬下，本来腿脚就不方便，还不如干脆在家坐着看看电视得了。(A1-4)①

---

① 2012年5月12日Z社区居委会实地访谈。访谈对象，林某，女，菜农，66岁。

其次，代际共居的居住方式减少。征地前，老年农民在村里拥有自己的房屋、土地等，住房面积较大，绝大多数老人都与儿女居住在一起。而在征地后大部分家庭按人口可以拿到两套甚至更多的拆迁安置房，虽然可能由于居住习惯、传统观念等原因，超过半数的失地老人还是与子女同住，但数据显示，也有约66.9%的老人与子女分开住，只与配偶居住或单独居住，其中的原因可能包括：一是生活条件提高，家庭条件允许，有足够的房屋供家庭成员居住；二是为了减少代际矛盾，分开居住后家庭成员间的直接接触就少了，老人与子女的冲突也会减少；三是老人身体状况良好，有自我照顾的能力，觉得与子女分开居住更加自由，生活质量可能会提高。

第二节 失地老人问题的出现

一 城市化进程中征地拆迁制度

（一）征地补偿制度设计

为了确保征地工作的顺利进行，也为了保障农民的利益，国家很早就颁布了以征地补偿为核心的征地制度。征地补偿标准问题关系到失地农民的切身利益，由此成为他们被征地意愿和征地评价的关键性影响因素。1979年以来N市的征地补偿政策分为以下几个阶段：

第一，农改居阶段（1979—1998年）。这个时期执行的是市政府农改居有关就业安置及养老政策，主要是参照市政府〔1988〕179号文件。这阶段的征地补偿标准为，土地补偿费1000—1500元/亩，安置费3180元/人（含300元/人的医疗金），粮差补贴600元/亩，附属物按实计算。农改居阶段实行年轻劳动力就业安置的方式，而在失地老人的安置方面，N市规定，女50周岁、男60周岁实行留组养老生活，由村发放每月30—50元的生活费，年终有收益再行小分配。老人的生活来源主要是当时征地费用所产生的利息收入，由于当时资金人均仅3180元，按同期10%的利息率计算收入，每人每月只能发到25元。且随着时间推移，银行利息降低，失地老人所得收入越来越少。自2003年起，N市政府开始对农改居组进行补贴，失地老人每人每月所得收入也仅维持在200—300元间。

第二，农转非阶段（1999—2003年）。这个时期执行的是通政办〔2000〕206号文件及市政府〔2000〕53号文件。这阶段的征地补偿标准为，土地补偿费1.5万元/亩（菜地是3万元/亩），劳力安置费不低于1.2万元/人，附属物在8000—12000元/亩不等。农改非阶段实行的是农村转入城市的安置办法，儿童（16周岁以下）可一次性领取成年人一半的安置费并代公证处公证；剩余劳动力（男16—45周岁，女16—40周岁）可一次性领取不低于1.2万元的安置费，并到公证处公证，与村组脱离经济利益关系；保养人员（男45周岁以上，女40周岁以上）实行留村组养老，其安置费、土地补偿费等全部用于村组发展，村组每月发放不低于80元的生活费。这部分人生活费加上年终组营分配，年收入均在2000元左右。

第三，基本生活保障阶段（2004年至今）。这个时期执行的是市政府〔2004〕10号文件。为了把越来越多的失地农民群体也纳入社会保障体系，根据《国务院关于深化改革严格土地管理的决定》，N市政府开始施行失地农民基本生活保障制度。10号文件规定，失地农民社会保障所需资金从当地政府批准提高的安置补助费和用于被征地农户的土地补偿费中统一安排，两项费用尚不足以支付的，由当地政府从国有土地有偿使用收入中解决；地方人民政府可以从土地出让收入中安排一部分资金用于补助失地农民社会保障支出，逐步建立失地农民生活保障的长效机制。而在基本生活保障标准的设定上，遵循的是与当地基本生活水平相适应，共享社会经济发展成果，标准适当调整的原则。这样，征地补偿就从货币的一次性支付转为长期的生活保障。从N市不同时期的保障标准可以看出，补偿水平是刚性的动态调整的。（见表3.3）

表 3.3　Z 社区失地农民基本生活保障最低标准表（2009—2015 年）

年份	年龄段①	最低保障标准（元/月）	
		养老金	生活补助费
2009	第二年龄段	—	200
	第三年龄段	—	180
	第四年龄段	250	—
2010—2011	第二年龄段	—	220
	第三年龄段	—	200
	第四年龄段	300	—
2012—2014	第二年龄段	—	310
	第三年龄段	—	310
	第四年龄段	480	—
2015	第二年龄段	—	340
	第三年龄段	—	340
	第四年龄段	580	—

（第一年龄段人员按照类区划分一次性领取生活补助费，不再纳入基本生活保障）

资料来源：《N 市市政府关于调整市区征地补偿标准的通知》（通政发〔2011〕54 号）《提高被征地农民基本生活保障标准》（2015 - 08 - 29）。

第四，纳入城镇企业职工养老保险阶段（2012 年实施，与失地老人生活保障制度并行实施）。在 2012 年，《N 市市区被征地农民基本生活保障、城乡居民社会养老保险和企业职工基本养老保险衔接办法》出台，失地老人的养老金有了较大改变。制度规定从 2012 年起，失地老人享受企业职工基本养老保险养老金待遇，所需费用从被征地农民基本生活保障个人账户中列支，个人也需要缴纳 5 万—7 万元。按照制度规定，失地老人的养老金标准是大大提高的，如果纳入了这个系统，60 岁的失地老人可领到 654 元，随着年龄增长养老金的数额还会提高。（见表 3.4）

---

① 关于年龄段的划分：第一年龄段为 16 周岁以下；第二年龄段为男性 16 周岁以上 50 周岁以下，女性 16 周岁以上 45 周岁以下；第三年龄段为 50 周岁以上 60 周岁以下，女性 45 周岁以上 55 周岁以下；第四年龄段为男性 60 周岁以上，女性 55 周岁以上。

表 3.4　　2012 年和 2014 年失地老人每月养老金领取标准①

年份	年龄/养老金/月				
	55 岁	60 岁	70 岁	80 岁	90 岁
2012	583.7 元	622.5 元	937.8 元	987.8 元	1037.8 元
2014	815 元	867 元	1287 元	1337 元	1387 元

资料来源：《N 市区被征地农民纳入企业职工基本养老保险政策解读》（2011）、《关于确定 2014 年度市区被征地农民纳入企业职工养老保险缴费和享受待遇标准的通知》（2014）。

城镇企业职工养老保险与基本生活保障制度并行实施，养老保障方式的转换按照自愿原则执行。也就是说，失地老人可以选择基本生活保障金，也可以自己再缴纳部分保险金来参加城镇企业职工养老保险。

（二）征地补偿制度的不足

尽管征地补偿标准在不断提高，但制度设计中征地补偿标准偏低已经是各界的共识。一般认为，土地对农民的意义自古以来大约经历了以下几个阶段：第一，土地生产自足性的农产品，是农民的衣食之源；第二，土地生产商品性农产品，是农民的收入来源；第三，土地是农民进入非农产业的退路，是尚未取得城市正规部门劳动者身份，没有享受到正规部门劳动者社会保障的风险保障；第四，土地的非农占用导致不动产急剧增值，成为投资投机的很好对象。而目前土地之于农民已经到了最后一个阶段。②

首先，征地补偿没有体现出土地的使用价值。在征地初始阶段，征地补偿以土地的年产值作为计算依据有其制度设计合理性，但这种计算并没有考虑到土地收入的不确定性，它受自然环境和生产技术的影响较大，而且土地作为不动产，随着农业耕作技术的进步和农产品价格的提高，它的产值将越来越高，在此意义上征地补偿标准明显是偏低的。另外，市场经济和工业化建设的推进必然会提高土地价值，

---

① 这里养老金指的是失地老人参加了企业职工养老保险后的养老金数额。
② 孙少波：《土地功能变迁看目前中国的土地问题》，《统计与管理》2011 年第 2 期。

而以产值计算土地的收益并没有把土地市场价值考虑在内。在基本生活保障阶段,征地补偿由货币补偿改为生活保障,补偿方式有了很大进步。但从表3.4可以看出,虽然基本生活保障金在不断提高,但保障标准仍是偏低的,在失地后生活支出增加的情况下,有限的生活保障金并不能"确保失地农民生活水平不因征地而降低"。

其次,征地补偿没有体现出土地的保障价值。对于农民来讲,土地不仅是生活保障,而且也承载着就业保障、养老保障、文化保障和社会资本保障等一系列的保障功能。土地征用意味着这些保障的消失,而现有的征地补偿虽然也将失地农民纳入社会保障体系,在就业、养老方面提供制度性安排,但"三无"失地农民的现状不容乐观。土地补偿标准偏低的现实给现有的征地制度提出了要求,制度的顶层设计亟须更新。

最后,补偿标准各地不同。在征地制度规定中,征地补偿标准的界定都是按照当地的生产发展水平而定的,如土地补偿标准不论是按照"近几年的土地总产值"计算还是按照"土地年产值的倍数"计算,都离不开当地土地耕作物的市场价格。这种制度规定虽然看起来是公平的,但在实际操作中,各地农产品价格与当地经济发展水平密切相关,经济水平的差异会直接导致失地农民所得到的土地补偿数额的多少,出现"同地不同价"的现象。以江苏省为例,经济发展不同的四类地区补偿标准是不同的(如下表所示)。

表3.5 Z社区与江苏省各地失地老人基本生活保障资金来源对比

地区	土地补偿费(元)		安置补助费(元)	
	2009年	2011年	2009年	2011年
一类	18000	24000	20000	26000
二类(Z社区)	16000	21000	17000	23000
三类	14000	18000	13000	17000
四类	12000	16000	11000	14000

资料来源:《江苏省征地补偿和被征地农民基本生活保障试点办法》(2009)、《省政府关于调整征地补偿标准的通知》(2011)。

(三) 拆迁安置制度设计及不足

城市化带来的征地运动不仅包括农民的耕种地，还包括农民的自住房屋。受城市征地范围的影响，农村原有的自然村分布受到破坏，或整村或分批的拆迁人员被安置到不同的区域，但保证同批次拆迁的安置在同一小区。在安置房区域选取上，征地方多是与选择原村址就近的城市近郊。这种拆迁安置方式可以称作是"离土不离乡"。"离土"指的是拆迁人员已经改变了原先农业耕种的生产生活方式；"不离乡"则指的是在拆迁安置中多数邻里乡亲仍可以生活在一起。

"离土不离乡"的安置方式使失地老人能集中居住在一起，一定程度上最大限度地维护了失地老人的社会关系网络。虽然工具性交往的增加使熟人社会正在慢慢瓦解[1]，但对失地老人来讲，情感性依然占据着社会交往的主流，所以即便有楼层间隔使人际间相互接触减少，但彼此间的感情基础还是比较深厚的，因而征地对失地老人的社会关系有影响，但并没有完全切断。而且，失地农民的集中安置可以便于社区管理。一方面，失地人员的征地拆迁相关事宜需要集中办理，另一方面则是失地农民原有的集体经济需要管理和分配。因此，失地农民社区不同于城市社区，它不仅保留了原村级干部队伍，而且保留了原村集体资产的经营职能，属于过渡形式的社区形态。

但是"离土不离乡"阻碍了失地老人的"市民化"道路。集中安置进一步深化了失地老人的"农民"身份认同，在原有的乡风民俗、生活习惯不断延续的同时，失地老人"市民化"转变面临文化困境。而且集中安置也使失地老人失去了较多接触城市市民的机会，"由于失地农民整体上适应城市的能力和资源有限，从而限制了其向居住地之外去拓展社会联系和获得更广泛的社会支持的能力"[2]。从社区建设的角度讲，社区居民的文化理念、社区归属感、认同感的低

---

[1] 卢春：《熟人社会的瓦解——失地农民社区的内在变革及其治理策略》，《云南行政学院学报》2010 年第 2 期。

[2] 汪萍：《失地农民社区重建何以可能》，《福建论坛》（人文社会科学版）2010 年第 12 期。

下，以及社区参与力度的不足，使失地老人集中安置为"村改居"社区转变为真正的城市社区设置了较多障碍。①

由上可知，房屋拆迁安置制度的实施，直接免除了失地老人的居住之忧。"离土不离乡"安置使失地老人的农村社会交往网络仍然存在，但这一交往网络对于失地老人市民化有较大消极作用。

二 失地老人的困境

政府征地拆迁制度的不足，加上失地老人自身对新环境的适应能力较低，失地老人在生存、养老、社会交往等方面都存在不同程度的困境。

（一）失去土地保障

自古以来，土地在农村承载着众多功能。土地之于农民尤其是老年农民意义重大。首先，土地是一种重要的养老资源。土地是老人主要的收入来源之一，能够保障其基本的经济生活，而且以土地维系的乡土文化还提供了老年农民养老的社会文化资源，是其安身立命的良好场所。其次，土地是老年农民自我价值的体现，从而也是快乐的源泉。身体健康体力尚可的老年农民只要有劳动的意愿，他们就可以在土地上继续耕种，靠自己的能力维持生计，维护自我尊严，体现自我价值；即便到年老体弱不能耕种的时候，他们依然可以通过流转土地收取些许土地收入，实现部分自立养老，因此土地是实现老年农民"老有所为，老有所乐"的重要资本。目前中国农村社会养老保障制度不健全，家庭保障功能不断下降，而土地对老年农民来讲则是一种相对稳定而可靠的养老保障，失去土地意味着这种养老保障的消失。另外，失地后，失地老人不仅失去土地保障，而且失去以土地为联系纽带的社会网络，社会资本不断减少。

（二）失地后的生存困境

首先，土地提供的经济养老资源消失殆尽。土地收入一定程度上

---

① 吴晓燕：《从文化建设到社区认同：村改居社区的治理》，《华中师范大学学报》（人文社会科学版）2011年第5期。

保障了老年农民晚年的基本生活需求，相当于企业工人的退休金。土地的被征用，意味着这部分收入的消失，失地老人自我保障能力下降。

其次，征地中的家庭保障功能下降。在中国目前的社会保障体制下，家庭养老保障不可或缺，子女所提供的养老资源是必须的，也是无可替代的。失地不仅对农村老人产生影响，更对他们的子女产生深远影响，并进而影响到失地老人的家庭保障。国家对失地农民的就业保障经历了从"用工安置"到"货币安置"，但给予就业培训的两个不同阶段，在前一阶段，失地农民或继续从事农业生产或招工到国有、集体企业从事非农生产，他们总有一份工作谋生，对其生产生活影响不大，甚至在当时城乡二元化条件下能够"农转非"确实受到了欢迎，他们生活有保障，失地老人得到的家庭养老资源也得到了保障。在后一阶段，国家转变安置方式，不再直接给予失地农民工作，而是通过就业培训提高其自身的就业能力鼓励其自主择业，因此，失地农民要维持生计的可持续，就必须参与到市场的激烈竞争中，不断改变自身，发展自身，因此离开土地，对他们来讲，是机遇也是挑战。而他们的生活境遇对失地老人影响很大，子女生活状况良好，失地老人获得的经济资源会多些，相反则会很少。而通过学者们的实际调查发现，失地农民在就业方面并不是很理想。

再次，对"土地换保障"制度的不满意。随着"土地换保障"制度的不断实践，其存在的问题也不断凸显。失地老人作为"土地换保障"制度实施的直接受益对象，他们对这一制度的评价在一定程度上反映了制度存在的问题。综合 N 市"土地换保障"制度的实施，失地老人对制度的不满意表现在：

一是对制度规定的多变性表示不满意。2004 年以来 N 市开始实施失地农民基本生活保障制度，但在制度规定中，失地老人可以一次性领取养老金，也可以按月领取。N 市征地办公室的主任介绍，全市有近 30% 的失地老人一次性领取了养老金，Z 社区有 107 人一次性领取，致使后来的生活全无保障。在 2012—2014 年调研时发现，一次性领取养老金的失地老人对制度意见很大。另外，因征地时期不同，"土地换保障"制度规定的养老金数额变化很大，比如2009年Z社区一组被征地时，失地老人养老金标准是250元/月，2010年Z社区五组被征地时，失地老人养老金标准是300元/月。虽说失地老人养老金标准的动态提高对失地老人是有利的，但养老金标准的差异也导致早先征地的失地老人对制度实施较为不满。

二是对养老金标准低表示不满意。就中国整体而言，"土地换保障"中的养老金标准存在整体"量"的低下的问题。一方面，"土地换保障"的保障水平仅能维持基本生活的运转，并没有体现"让失地农民共享城市化发展的成果"的宗旨；另一方面，现有的保障水平也不足以替代升值潜力越来越大的土地价值。在法制不健全、操作程序不规范的情况下，越来越多的农民背负着城市化发展的成本。

（三）被市民化身份的尴尬

失地老人有着深刻的城乡印象，在被市民化后他们并没有真正感受到进城的喜悦，而是出现了诸多不适应。

首先，失地老人不同于主动进城的农民工，他们是被动无选择的。因此在思想观念上较为落后于现实发展，即对于身份转变无法适应，多数不认同其市民身份而停留在农民身份的阶段。虽然在制度安排上，失地农民户籍被转变为市民，并被纳入相应的社会保障体系，但地理空间上的转换并没有改变他们的生活方式和文化观念。而失地老人城乡差异的成长记忆较为深刻，使他们的"角色意识、思想观念、社会权利、行为模式和生产生活方式没有实现从农民角色群体向市民角色群体的整体转型"[1]，由此导致失地老人对自己"非农非市民"的身份很尴尬。

其次，城乡比较的劣势心理。新中国成立以来实施的城乡二元政策多是以农村支持城市的原则出现的，最终的结果是城市发展的机遇和速度远超过农村，形成城乡二元经济结构。城市居民较高的经济收入、优越的城市环境、先进的文化资源等相比于封闭落后的农村居民

---

[1] 文军：《回到"人"的城市化》，《探索与争鸣》2013年第1期。

有着极大的心理优势，在城乡隔离的情况下，这种比较态势带来的心理压力并不明显，但随着征地拆迁的空间转移，失地老人与城市居民互动频次增加，城乡差异的直接对抗使老年人心理压力加大。一方面，农村老人对生活的焦虑与经济状况的担忧本就比城市老人明显[1]，另一方面，城乡对比中农村老人对子代资产转移的匮乏更使得他们劣势心理明显。在此压力下，失地老人要么默默承受，要么利用自身现有资源改变不利境地。

第三节 经济参与：失地老人生活困境的能动反应

在各种困境面前，失地老人并没有简单的"等、靠、要"，而是发挥自身主动性，在力所能及的范围内从事着各种以赚钱为目的的经济参与活动，以缓解困境并争取有利的养老资源。

一 失地老人经济参与的意愿

对于失地老人来讲，长期的土地耕作不仅保障了他们在失地前的经济生活，而且使他们保存了自立养老的生活信念。通过自立养老，失地老人可以依靠自身的力量来谋取养老所需的资源。虽然人均土地面积不多，但Z社区老人仍以土地耕种为其主要的收入来源，在家庭养老和社会养老之外，为自己增加了一份保障。

失地老人这种自立养老的生活经验延伸到失地后，就是对经济参与的行动意愿。失地前，老人的生活秩序是稳定的，建立在土地链接基础上的乡村文化酝酿出的意义系统和价值体系使老人的生产生活方式和人际交往都处在非常熟悉的环境中。城市化的构想是要将农村老人转变为城市老人，实现人的城市化，但是政府的政策安排并没有真正实现失地老人城市人的转变，而是产生了失地老人。失地老人的失

---

[1] 郭爱妹:《老年人抑郁症状的城乡比较研究》，《山东师范大学学报》（人文社会科学版）2011年第1期。

地困境、生存困境和身份困境最直接的原因就在于失去土地,而内在的原因则是在于失地老人没有了原来的以土地为纽带的各种资源。没有了土地上的自主耕种,失地老人缺少的不仅是土地收入,也包括在土地耕种时的那种生产生活方式和社会关系,还有那份自立以及由此带来的自信。经济参与是另一种形式上的链接,它将失地老人与周边社会关系联系在一起,构建了一种新的生产生活方式和社会交往。因此,从这个意义上讲,经济参与是土地的"替代品",弥补了失地老人失地后的"空缺"。因此,经济参与也就会引起失地老人强烈的参与意愿。

虽然失地老人生活空间由农村转向了城市,但他们的经济参与也有一定的基础条件。失地老人从农村进入城市,他们同时经历过农村生活和城市生活,也同时在社会交往中积累了同质和异质的社会资本。一方面,长期的农村生活成为失地老人深刻的生活记忆,但熟人关系的社会网络在集中安置政策安排中较多地保留了下来;另一方面,已经被界定为"城市人"的失地老人在生活中会主动或被动地接触到除失地农民之外的社会群体,在与外群体的社会交往中失地老人的异质性社会资本也在不断积累中。同质的或异质的社会资本的积累有利于失地老人得到的工作信息更加多样化,从而为失地老人经济参与提供了行动便利。

二 失地老人经济参与的表现

失地老人的困境使其产生经济参与的意愿,意味着失地老人经济参与的目的就是缓解他们的困境。日常生活实践既有往常实践延续的一面,同时也有主动突破的一面,实践中,失地老人在经济参与的选择方面,明显表现出重复"已往"和突破的两种倾向。

首先,他们熟悉农村的生产生活方式,因此在经济参与中会倾向于选择自己擅长的、能接受的工作;其次,在城市生活环境中,他们会产生对城市生产生活方式的向往,在条件具备的情况下,他们也会考虑从事时间要求比较严格的正式工作。当然,失地老人选择什么样的经济参与也要根据自己的时间分配、身体状况、家庭情况及社会资源等情况来具体分析。

根据访谈资料，笔者将失地老人经济参与频次最高的活动整理出来，分别是种菜卖菜、流动摊点、临时工作和正式工作四种形式。根据失地老人经济参与中的劳务关系，可以将上述四种经济参与形式分为两种类型，其中前两种可以称为个体摊贩型经济参与，后两种属于劳务雇佣型经济参与。

第一，个体摊贩型经济参与是指失地老人依靠自己而非他人找到的经济参与活动，不仅如此，在这种经济参与行动中，失地老人工作比较自由，不受他人管辖，没有他人的约束，工作时间随意。失地老人从事这种方式的人数较多，占到总体经济参与人数的63.3%。

菜农指的是通过种菜卖菜带来经济收入的失地老人。起初，失地老人只是出于对土地资源的利用而将社区内的草地变为菜地。但在市场经济的影响下，他们发现，现代人对绿色蔬菜的需求量较大，而且蔬菜价格不低。所以以营利为目的的菜农就出现了。失地老人的种菜是在社区内实施的，所以必然受到社区居民及社区工作人员的影响。所以，文中将"菜农"单独分列出来加以阐释，具体分析失地老人的种菜是如何实现的。另外，失地老人蔬菜是自产自销的，他们的蔬菜量比较少，为了节约成本，失地老人并不在菜场租摊位卖菜，而是选择在菜场外蹲点卖菜，所以，菜农也属于流动摊贩的一种。

流动摊点是较为容易介入的一项经济参与，失地老人可以根据自身能力选择从事哪一种，所以参与者较多。文中的流动摊贩按其从事的事情可以分为三类：一类是卖菜的；一类是卖成品物品的，比如香烛、生活用品；一类是靠手艺摆摊的，比如修理、卖手工食品（现做的那种）。其中卖菜的失地老人，专指卖自己种的菜，与市场中那些贩菜来卖的相区别。卖成品物品的失地老人，指的是他们将商品摆在特定的地点来卖。厨艺比较好的失地老人会选择在人口集中的地方现场制作小食品，比如烧烤、烙饼等，另有些有手艺的失地老人会在居民区内某个地方自行搭个招牌用来修理自行车或电动车、缝纫衣服，这些家庭中经常会遇到的麻烦事在他们的手中很容易就解决了。做流动摊贩的失地老人比较辛苦，每天风吹日晒，而且他们在经营过程中也有一定的风险，虽然买卖的商品成本不高，但都需要自负盈亏，所以老年人在如何经营方面还是要斟酌一番的。

第二，劳务雇佣型经济参与指的是失地老人在经济参与行动中有与之建立劳务关系的所属部门，失地老人在规定时间内完成劳务部门要求的工作并从中领取报酬。要找到此类的经济参与活动需要有相关的信息来源，而且受年龄、体力智力的限制，失地老人即使得到就业信息也需他人介绍或"走关系"才能参与，所以劳务雇佣型经济参与很难进入。

集体承包中的临时工是一种典型的劳务雇佣型经济参与。临时工作一般都是围绕着一项任务来完成，由项目负责人将项目任务安排下来，在规定时间内临时召集人员来完成，所以这是个集体工作。临时工作的信息提供主要依靠社区居委会，有时失地老人也会通过朋友介绍得知。Z社区居委会为了提高失地老人的收入水平，在尽可能的情况下为失地老人争取到一些半成品加工业务，比如缝制绒娃娃、在衣服上绣图案等，这些工作操作简单，基本上失地老人都能胜任，而且为了方便失地老人穿针引线，商品上所需的都是大线条的图案。但这种外包业务也不是经常有的，这需要社区居委会与相关企业进行洽谈，将企业的经营项目拿过来后再交由失地老人去做。

文中涉及的正式工作有三种，一种是保洁员，一种是车库管理员，一种是草坪修剪工。这些工作没有较高的技术要求和体力要求，适合失地老人去做。正式工作是一种另类的劳务雇佣型经济参与。这主要是因为，失地老人一般由正规单位管辖，比如在工作中要遵守相关的规章制度，有固定的上下班时间。但失地老人与单位签订的不是正式的劳动合同而是劳动协议，协议中没有工作期限的规定，也没有劳动保险和社会保险的保障。所以，失地老人与管理部门间也算是一种按劳取酬的劳务关系。

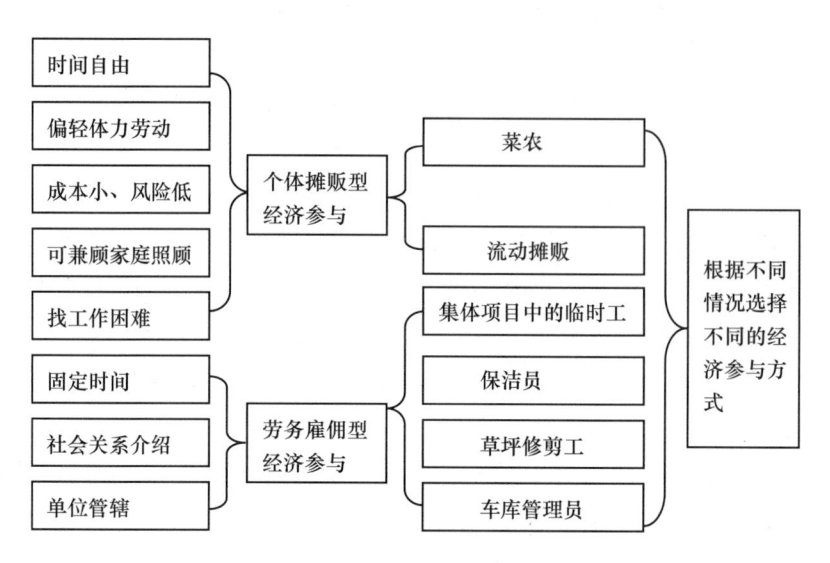

```
┌──────────────┐
│  时间自由    │─┐
├──────────────┤ │
│ 偏轻体力劳动 │─┤
├──────────────┤ │  ┌──────────┐   ┌──────────────────┐
│ 成本小、风险低│─┼─│ 个体摊贩型│──│      菜农        │─┐
├──────────────┤ │  │  经济参与 │   ├──────────────────┤ │
│可兼顾家庭照顾│─┤  └──────────┘   │    流动摊贩      │─┤  ┌──────────┐
├──────────────┤ │                  └──────────────────┘ │  │根据不同  │
│  找工作困难  │─┘                                       │  │情况选择  │
└──────────────┘                   ┌──────────────────┐ │  │不同的经  │
┌──────────────┐                   │集体项目中的临时工│─┤  │济参与方  │
│  固定时间    │─┐  ┌──────────┐   ├──────────────────┤ ├──│   式     │
├──────────────┤ │  │ 劳务雇佣型│   │     保洁员       │─┤  └──────────┘
│ 社会关系介绍 │─┼─│  经济参与 │──├──────────────────┤ │
├──────────────┤ │  └──────────┘   │    草坪修剪工    │─┤
│  单位管辖    │─┘                  ├──────────────────┤ │
└──────────────┘                   │    车库管理员    │─┘
                                    └──────────────────┘
```

图 3.2　失地老人经济参与类型的选择

第四章 失地老人经济参与的行动动机

本章所要解决的问题是"什么原因促使他们参与经济活动?"行动动机是行动产生的源头,也是行动持续性的动力。本书以事实材料为依据,分析了失地老人面临的个体生计、家庭关系、社会交往、社会认同的新处境以及产生的行动诉求,展现了他们应对城市生活环境的主观能动性的一面。

第一节 一切为了生活

在与失地老人的访谈中,笔者首先问的和最想了解的一个问题就是"为什么要经济参与?"他们的回答不尽相同,但内容总是绕不开一个词——"生活",所谓"这就是生活","还不是为了生活"。在他们的潜意识中,生活需求是经济参与的动机来源,是"激发这一行动的需要"。①

一 何谓"生活"界定的标准

既然人们行动动机来源于生活,是为了满足生活的需求,那么什么是生活?生活在广义上指人们日常生活中的各种活动,包括行动、学习、工作、休闲、社交、娱乐等,生活不是生存,而是比生存更高

---

① [英]安东尼·吉登斯:《社会的构成》,李康、李猛译,上海三联书店1998年版,第66页。

层面的一种状态。

　　为了生活，通俗一点的解释就是"让生活过得好"。那么生活得好不好，就需要有个界定的标准。"生活得好不好"是人们对生活状态的总体评价，可以说，不同的人有不同的界定。但这并不说明这个问题的回答是完全主观性的。关于这个问题，学界主要是围绕着"生活质量"来加以研究的。"生活质量"最早在1958年由美国学者加尔布雷斯提出，之后这个命题引起各国学者的广泛研究。从不同的测量角度出发，研究者对生活质量界定有两种类型，主观感受型和客观条件型[1]。主观感受型侧重于人们对生活满意程度和幸福感的调查，如林南等认为，生活质量就是"对于生活及其各个方面的评价和总结"[2]。客观条件型的生活质量界定侧重于研究影响生活的物质和精神的各方面客观条件，比如生活条件的改善、福利状况的增加等。主观测评从人本主义的角度出发，关注人们的生活体验，而客观测评强调的是外部环境改善对人生活的提高，两种观点各有其优势和说服点。随着生活质量命题研究的深入，学界逐渐将两种观点聚焦，认为对生活质量的测量和评估最全面和最可行的方式应该是将主观和客观结合起来，即将社会的物质供给状况与人们需求的满足状况两方面结合起来，既包含客观生活条件的指标，也包含人们主观满意程度的指标。[3] 而不管是主观的还是客观的测量方法，都需要在调查中收集资料，即生活质量的测量采取的都是客观的界定标准。

　　由此，本书在论述失地老人经济参与的行动动机时，不仅关注到客观外在环境对失地老人生活的影响，还关注到行动者对生活变化的感悟。而笔者在调研过程中也发现，失地老人对生活有自己的理解。他们认为，生活首先是人们存在的常态，反映的是"活着"以及在衣、食、住、行等方面的情况；但生活又绝不仅仅是温饱的生计，生活得好也绝不仅仅是"三个饱一个澡"。按他们的话说：

---

[1] 徐愫：《生活质量论》，南京大学出版社1995年版，第12—16页。
[2] 林南等：《生活质量的结构与指标》，《社会学研究》1987年第6期。
[3] 风笑天、易松国：《城市居民家庭生活质量：指标及其结构》，《社会学研究》2000年第4期。

王某：活着就要活出个人样，除了吃饭睡觉，人有很多事情要做，要让别人看得起自己，就要自己看得起自己。(A2-1)①

所以，生活又涉及了更高层次的人的需求，即为了证明存在的发展欲望。这样，失地老人经济参与的行动动机就涉及多个指标，既有物质方面的需求，也有精神方面的需求。

二 生活需求的满足

生活，是个既简单存在又复杂抽象的结合体。生活不会自行改变。为了使生活过得好，人们必须采取行动。在日常生活中人们会参与各种各样的行动，但行动的目的是什么？行动只是达到目的的手段而已。"我们需要钱，目的是要买一辆汽车。接下去，因为邻居有车而我们又不愿意低人一等，所以我们也需要一辆，这样我们可以维护自尊心并得到别人的爱和尊重。"② 在追溯一个有欲望的最初根源时，我们会发现，人们的需求是多样化的，并进而形成行动的驱动力。

（一）物质需求

生活首先面对的就是生计问题，即物质需求。马斯洛理论把需求分成生理需求、安全需求、爱和归属感、尊重和自我实现五类，依次由较低层次到较高层次排列。生理需求是最基本的，是由生理机能所驱动的，比如饥饿，当一个人生活中同时缺乏各种需求的时候，那么生理需要而不是其他需要最有可能成为他的行动动机。所以，我们在分析失地老人经济参与动机时，首先考虑到的是，他们的物质保障情况是如何的。由于老年人生活记忆中的饥饿感使他们对物质需求有强烈认知，由此产生的行动驱动力也最强。风笑天教授的研究证明了这一点，在对两代人工作意义的调查中，青年人对工作意义的理解有着

---

① 2012年5月13日Z社区居委会实地访谈。访谈对象，王某，男，流动摊贩（卖香烛），61岁。

② ［美］马斯洛：《动机与人格》，许金声译，华夏出版社1987年版，第25页。

十分明显的理想色彩,而他们的父母一辈人则只看重工作作为谋生手段的现实意义。① 而且,随着进城后失地老人的物质需求方式由自给自足为主转变为市场供给为主,他们对物质需求表现得更为紧迫和明显。经济参与作为一种介入市场经济的活动,它给失地老人带来了经济收入,从而部分满足了他们的物质需求。

(二) 精神需求

精神需求是生活需求中的重要组成部分,"高级需要的满足能引起更合意的主观效果,即更深刻的幸福感、宁静感,以及内心生活的丰富感"②。不同于生理需求的是,精神需求体现了人和社会的关系,是在社会环境中产生并在社会环境中才得以满足的。由此,精神需求的满足需要社会中的行动实施。

失地老人的精神需求不如物质需求那么明显,但不代表他们的精神需求不存在。在失地前,农村老人的精神需求在生活无意识中就得到了满足。但随着失地后生活环境的改变,他们的精神需求逐渐显露出来。

第一,家庭代际关系需求。家庭代际关系需求指的是家庭代际间和谐的共处状态。随着征地拆迁的一系列变化,失地老人家庭也发生了很大变化,表现在代际居住方式的改变、家庭经济状况、家庭矛盾发生等方面。

第二,社会交往需求。他们在土地上自给自足、自立自强,享受着土地耕种与收割的快乐;他们有着较强的社会关系网络,熟人间互帮互助;他们生活在熟悉的社会和生活环境中,有着相似的或是一致的集体意识,分享社会共同的信仰和情感,有着明确的生活目标和人生定位,他们可以清楚地知道过去和未来的发展,清楚地知道社会中的个人应遵守的规范和礼仪,他们的生活是确定而安稳的。但失地后他们发现原先的老伙伴们上楼了,下来聊天的少了,陌生人多了;城市的生活与农村完全不同,未来发展是未知的和不确定的,失地老人

---

① 风笑天:《工作的意义:两代人的认同与变迁》,《社会科学研究》2011 年第 3 期。
② [美] 马斯洛:《动机与人格》,许金声译,华夏出版社 1987 年版,第 115 页。

对生活越来越焦虑,"由个体转向群体,由单一转向多样,从表层转向深层,从隐性转向显性"。①

失地老人不善表达,他们对社会交往也没有太多理解,但他们知道,"人的心里不能太空了,生活没有了奔头也就完了。"张某和刘某是一对老哥俩,征地前经常一起到村里的河塘里捕鱼,征地后,河塘被填平,张某拆迁到 WS 公寓,而刘某未拆迁留在原地,他们的生活由此发生了很大变化。

> 张某:有段时间,我每天的事情就是,早上吃饭,下楼买菜,回家看电视,中午吃饭睡觉,下午打牌,晚上吃饭,下楼坐会儿找人聊天,回家睡觉。一天天过的啊,没法说,还老提不起精神来,感觉人都废了。不光我是这样,这里的老人都这样,打牌的时候都没话说,都一样,没新鲜事。(A1-1)②
>
> 刘某:我的生活没太大变化,还是每天到地里干活,地不多,当是锻炼身体,还种了蔬菜,不打农药的,城里买都买不到的。我们这个小组的都没动,所以玩得来的还是在一起,平时串串门,你到我家我到你家的。我们这不比城里楼房,他们上去了就下不来了,谁老胳膊老腿的还老上下跑,我们平房不怕,到家里坐坐显得亲。一天下来不忙,但也不闲着,感觉还行吧。(A4-5)③

张某的变化很多失地老人都经历过,他们对失地后生活的脱离感非常明显。

第三,认同需求。每个人都渴望最大限度地实现自我,并得到别人的认可,这就是认同需求。经济参与可以实现失地老人的这一需求。他们可以在行动中体现自身的有用性,提高自我认同,并以正面

---

① 刘捷:《社会焦虑心理的认知与疏导对策》,《福建论坛》(人文社会科学版) 2013 年第 9 期。
② 2012 年 5 月 12 日 Z 社区居委会实地访谈。访谈对象,张某,男,菜农,67 岁。
③ 2012 年 6 月 10 日 Z 社区居委会实地访谈。访谈对象,刘某,男,农村老人(未征地的三组组员),65 岁。

积极的形象影响他人，获得社会认同。

英国著名哲学家伯特兰·罗素强调工作是幸福的因素。他指出："工作之所以为人们所需，首先是作为解除烦闷的手段，其次是它给予人们获取成功和展露雄心的机会。从一种伟大的建设性事业中获得的满足，是生活能够提供的最大快乐。"①

失地前只要身体许可，老年人都会在自己的土地上耕种，虽然有劳作之苦，但他们自立自强，过得也很充实。失地后，没有了土地耕种的辛苦，国家供给的养老金在某种程度上比土地收入还多，但无所事事的生活状态使得老年人在心理上压力很大。一方面，他们觉得自己还可以干点什么，但又不知道干什么；另一方面，看着年轻人整天忙里忙外，自己却在干耗时间。"无用感"和"羞愧感"压迫着老年人的神经，使他们感到很不舒服，并且心理作用还影响到了身体健康。随着时代变化和社会进步，老年人身份认同会逐步年轻化，社会参与多的老年人身份认同更积极。② 在笔者访谈的 59 名失地老人中，有工作的比没有工作的失地老人，精神状态确实要很好多，而且他们还很不服老，认为自己很健康，能够胜任自己现有的这个工作。在某一物业公司，笔者找到了正在修剪草坪的朱某，他很爽快地接受了访谈。当笔者问他多大岁数时，他很是自豪地说：

> 你猜，我不说你肯定想不到。我快 63 岁了。这个电锯我还是拎得动的，没问题。做体力活惯了，力气还是有的。我这当锻炼筋骨，还有工资拿，挺好的，再说，也不是天天来的，基本上每个月一次。这一整个小区都归我管，领导说让来我就来。找到这份工作不容易，好好干，我还可以干几年。（B4）③

---

① ［英］伯特兰·罗素：《幸福之路》（上），曹荣湘等译，文化艺术出版社1997年版，第128页。
② 谢立黎：《中国老年人身份认同变化及其影响因素研究》，《人口与经济》2014年第1期。
③ 2013年5月6日ZN小区实地访谈。访谈对象，朱某，男，正式工（修剪草坪），62岁。

由此可见，失地老人经济参与的行动动机来源于生活，是为了满足生活需求而产生的，而对其生活需求产生直接影响的就在于土地的失去。功能上，土地既是其物质生活资源，同时又是其精神生活的基础。土地失地后，许多失地老人不同程度在物质与精神方面的忧虑凸显，而这也构成他们经济参与的直接动因。

第二节　满足生计的动机

生计，是人生活的最基本物质需求。满足生计，是每个人生产生活的最直接动机。失地老人的生计问题是因失地而产生的，可以称之为生存焦虑。生存焦虑是因对目前或未来基本生活保障的不确定感而产生的疑虑和恐慌。这种焦虑并不是仅为心理层面，而是现实生活的真实体现。随着社会对征地问题的不断关注，在共享经济社会发展成果的指导原则下，国家相继颁布了各种征地补偿政策，以保障失地农民权益和生活需求的满足。形式上从最初的一次性资金补偿到位到每年每月按时发放生活保障基金，数额上从每月一百多元到每月六七百元，失地老人的物质保障在逐年提高，按说，他们的生存焦虑应该是降低的。但事实并非如此，生存焦虑反而呈现显性化的态势。而经济参与是失地老人焦虑消解的一种方式。

一　失地前后的收支对比分析

经济保障是生存的物质基础，因失地而产生的收支状况的改变尤其是货币功能的放大导致失地老人对"生存"有了更深的理解。

（一）失地前后的收入变化

失地老人的收入来源构成和收入数量在失地前后变化很大。失地前，老人的收入来源有土地收入、村集体分红、子女供给收入和其他收入（包括租金收入、打工收入），失地后老人的收入来源变为生活保障金和子女供给。

第一，土地收入。N市土壤肥沃、气候湿润适合庄稼种植，除了水稻种植外，土地耕种间歇还可种些油菜、花生等。除了种植庄稼，郊区的土地还可被开发成大棚蔬菜生产和大棚瓜果生产。随着城市郊区经济的发展，郊区土地的价值在不断上涨。

第二，子女供给收入。这部分收入是不固定的。一般来讲，代际共居的情况下子女给老人的钱不固定，多数平时用钱时才会给些，分开居住的有按月和按年供给两种，而又以年度一次性给予的较多，数额多少不一。在访谈的59个失地老人中，每月都可以收到子女提供的货币收入的老年人只有12人，从100—300元不等；只有在过年时才能拿到钱的老年人有25人，其中1000元以下的8人，1000—2000元的12人，2000—3000元的4人，3000元以上的1人；需要钱时子女才提供货币的老年人有15人；有7个老年人子女只提供物品而不是给现金；另外，过年过节时老年人大多还可以从子女那里额外得到几百元不等的过节费。子女供给的收入在失地前后差别不大，只有3个老人认为，子女的供给少了，因为子女认为他们得到的政府养老金足以支付日常开销。

第三，集体收入分红。Z社区集体收入分两部分，土地租赁收入和房屋租赁收入，均是由村集体土地的收益产生。在N市发展城郊区域经济的号召下，城郊的农村社区会通过招商引资的方式吸引一些商家租用集体土地来从事经营活动，所得收入归村集体所有。Z社区管辖区共有3个支柱型的商家，海盟汽车销售服务有限公司、和美家妇产科医院和0513美车城。另外，社区还会在集体土地上自建房屋出售，以获取房屋租赁收入，如Z社区居委会旁边的商务旅馆就是租赁的社区房屋。集体收入由社区居委会集体分配，一部分用于土地租赁成本和房屋租赁成本支出，一部分用于居委会维持和管理费用支出，一部分作为储备资金，剩余的作为集体分红分配给各组村民。在未被征地前，集体收入颇丰，村里每人集体分红有1000—3000元/人·年不等，但随着Z村大规模的征地拆迁，村集体土地所剩无几，土地租赁收入和房屋租赁收入消失殆尽。由此而产生的集体分红也就没有了。

第四，其他收入。除土地收入外，失地老人还有房屋租金或商铺收入。因房屋多为老年人最初建造，所以房屋租金或商铺收入多归他们所有。Z社区处于城市郊区，较好的地理位置和周围较多的厂房设施聚集了大量外来务工人员，房屋租金或铺面营运的收益可观。但房屋拆迁后，这些额外收入也随之消失。

在访谈中，但凡家里原来有租金收入的失地老人，对征地补偿都非常得不满。访谈中的田某和张某，拆迁前都曾把房子出租出去，当时是2005年，月租金200多元，2009年拆迁后他们的租金收入就没有了。

> 田某：虽说租金不多，但那是额外的，也挺让人高兴的。后来拆迁了，就没有了。虽说有养老金，但那才多少啊，一个月才百十来块钱的。现在涨了，但现在的钱不经花啊，只有自己再想法挣点了。（A2-3）①
>
> 张某：原来我盖的房子比较大，除了自己住，还把一楼的一间租出去了，2005年的时候是280元一个月，到了2006年的时候房子涨价，房租也跟着涨，当时能租到400元，到临拆迁的时候，我收的租金是一个月560元。现在啥都没了，亏死了。（A1-6）②

第五，养老金收入。与前几种收入来源相比，土地换来的养老金发放则是不断提高而且是每月按时发放的。Z社区最早拆迁的一批在2009年，按照当时的基本生活保障制度规定，第四年龄段（男60周岁以上，女55岁周岁以上）每月可固定领取一定数额的养老金，但也可以一次性领取。因为失地农民领取拆迁房时资金紧缺，使相当部分的老年人的养老金被一次性领取用于支付购房款或装修，致使他们的生活仍是处于无保障状况。社区管理人员介绍，到2014年止，失地老人养老金一次性支取的人数达到107人。为此，N市政府改变了

---

① 2012年5月13日Z社区居委会实地访谈。访谈对象，田某，男，临时工，63岁。
② 2012年5月12日Z社区居委会实地访谈。访谈对象，张某，女，流动摊贩（卖香烛），62岁。

政策规定，取消一次性领取而严格实施养老金的按月发放，失地老人的基本生活才真正有了保障。在养老金发放标准上，按照动态调整的原则，失地老人得到的养老金不断增多（见图4.1）。

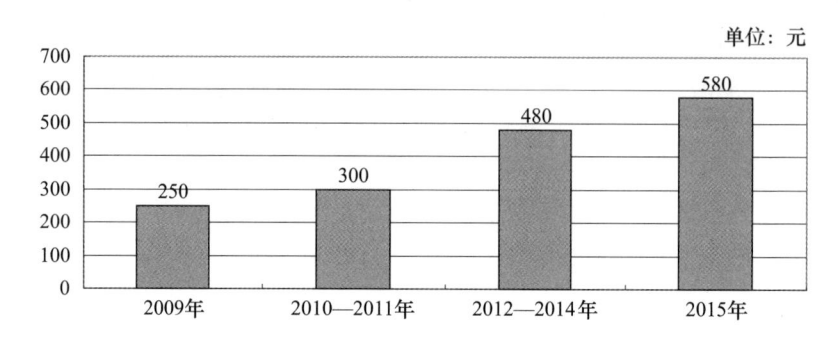

图4.1 Z社区失地老人基本生活保障标准（2009—2015年）

资料来源：根据N市国土资源局《征地补偿安置方案公告》（2009—2015）相关资料整理。

而2012年实施城镇企业职工养老保险制度后，Z社区也有部分失地老人自愿参加了养老保险，使得他们养老金数额较高于其他领取基本生活保障金的老人。据社区居委会陆主任介绍，截止到2014年底，Z社区270名失地老人中参加企业职工养老保险的有62个人。

那么在领取养老金方面，Z社区失地老人就有了三种情况：第一种情况是2009年拆迁时一次性领取养老金，失地老人中有107人，他们没有养老金的陆续发放；第二种情况是领取失地农民基本养老金，2012年后参加企业职工养老保险，领取养老保险金，失地老人中有62人；第三种情况是没有参加企业职工养老保险，一直领取失地农民基本养老金，失地老人中有101人。

根据失地老人的收入构成，笔者记录了64岁王某失地前后收入的变化情况。从中可以看出，在失地后他的收入是减少了的。2011年他的收入减少了9400元（15000 - 5600 = 9400），即使在2012年王某参加了企业职工养老保险，养老金标准有了很大提高，他的收入仍然是一年减少了4828元（15000 - 10172 = 4828）。

表 4.1　　　　　　　　　　王某的收入变化

失地前		失地后			
收入来源	金额（元/年）	收入来源	金额（元/年）		
			2011 年	2012 年	
土地收入	5000①	养老金	3600	8172②	5760③
集体分红	3000	集体分红	无	无	无
子女供给	2000	子女供给	2000	2000	2000
其他（租金收入）	5000	其他	无	无	无
总收入	15000	总收入	5600	10172	7760

资料来源：访谈资料整理。

王某虽然是访谈中的个案，但他的每一项收入标准在一定时间内都和其他人的是一样的，租金收入虽然会有租房租铺、面积大小的区分，但收入差别不是很大。这里所要考虑的是，租金收入和养老金收入并不是每一个失地老人都有的，如前所述，如果失地老人一次性支取了土地补偿金，那么他的养老金是没有的。这样，我们可以以王某的收入变化作为参照物，来推算其他失地老人的收入变化情况。

A 有租金收入，有养老金收入，且参加了企业职工养老保险，那么失地老人的收入变化和王某一样。

B 有租金收入，有养老金收入，没有参加企业职工养老保险，那么失地老人的收入变化为：失地前收入一年 15000 元，失地后收入为 7760 元，收入减少 7240 元。

C 有租金收入，无养老金收入，那么失地老人的收入变化为：

失地前收入一年 15000 元，失地后收入为 2000 元，收入减少

---

① 访谈中失地老人给出的大约数字，是土地产出的各种物品折合货币后的总计。

② 为了加强对比效果，笔者将 2011 年和 2012 年王某得到的生活保障金收入同时放在表格中。2011 年王某的生活保障金为每月 300 元，一年共计 3600 元，2012 年王某参加了企业职工基本养老保险，其养老保险金为 681 元，一年共计 8172 元。

③ 如果没有参加企业职工基本养老保险，那么失地老人得到的是被征地农民基本生活保障金，按 2012 年 480 元/月的标准算，失地老人一年得到的收入是 5760 元。

13000 元。

D 无租金收入，有养老金收入，且参加了企业职工养老保险，那么失地老人的收入变化为：

失地前收入一年 10000 元，失地后收入 2011 年 5600 元，2012 年 10172 元，收入在 2011 年减少了 4400 元，2012 年以后增加了 172 元。

E 无租金收入，有养老金收入，没有参加了企业职工养老保险，那么失地老人的收入变化为：

失地前收入一年 10000 元，失地后收入 2011 年 5600 元，2012 年 7760 元，收入在 2011 年减少了 4400 元，2012 年以后减少了 2240 元。

由此可见，在 2012 年以前，失地老人的收入都是减少的，只有在 2012 年以后，在参加了企业职工养老保险后，失地老人的收入才有了少许的提高。但这是在假设土地收入不变的情况下，事实上随着城市化的加快，土地的价值是在不断上升的。如果算上土地价值上升后的收入，失地老人的收入仍然是减少了的。所以，可以这样说，失地老人的经济参与出于多种行动动机，增加收入是其中最重要的一种。

（二）支出明显增加

失地后失地老人的生活开支明显增加，货币功能显性化，对货币的追逐欲望提高。

首先，生活食品的支出增加。人们在日常生活中需要摄取一些食品来维持身体健康，如肉类、蛋类和蔬菜类，这部分食品的支出是日常生活所必需的。为了调查失地老人日常生活的食品支出变化情况，笔者依照 Z 社区失地老人的饮食习惯列举了八种食品种类，其中肉类以猪肉为主，蛋类以鸡蛋为主，蔬菜类以居民常吃的白菜、黄瓜、萝卜、茄子、西红柿和青菜为主，另外加上他们的主食——大米，根据 Z 社区当时当地的市场平均价格绘制了表 4.2。

表 4.2　　　　　　　失地老人日常生活的食品支出成本

日常生活食品 供给种类： 米肉蛋蔬菜	失地前的支出成本（市场 平均价格）（元/500g）	失地后的支出成本 （市场平均价格）（元/500g）	
	2009年6月6日	2011年6月6日	2014年6月6日
大米	自产，无须购买	1.2	2.5
猪肉（五花肉）	7	10	18
鸡蛋	自产，无须购买	3.75	5.69
大白菜	自产，无须购买	1.18	1.43
黄瓜	自产，无须购买	1.55	2.8
萝卜	自产，无须购买	1.35	1.44
茄子	自产，无须购买	1.73	3.75
西红柿	自产，无须购买	1.54	3.81
青菜	自产，无须购买	1.5	2.3

资料来源：根据 N 市物价局"主副食品价格"相关资料整理，http://wjj.nantong.gov.cn/col/col30187/index.html。

从表中可以看出，征地前自给自足的生活被打破后，失地老人的生活食品开支明显增加，主要表现在：一是日常生活所需的部分食品在失地前是可以自给自足而无须到市场购买的，即这部分货币支出是隐性的，而失地后这些食品必须通过市场购买才能得到，货币支出增加；二是失地后，随着经济的发展和生活水平的提高，物价也飞速上涨，从 2011 年和 2014 年的食品价格数据来看，不管是哪种类型的食品价格都有不同程度的上涨。虽然这期间失地老人的基本生活保障金也在上涨，2011 年的保障金为 300 元/月，到 2014 年涨到 480 元/月，每月涨了 180 元，涨幅很小，不足以支撑同样上涨的食品支出。以大米为例，从 2011 年到 2014 年，大米每斤涨了 1.3 元，以一个人每天 2 斤米的食量，一个月他的大米支出就多出了 78 元，也就是说，失地老人的大米支出就已经占到生活保障金涨幅的 43%，如果再加上肉类、蔬菜类的消费支出，失地老人的生活保障金无力同时支付。在这种情况下，失地老人的消费支出增加了。

其次，社会生活的成本增加。在征地前，大家生活在同质性较强的社会中,虽然也有差异,但不足以引起大家对"比较"的过分重视;但征地后,一是同期拆迁中得到的房屋补偿数量不同直接引起的房屋固定资产总值抑或变现的货币持有的不同,使乡亲间的生活差距有所拉大;二是因不同期拆迁而产生的征地拆迁补偿的不同(拆迁越晚得到的补偿越多),也使他们的生活差距拉大;另外,征地后失地老人被纳入城市养老保险体系,比较的对象不仅是同村人还有那些生活在周边的有着退休金的城市老人。"在一个普遍比较富裕的社会,比方说,大多数人都拥有交通工具、丰富的衣着、收音机和电视机等,在这样的社会里,要想体面地生活,要能够拜访和款待朋友,要了解世界上发生的事情和其他人关心的问题等,便需要一些更加昂贵的物品和服务。"[1] 可以说,改变了的社会环境使失地老人的生活有了更多的压力。

在收入有限的情况下,失地老人能做的就是尽量减少支出。但这也是在一定范围内的。在公共场合必要的开支是不能节省的,因为那是"体面"的一部分,对下一代不能太吝啬,这关乎长辈的尊严。这样能减少支出的范围只在于私人范围内的日常生活部分。调查发现,失地老人的收入支出项目中,生活必需品购买占全部支出的78%,人情礼往和下一代支出占到了20%,而其他的娱乐性开支如旅游等几乎没有。所以失地老人的生活很是节俭。如果与子女同住,饮食支出是老年人不必去担心的,那么他就只需控制自己在其他方面不必要的支出,如衣物、日用品等。而如果是单独居住,那么他可控的范围就比较多了。临近 Z 社区有个大型超市,每天早上都有打折的食品出售,如蔬菜、肉类、鸡蛋等,比如市面上鸡蛋 5.8 元/斤,在超市 4.8 元就可买到,但销售是限时限量打折的。所以在超市未开门前,你就可以看到有些老人已经等候在那里了,超市营业后,在各个打折点都会有一些老人在排队。"省一块钱就等于赚了一块钱。"这是笔者经常听到的一句话。

---

[1] [印度] 阿玛蒂亚·森:《生活水准》,徐大建译,上海财经大学出版社 2007 年版,第 21 页。

从以上的分析可以看出，失地老人的收入在逐年提高，而且在2012年后养老金数额迅速增加，使他们的物质生活有了很大保障，但货币显性化效应、生活开支的增加以及与他人尤其是城市老人的生活对比使失地老人对生活标准有了不同的理解。也就是说，虽然收入增加了，但失地老人的生活态度也发生了改变，他们对"生存"的成本要求提高了，对货币的需求强烈，而一定范围内的经济参与满足了他们的这种需求。在从2012—2014年的追踪调查中，Z社区经济参与的失地老人数量变化不大，有退出的也有新增的。在退出的行动者中，"身体状况"是最主要的影响因素，而在新增的行动者中，对"生存"的焦虑仍很显著。

二 与非失地老人的经济对比

英国学者布莱德肖曾把人的需求分为规范性的需求、感觉到的需求、表达出的需求和比较的需求，除规范性需求是外界——政策制定者或专家学者——规定的群体该有的需求，其他三种都是需求主体自身的需求体验和要求，而比较需求是感觉需求和表达需求的外感，即只有在相互比较中需求主体才有比较明显的感觉需求和表达需求。失地老人在失地前较为平均的状态中比较需求并不明显，但失地后，比较对象的改变使得他们的比较意识逐渐明晰起来。在"人往高处走"、"就高不就低"的人类社会衡量尺度下，失地农民群体的需求标准在分化中不自觉地整体"较高级化"了。

（一）与农村老人的经济对比

这里的农村老人指的是城郊未被拆迁的Z社区三组、六组、七组的老年人。三、六、七组因未被市政府划入拆迁安置的范围，所以仍然待在原来的Z村原址，保留着农村的生产生活方式。Z社区其他组的征地拆迁对三、六、七组影响很大，Z社区失地老人也经常以三、六、七组老人的生活状况来对比自身。对比的焦点集中在两个方面：

第一，对土地潜在经济功能的认识。土地是农村人的固定资产，属"旱涝保收"的不间断资源。虽然N市土地人均面积不足一亩，但对于老年人来讲，仍是养老的资本。土地生产的粮食、蔬菜不仅满足了他们的日常所需,而且带给他们一份安全感。在两边老人的对比访谈中,他们对土地的眷恋是相同的。

> 田某:我们也不是全靠土地来维持生活的,我也做点其他的。但土地是我们的根,吃的米啊、菜啊、粮食啊,烧的柴啊什么的都是田里产的,我们不用再去买了。而且土地是不变的,什么时候都能保证我们的吃饭问题。(A4-1)①
>
> 杨某:现在东西越来越贵,土地是越来越值钱了,就政府给我们的那些补偿金,远远不止吧。再说了,土地是政府一次性拿走了,拿走就回不来了,如果留给我们的子孙,那可是代代都有的。土地可是真的,到什么时候都是能活命的。我也希望征地拆迁,主要看重的是能给我们几套房子,现在房价贵啊,孩子们要住楼房,没办法。但说真心话,我舍不得那点田啊,感觉没有了,就永远找不回来了,心里虚得慌,不知道以后会怎么样。(A1-5)②

第二,对失地后经济支出的认识。失地老人最为敏感的当属日常生活的支出增多了,而在与三、六、七组老人的生活对比中,他们的这种感觉更为强烈。

> 王某:什么都要用钱买。米、油、菜,什么都要钱,每天都要花钱,一眨眼就是钱。现在才发现钱不顶用。还是原来好,田里什么都有,哪像现在。物价又是不断地涨啊涨的,钱不值钱啊!(A1-8)③

同样地,对失地后经济支出大的现实认识,也使得三、六、七组

---

① 2012年6月10日H村居委会实地访谈。访谈对象,杨某,男,农村老人(三组组员),66岁。
② 2012年5月12日Z社区居委会实地访谈。访谈对象,田某,女,菜农,72岁。
③ 2012年5月12日Z社区居委会实地访谈。访谈对象,王某,女,菜农,63岁。

的老人对征地拆迁后的生活感到忧虑。在访谈的 10 个人中，有 6 个表示不愿意征地，有 3 个表示不愿意拆迁。但他们都一致认为失地后经济开支肯定大。由此影响到他们对于经济参与的看法，那就是"挣点是点"，有 7 个表示只要身体还行的话就会找事情来做。从他们对经济参与的态度来看，他们与失地老人的焦虑是相同的。

（二）与城市老人的经济对比

失地老人是作为"准市民"的身份出现在学界研究中的，他们仍有着强烈的农民角色认同，保持着原先的生活传统和文化习俗，但他们未来的身份是城市市民。因此，失地老人在进城后也会自觉不自觉地与城市老人的生活相对比。虽然近年来失地老人领取到的养老保障金在不断增多，但他们的"土地换保障"标准仍是偏低的，甚至还不到城市的最低生活保障标准线，更别提和公务员退休工资相比较，而且在物价上涨快、现金支出多的现实生活中，对物质的渴求在对比中更加明显。除了收入方面，城市老人高质量的生活也是"准市民"所向往的，这主要体现在有规律的生活、健康的饮食、身体锻炼及医务护理等对健康的维护上，而这些量化下来同样涉及货币的问题。因此，在与城市老人比较中，失地老人对现有和未来生活有太多的不满和不安。

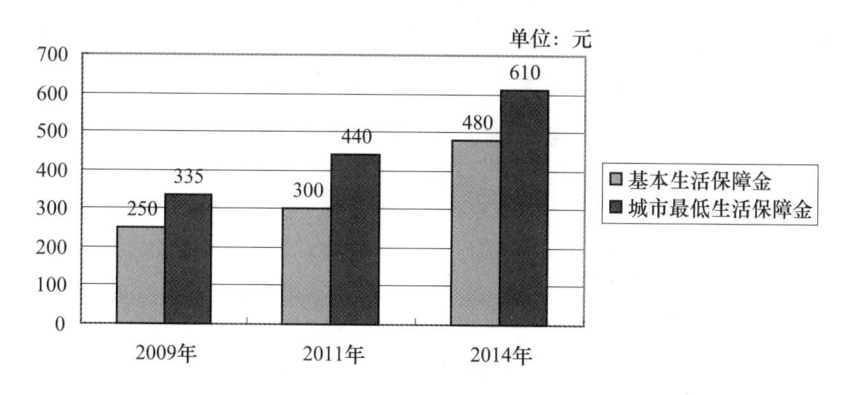

图 4.2 失地老人基本生活保障标准与城市最低生活保障标准对比

资料来源：《N 市城乡居民最低生活保障标准提高》、《关于切实做好 2011 年 N 市市区城乡居民最低生活保障提标工作的通知》、N 市国土资源局《征地补偿安置方案公告》（2009—2014）。

虽然没有高深的学问，但失地老人也会对自身处境加以反思，在焦虑不安的群体氛围中，多数失地老人尤其是低龄健康的老年人因此而行动起来，他们以力所能及的方式参加各种经济活动，以便为自己增加一份保障。

笔者曾遇到这样一位失地老人，她很健谈，看起来也很乐观，但在访谈中透露出来的生活紧迫感非常强烈。收入的横向比较，使她产生不公平感，但她很清楚自己这个群体对制度政策没有任何的话语权，而且她也表示对政府没有抱很大期望，她认为只有自己做事挣钱才是最实在和最可靠的。

> 吴某：我摆这个（卖香烛）有几年了。原来在厂里上班，但工厂倒闭了，工资一次结清，现在什么也没有。不像人家现在厂里退休的，有好多退休金拿。我们没有。现在的养老金也还可以，有600多元吧。比以前多了，吃喝够的，但要是加上吃药，就不够了。再说现在什么不要钱啊。我们这个其实也不多，人家厂里退休的有1000元多，机关干部有好几千呢，不能比啊。我这些都是听别人说的。有时孩子回到家，经常跟我们说，这个这个多少钱，那个那个多少钱的。有时我们（老人）聊天的时候，也经常说的。大家都知道。平时没什么娱乐，逛公园什么的哪有那个闲心。公交车不要钱，出去的话，就算不在外面吃，渴了总要买点水喝吧，来回转个半天，回来再做饭？再说也没什么好看的，还不如多赚几块钱。（A15）①

三 对未来预期的焦虑

（一）为丧葬的准备

N市是个宗教城市，是江苏省宗教工作的重点地区之一，在全省宗教工作中居于重要地位。而且N市佛教、道教、伊斯兰教、天主

---

① 2012年7月19日狼山脚下实地访谈。访谈对象，吴某，女，流动摊贩（卖香烛），65岁。

教、基督教五教俱全，尤以佛教为盛，狼山广教寺更有着中国"八小佛教名山"之一的称谓，每年到 N 市烧香拜佛的人络绎不绝。N 市信教者很多，有 60 多万人，宗教活动场所 159 处，80% 以上的宗教活动场所和信教群众在农村。① 对宗教的信仰使 N 市人相信人死后是有"归处"的，所以 N 市的丧葬习俗在民间流传很广。N 市民间的丧葬习俗，基本上承袭着古代"厚葬"的遗风，程序复杂、禁忌严格。虽然 N 市市政府提出了"文明办丧，惠民殡葬"政策，并给予丧葬补贴，"殡葬基本服务补贴标准为 800 元，定点办丧补贴标准为 1000 元"，② 但对于那些对刚进城的失地农民来讲影响不大，丧葬礼节仍然是程序井然、吹吹打打，而且作为一个"城市人"，为了面子，其排场和消费更甚于前。

"随礼"当然是少不了的，而且随着人们生活水平的提高礼金也越来越高，虽然礼金会随着交往中的差序格局而有所不同，但各个档次都有约定俗成的标准，不管经济如何吃紧，礼金也要随大溜，否则会成为别人的笑柄。按乡俗，几年前亲戚间随礼喜事 80 元、丧事 60 元，一般村里的 50 元。进城后随礼标准有了提高，一般村的涨到了 100 元，亲戚间的看远近随便给，但都在 100 元以上。虽然农村社会中红白事的人情往来是人际交往中的必须，但"人情异化"带来的高成本和高负担，成了"农民难以承受之重"。③

在丧葬方面支出最多的当属为自己预留的丧葬金。失地老人忌怕死，但也在时时准备着"死亡"的到来。他们希望自己的丧葬仪式能办得风风光光，这样他们即便不在了，他们也是很"体面"地出现在活着的人的脑海里，到了"那边"也可以"体面"地生活。Z 社区的丧葬仪式很隆重，花费也很多，停三天、夜经、走七、念经、布场、扎库等不同阶段都有专门的礼俗维持者主持和操作，死者家属还

---

① 《N 市宗教情况简介》，2011 - 11 - 07，N 市宗教局，http：//zjj. nantong. gov. cn/art/2011/11/7/art_ 24887_ 862868. html。

② 《N 市市区居民丧葬补贴实施办法》，2010 - 06 - 21，N 市民政局，http：//mzj. nantong. gov. cn/art/2010/6/21/art_ 9159_ 501791. html。

③ 贺雪峰：《论熟人社会的人情》，《南京师大学报》（社会科学版）2011 年第 4 期。

要宴请亲朋好友。丧葬花费一般来讲，80.7%的家庭操办一次葬礼大约需花费3000—10000元不等①，这么大的开支并不全部是儿女出的，有相当多的老年人会在活着的时候专门为此支出留下一些积蓄。他们可以活着的时候省吃俭用，就是为了这一刻的隆重仪式。

（二）对未来生活照料的焦虑

现代社会的快速发展和时空分离，使人们对现在和未来生活产生了太多的不确定性和不安全感。而反思又是现代社会的重要特征，人们会在不断的对社会生活实践的认识中改变自己的观点和行为，这与传统社会中的连贯性是截然不同的。"未来已经成为当代不安和讨论的中心，越来越需要预测和创新调整。退化的不是未来的主要性，而是此时此地的后现代的观念态度。"② 因此，对抗焦虑最好的方式就是人们不再急于当今的享乐或等待而是在现在就积极为未来做准备。

失地老人对未来的焦感还来源于因失地而产生的不断增强的养老风险意识。中国人多地少，人均耕地面积一亩左右，对失地老人来讲，以少量土地收入换取老年长期的国家保障是非常划算的，况且随着年龄的增大，老年人耕种时间有限。但土地承载的功能不仅如此，它代表着一种文化，也是村民共同生活的基础和联系的纽带。虽然目前养老服务社会化已经普遍施行，但它与原有互助合作的集体氛围是无法相比的。老年人可以去购买服务，但对于"老死家中，无人得知"的恐惧还是很明显的。而从失地前后的风险意识比较来看。失地前，同村村民生产生活方式雷同，同质性较高，老年人由子孙赡养，生老病死世事轮回，大家并没有明显的养老风险意识；但在失地后，老年人被卷入到更大的社会生活空间，他们不仅要面对市场经济带来

---

① 数字出处在前面已提。我认为这应该是个较为保守的估计，因为访谈中发现，定额支出如请和尚、鼓手、殡仪、雇车、酒店吃饭等已经基本达到了这个消费，而自制衣服鞋帽、回礼的花费，以及对帮忙人的报酬等零散支出是不会怎么精确计算的，自然也不会全部估算在总支出中。

② ［法］吉尔·利波维茨基：《超级现代时间》，谢强译，中国人民大学出版社2005年版，第65页。

的高生活成本和食品安全危机，还不得不接受现代社会中的生存法则，如攀比、啃老、健康维护等，这些现实时时提醒着老年人，使他们的养老风险意识显现并不断增强。

那么随着养老金数额的增多，失地老人的养老风险意识会降低吗？他们节俭的生活态度会发生改变吗？这也是笔者在访谈中必问的一个问题。得到的答案是，有影响，但影响不大。老年人这样节省开支，省吃俭用，为什么？失地老人的答案很多，但表达的意思是相同的。

  包某：以后用钱的地方多了，现在能省就省吧。我现在没有任何收入，养老金那些钱省着点花的话，有了病也不怕。（A2-9）①

  卢某：越年纪大越要用钱的，省着点总没坏处，要是用钱的时候你没有，那才憋屈呢！我现在和孩子住在一起，吃喝不用我花钱，衣服也大多都是他们买的。但话说回来，身边没有点钱还是不行的。万一要用呢！（A2-5）②

  宋某：我这也不算节省，老人能吃多少啊，我们也不用买衣服，但说不定哪天就病了呢，病了得治病吧，钱从哪儿来，还是自己有最放心。③（A2-2）

吉尔·利波维茨基认为我们现在正处于超级现代社会中，它的基本特征在于"享受现在"观念的退却，对健康和长寿的重视使人们放弃了即时的享乐而更多地关注未来，"现在关系包含越来越多的未来领域。对未来世界的抹杀并未产生某种绝对瞬间伦理，而是带来对将要来的东西关切的伪现在至上主义。"④

---

① 2012年5月13日Z社区居委会实地访谈。访谈对象：包某，男，居家老人，62岁。
② 2012年5月13日Z社区居委会实地访谈。访谈对象：卢某，女，居家老人，75岁。
③ 2012年5月13日Z社区居委会实地访谈。访谈对象：宋某，女，临时工，63岁。
④ ［法］吉尔·利波维茨基：《超级现代时间》，谢强译，中国人民大学出版社2005年版，第66页。

随着人们预期寿命的提高，人们对于未来的生活充满期待。但对老年人来讲，未来生活是不确定的，其中最大的风险来自生存和健康。老人需要从现在起或之前就已经开始在为未来做准备，而"再就业与老年人幸福感有密切的关系。这种情况的出现，最主要的原因来自经济收入上的满足，国内外多项研究都认为经济上的安全感在老年人幸福感中起着重要的作用"。[①] 因此，在既有的保障条件下，在有可能的情况下找到一份额外的收入来源，将大大增强未来的保障力度。在访谈中有这样一个问题："如果有可能，你将得到一份赚钱的工作，你愿意去做吗？"在回答这个问题时，多数失地老人的回答是"当然"。事实证明也是如此。

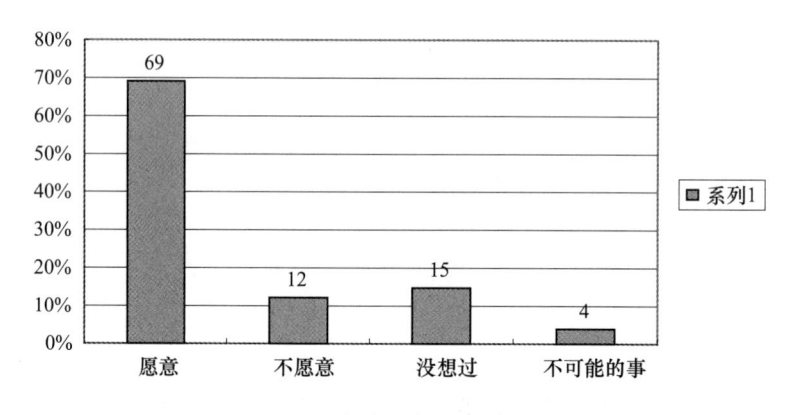

图4.3 失地老人的就业意愿

第三节 为了家庭代际关系的动机

要研究失地老人的经济参与行动动机，不得不提到他们的家庭状况，也就是他们的子女家庭状况。王跃生把家庭代际关系分为三种：粘着型代际关系、松弛型代际关系、独立型代际关系，三种家庭代际关系对应着不同的养老方式。

---

① 宋宝安：《城镇老年人再就业对幸福感的影响》，《人口学刊》2011年第1期。

```
粘着型代际关系 → 松弛型代际关系 → 独立型代际关系
    ↓              ↓              ↓
养老高度依赖家庭 → 社会与家庭养老相结合 → 社会养老为主导
```

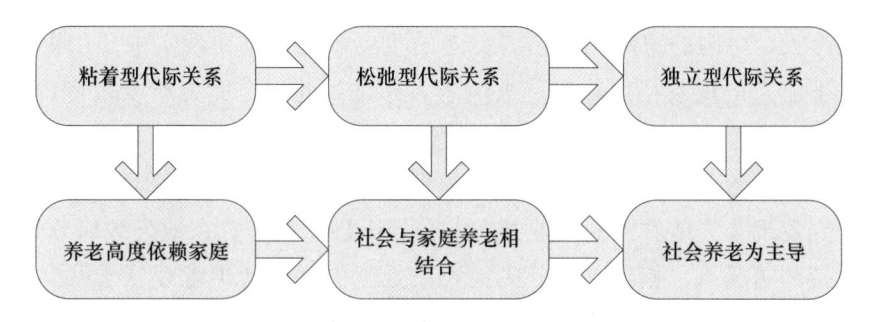

图 4.4 家庭代际关系的分类

资料来源：王跃生：《中国家庭代际关系的理论分析》，《人口研究》2008 年第 4 期。

粘着型的家庭代际关系代表了中国传统的家庭养老，随着社会养老保障措施的不断出台，经济供养和精神慰藉的养老供给由原来的家庭全部提供部分转移到社会领域，家庭代际关系表现为松弛型代际关系，当社会养老成为主要方式，家庭代际关系表现为独立型代际关系，这时的亲子间已经没有了养老的依赖。根据失地老人的生活状况分析，失地老人应该属于"粘着型代际关系"和"松弛型代际关系"的中间型，一方面，失地老人对家庭的依赖度有所下降，这是因为征地后失地老人被纳入城镇居民医疗保险体系和被征地农民基本生活保障体系（2012 年又纳入城镇养老保险体系），社会养老保障的建设减轻了子代赡养负担，也使老年人对家庭依赖性降低；另一方面，失地老人有着农村老人的家庭观念，他们对子女家庭仍有较强的依赖。失地老人家庭代际关系的特点决定来了失地老人的经济参与行动既有其自主性的一面，也受到家庭代际关系的影响。

一 失地老人的家庭经济分析

在中国文化中，家本位从来都占据着重要的地位。家及家庭利益是一切行动的出发点。对老年人来讲，"家"的范围包括了子女家庭，而更以子女家庭为重。而且，在中国现有的养老保障方式中，家庭养老是最基本也是最符合传统的一种方式，尽管现在家庭养老功能在减弱，但它的基础性地位没有改变，尤其是在社会养老保障不健全的今天，中国的家庭仍承担着养老的重要职责。但在现实中，"眼泪往下流"的现象特别普遍。失地老人亦是如此。在能力所及范围内，他们仍然希望能为子代家庭做点什么。

失地老人的家庭经济状况取决于其子女的就业状况，但就目前的研究发现，失地农民的就业基本上会处于自发状态，在缺乏政府政策支持的情况下，相当一部分失地农民处于失业或者半就业状态①，而且创业情况也不容乐观②。在访谈到的8名失地老人子女中，有3名失业在家，靠打零工作为收入来源，收入不确定；有3名是企业职工，工资在每月2500—3500元之间，工资虽少但收入固定；有2名是自由职业者，收入在每月3000—4000元之间，收入不确定。

> 王某：我在企业上班，每天8点上班，5点下班，每月工资2000多元，有社会保险，如果加班还有加班费。如果一直这样工作的话我觉得还可以，但就怕失业下岗。现在我们单位经常搞竞争，比业务比成绩，心理压力挺大的。(A3-2)③

> 朱某：我是开出租的。原来有工作后来下岗了。征地以后拿到补偿款买了辆车自己开出租。开出租除去交的各种管理费，每月剩下4000多元吧，跑得勤的话，按说收入也不错，就是不稳定。天天都得出车，有点事耽误了车出不了，就没钱。想到有孩子要养，有老人要养，就觉得要拼命赚钱才行。(A3-3)④

失地农民家庭收入不稳定，虽然他们目前有政府发放的征地补偿款支撑，但是在消费支出不断提高的情况下，失地农民家庭在若干年

---

① 翟年祥：《城市化进程中失地农民就业的制约因素及其政策支持》，《中国行政管理》2012年第2期。
② 周毕芬：《城镇化进程中失地农民的创业环境和创业意愿》，《西北人口》2015年第5期。
③ 2012年5月15日Z社区居委会实地访谈。访谈对象，王某，女，失地老人子女，43岁。
④ 2012年5月15日Z社区居委会实地访谈。访谈对象，朱某，男，失地老人子女，45岁。

后很可能会"坐吃山空",其生活水平和生活质量就会低于农村居民家庭。① 在不增加孩子负担,甚至为孩子减轻负担的考虑下,失地老人多半会选择力所能及的经济参与行动。

> 景某:原来种田的时候,我会经常地给他们带些粮食和蔬菜,起码不用再花钱买嘛。现在不仅他们没得吃,还得给我钱买。他们挣钱也不容易的,天天上班,弄不好还可能下岗。(A2-4)②

汇总 59 位失地老人的访谈资料发现,家庭经济状况与失地老人的经济参与意愿有直接的正相关关系,即家庭经济情况不好,失地老人几乎都会表示只要身体许可都会采取各种方式进行经济参与,行动动机依次表现为"不需要子代赡养"和"贴补家庭支出"。而如果家庭经济情况还算可以,那么失地老人会根据自己的意愿选择从事还是不从事经济参与(如表 4.3 所示)。

表 4.3 家庭经济因素下失地老人经济参与意愿与动机的情况分类

家庭经济情况	失地老人的经济参与意愿	行动动机排序
家庭经济情况不好③	有强烈的经济参与行动意愿	不需要子代的经济赡养
		贴补家庭支出
家庭经济情况还可以	有明确的经济参与行动意愿	减轻家庭负担
		增加自己收入
		丰富生活
	没有明确的经济参与行动意愿	有合适的就参加
		有时间就参加

资料来源:访谈资料整理。

---

① 黄建伟:《失地农民家庭收支状况及对策建议》,《华南农业大学学报》(社会科学版) 2010 年第 4 期。
② 2012 年 5 月 13 日 Z 社区居委会实地访谈。访谈对象,景某,男,菜农,62 岁。
③ 因为失地老人并不参与子代家庭经济分配决策,所以家庭经济情况的好不好主要来自失地老人对子代家庭经济情况的主观判断。

二 失地老人的家庭矛盾分析

失地老人的家庭矛盾多因征地拆迁而起。综合访谈记录，有两种情况可以引发家庭矛盾：一是失地老人一次性领取征地补偿金，致使老人生活无保障，经济压力引发家庭矛盾；二是房屋拆迁中的家庭矛盾有可能会殃及失地老人的被赡养权利。不管是哪一种家庭矛盾，在失地老人看来都是具有警醒效果的，并会促使他们产生自立养老的念头。

（一）失地老人无养老金引发的家庭矛盾

从 2004 年始，国家开始实行失地农民基本生活保障制度，N 市是最早实施的地区。在文件中，制度规定失地老人可以享受基本生活保障待遇，保障金动态调整，每三年调整一次，但同时也规定，"实行被征地农民基本生活保障的被征地农民，可以自愿一次性领取个人账户资金。一次性领取个人账户资金的，应由本人向区劳动和社会保障部门申请并签订协议。被征地农民一次性领取个人账户资金后，即终止基本生活保障关系，不再享有生活补助费或养老金。"[①] 据 N 市崇川区农村工作办公室王主任介绍，Z 社区失地老年人的基本生活保障金一次性领取的就有 107 个人，多数是领钱为子女买房或装修用的，而没有顾及他们的后续生活如何困难。但那也仅仅是 3 万元而已。从 2009 年至今，Z 社区失地老人的养老金标准在不断提高，但这些生活保障对那些一次性领取的失地老人来讲是没有的。在访谈的对象中有 25 名失地老人是一次性领取的，他们的生活与其他老人相比差别很大。

> 顾某：也不知道当时怎么想的，怎么就那么傻呢。现在好了，什么都没有。看人家，每个月领个六七百块。肠子都悔青

---

① 《N 市市区征地补偿和被征地农民基本生活保障试点实施办法》，2006 - 06 - 01，中华人民共和国国土资源部网站，http://www.mlr.gov.cn/zwgk/flfg/dfflfg/200506/t20050601_ 68089.htm。

了。(A2-7)

失地老人一次性支取养老金，当时的考虑是拿了现钱让孩子用。当他们后期生活无保障时，老人子女也感到压力很大，尤其是在对比其他老人家庭的情况下。失地老人家庭的赡养压力，会时常引发家庭矛盾，也给失地老人带来较大的精神压力。参加经济参与，为自己为家庭分担养老压力，促使失地老人产生行动动力。

> 张某：经常发生矛盾。孩子工作不顺利、经济紧张的时候就会甩脸子。也不是吵架，但就是感觉很不好。也是的，别人家的父母都有养老金，自己家的没有，孩子感觉也不舒服嘛。当时图个痛快，一下领了钱，现在苦了孩子也苦了自己，都不好意思伸手要钱。要能自己挣点钱，那才好呢！(A2-8)①②

> 王某：现在的家庭矛盾调节比以前困难多了。原来的时候吧（征地拆迁前）那个环境是敞开的，大家也都熟悉，家里吵架总会顾及村里人的看法。现在闭门闭户的，家里发生什么别人都不知道。矛盾的焦点还是在钱上，关乎到老人的，就是赡养费的问题了，就有些人不给老人钱。(A5)③

（二）房屋拆迁引发的家庭矛盾

在中国代际继承关系中，父母对子女的责任不仅在于将其抚养成人，还要有财产的继承。在农村，老年人农活干不动了就将土地的耕种权交给儿子，算是退休前的交接，而且分家时也要给予子女一定的财产（姑且把它看作新家的启动资金），正是在这一观念的影响下，房屋置换带来的财产问题有可能会产生家庭矛盾。

一是买房的财产纠纷。根据N市的房屋拆迁政策，"被征收入可

---

① 2012年5月13日Z社区居委会实地访谈。访谈对象，顾某，女，菜农，68岁。
② 2012年5月13日Z社区居委会实地访谈。访谈对象，张某，女，菜农，68岁。
③ 2012年7月4日Z社区居委会实地访谈。访谈对象，王某，女，社区居委会工作人员，46岁。

以选择货币补偿，也可以选择房屋产权调换。被征收入选择房屋产权调换的，市、县级人民政府应当提供用于产权调换的房屋，并与被征收入计算、结清被征收房屋价值与用于产权调换房屋价值的差价。"①随着 N 市商品房价格的不断上涨，把房屋作为固定资产投资已经为多数人所接受。对于拆迁户，他们多是选择房屋产权调换的方式。而房屋调换时，因安置房套型和面积大小不一，多数安置房面积总会和原房屋面积有所出入，按照政策，多出的面积按市价购买，少的面积可以自愿放弃而以安置房价抵付。以 2009 年的拆迁补偿为例，房屋拆迁价格是 2250 元/平方米，而购买安置房价格是 1750 元/平方米，假如房屋面积为 200 平方米，安置面积为 180 平方米，那么拆迁户就有两种选择，一种是领取 20 平方米的房屋补偿差价，按 2250 元/平方米补偿，一种是再去购买一些平方凑成房屋小套，按 1750 元/平方米计算。1750 元/平方米的房价相较当时 2009 年的市价 5000 元/平方米使很多拆迁户宁可出钱多要点面积，这样，在房屋交接时，尽管有土地补偿和安置的补助（数量很少，大部分资金都被调入参加基本生活保障），多数拆迁户仍面临着较大的购房经济压力。

为了凑足房款，有些拆迁户把 1 套或 2 套未拿到手的房屋放在中介让其转让，价格较市价低些（但仍高于安置价格），前提是买者先交现钱帮其交房款以便从开发商那儿拿到此套和其他的房屋钥匙和产权证。对于失地老人，为了帮助子女，他们多是倾囊而出。在拆迁房的购买过程中，代际间的矛盾很容易发生，因为观念中为儿子盖房娶媳妇和为女儿准备嫁妆是父母应该要做的首要大事，父母就应该为子女购房提供经济资助。如果没有，那么父母是失职的，在子女那儿也始终有种愧疚感。

李某就是如此。本来拆迁拆到两套房子是很开心的一件事，但为了子女，李某也感到无可奈何，他表示现在所能做的只能是让自己尽量不成为子女的负担。像李某这样的个案代表了很多失地老人的情

---

① 《国有土地上房屋征收与补偿条例》，2011-10-20，N 市住房保障和房产管理局，http：//www.ntfc.gov.cn/art/2011/10/20/art_18462_853719.html。

况，从他们的话语中不难看出，老年人始终记挂着传统的代际责任，而随着时代的发展，他们已经难以承受。

> 李某：我家拆到2套房子，一套大的140多（平方米），儿子自己住，一套小的50多（平方米），我们两口住。拆迁的时候，交了很多钱，多少我也不知道，也没问，反正我当时也没有多少钱帮他们。现在我们两个在家没什么事，就经常到他们那边帮着打扫下卫生，做做饭什么的。我儿子儿媳妇都上班，平时没时间管家里，孙子现在上初中了，学习比较紧。我就想着他们都要加营养，所以每天就买些菜到那边，给他们补补。有时候他们没空在家，我就过去住，给孙子做伴，照顾他。（A10）①

二是房产分配的财产纠纷。随着商品房价格上涨，拆迁成为失地农民尤其是年青一代的期望。在拆迁中，他们的房屋至少可以置换到2套以上，拆迁安置房就成了他们的固定资产，通常在满足自己住房需求后，他们还有其他房屋或出租或出售，房屋收入成为他们的额外收入。根据2009年的房产市场行情，WS公寓90平方米左右简单装修的可以出租到500—600元/月，120平方米左右的可以出租到1000元/月以上。而如果出售的话，当时的WS公寓的房价是5000多元/平方米，90平方米左右的房子简单装修的话可以卖到50万元左右，120平方米的则可以卖到65万元多。而在当时的N市，据《2009年国民经济和社会发展统计公报》公布，N市全年城镇集体及以上单位在岗职工平均工资只有35224元。如此比较，Z社区失地农民以拆迁房得到的收入还是很可观的。

在拆迁安置过程中，由于房屋的实拆实补政策，每个拆迁户都有多于1套的房屋，但几代人或几个兄弟姐妹共住一户的现象很是普遍，在房屋价格日渐增高，且投资价值日显的诱惑下，房屋如何分配尤其是多子女间的分配成为家庭矛盾的主要来源，而且房产分配纠纷

---

① 2012年7月12日WS公寓实地访谈。访谈对象，李某，女，居家老人，66岁。

多与赡养老人的问题纠结在一起。作为旁观者,看到这样的家庭纠纷,失地老人也会深感不安,对养老的担心使他们产生现在行动的动力。

在 Z 社区 L 主任的办公室里存放着征地以来的各类案宗,其中有不少属于房产分配带来的家庭矛盾纠纷。现举一存档卷宗的房屋财产协议给予说明,因案宗内容繁杂,此处只记录"协议书"部分,且为保护到当事人隐私,案宗中出现的人物姓名全都省去,只注明人物关系。

协议书

卢大、卢二、卢三系亲兄弟关系,周某为已故卢四之女。卢父年事已高,重病在身,已经丧失行为能力,关于卢父名下产权分割一事发生纠纷。经调解,当事人自愿达成如下协议:

(一)卢父名下产权房 95 平方米,归卢大、卢二、卢三所有,其拆迁补偿费也归三人。卢大、卢二、卢三自愿补偿周某肆万伍仟元整,此款 20 天内兑现。

(二)周某承诺,今后不再为祖父名下的产权一事提出任何权利主张。

(三)卢父的居住、生活、医疗以及病故后的后事料理等一切费用由卢大、卢二、卢三共同承担,与周某无涉。

(四)本协议自签订之日起生效,同时产生法律效力。

履行协议的方式、地点、期限:现金支付

本协议一式六份,当事人、调处中心(人民调解委员会)各持一份。

当事人(签字或盖章):卢父、卢大、卢二、卢三、周某

调解员(签字):张某

调处中心(人民调解委员会)(盖章):

日期:2013 年 10 月 11 日

第四节 社会融入的动机

一 熟人社会的脱嵌

熟人社会是费孝通对乡土社会的形象概括，在这个生于斯长于斯的社会里，没有陌生人，"熟悉是从时间里、多方面、经常的接触中所发生的亲密的感觉。"[①] 熟人社会与陌生人社会的区别在于，建立在血缘和地缘关系上的固定的生活人口，以及人际间经常的互动、共享的规则和信任，由此建立的熟人关系是熟悉而亲密的。随着征地拆迁，虽然失地农民多被集中安置在同一社区，但熟人社会依托的社会环境已经发生变化，熟人社会渐趋瓦解。首先，社区居民的成分复杂化，他们已不再是世代居住的熟悉的人，而是掺杂了诸多外来居住者，其中包括城市居民和外来务工人员；其次，土地征用使得血缘关系被分散、地缘关系完全消失，不仅原居民之间而且原居民和新迁入的居民间都需要重新建立起某种联系关系；再次，随着人际间关系的疏离，共享的规则和信任逐渐消失。熟人社会的改变，是现代社会发展的必然，在熟人社会建立起的熟人关系也就失去了往日的内容，仅剩熟人的空壳，呈现出与社区形式的脱嵌。

第一，互动频次减少，且互动形式单一，缺少深层次内容。

失地老人在征地后，邻里间的串门、借东西及寻求帮助的次数都有显著的减少，而且互动的场所由私人空间向公共空间转移，比如聊天和打牌都是在串门时在某一家做的事情，而征地后老年人把这些活动都选择在小区活动室、小区花园等公共场所进行；以聊天为例，互动内容自我倾向明显，且不再涉及个体隐私性的问题。子女是个常聊的话题，但也只是他们的工作性质，至于收入则较少提及，子女在家庭中的表现更是点到为止，反倒是与孙辈聊得更多些。

---

① 费孝通：《乡土中国》，人民出版社2008年版，第6页。

表 4.4　　　　　征地前后失地老人的人际互动

	征地前	征地后
互动形式	串门、劳（劳务）物（工具）互助	聊天、打牌
聊天内容	土地耕种情况； 子女问题； 生活状况； 收入（主要是土地收入）； 家长里短（邻里家事）； 村集体情况（集体分红、村委会、村级活动等）	健康养生 子女问题 村集体分红情况

资料来源：访谈资料整理。

第二，人际关系熟悉却不亲密，信任度下降。

征地后的集中安置使失地老人的人际关系得以部分保存，但在不断交往中，互动形式减少、互动内容浮于形式，"越来越不清楚别人在想什么？但那与自己又有什么关系呢？"就是这种互动态度，使他们的关系呈现出熟悉但不亲密的态势。

刘某是个很热心的老人，她原来在村里是有名的"串门子"，拆迁后，她不怎么喜欢串门了，"上下楼不方便，就算去了，人家也不一定在家，还要约好。"而且她认为，拆迁后人们的心态变了，变好变坏她不敢说，但没原来那么让人亲近了，在与她的谈话中，笔者明显感觉到她对失地后人际关系不满但又期望改变的心态。

　　刘某：我也不想这样，但有什么办法，大家都这样。其实也很好理解的。我给你讲个事吧，我们这里有个老太太，他的儿子儿媳经常吵架，有次老太太就跟我们说了，后来不知怎么叫他儿子知道了，可能是别人告诉的吧，好家伙，回去就把老太太凶了一顿，说是家里的事情不能往外说。虽说家里吵架不是什么大事，但现在的人都好面子啊说不得。原先我们也家长里短的，但那时大家都不怎么在意，说了也就过了，现在人呢不一样了。虽然我们听了也不会怎么样，当事人知道了，就会怪我们老的多嘴。有些事还是不说的好。忌讳多了，虽是老姐

妹，话也少了。(A1-2)①

中国人的人际关系是以"自己人"为圈子的差序格局，"自己人"认同是建立在亲密关系和相互信任基础上的，人们互动深度的弱化使"自己人"范围越来越小。并且随着"杀熟"、人情异化②现象的警示，人们的戒心增强。虽然失地老人不像其他年轻群体有诸多利益争端，但在他们的交往中浅尝辄止也渐趋明显。一方面，他们的互动多为娱乐性或公众性，较少接触私人事情；另一方面，即便是聊私事，表达也多为倾诉、寻找安慰及共鸣，不会牵涉到相关利益。

失地老人的人际交往仍在继续，但人际关系大不如从前。究其原因在于：一、居住方式的改变，征地前农村家家户户基本都是大门敞开，空闲时邻里间就会相互串门聊天或是寻求帮助，即使在田里劳作，有时临近的老年农民也会边劳作边闲聊，而征地后在小区居住，家家户户多数大门紧闭，见面机会减少了，邻里交往相对也不那么密切了；二、互动基础丧失，征地前的交往多是建立在土地基础上，土地为互动提供了邻里互助、交流内容和以土地为纽带的共同体意识，而土地的丧失使得互动缺乏基础，不仅互动形式单一，也使人们间的互动进一步减少；三、现代社会中人们的主体性意识增强，失地老人的话语不仅仅关乎自己，还可能关乎自己孩子的声誉、地位和工作，在诸多顾忌面前失地老人只能避重就轻。在这样的人际互动下，失地老人的熟人关系存在但已失去实质内容，"脱嵌"在所难免。

二 经济参与对社会关系的再嵌入

失地农民社区脱嵌的熟人关系缺乏再生产的能力，失地老人积累多年的社会资本濒临消失的危机。而之所以如此，是因为这种人际互动缺乏内容难以吸引人们的参与，如果说，失地前土地是熟人关系维

---

① 2012年5月12日Z社区居委会实地访谈。访谈对象，刘某，女，临时工，63岁。
② 贺雪峰：《论熟人社会的人情》，《南京师范大学学报》（社会科学版）2011年第4期。

系的纽带，那么重新建立一种新的人际联系纽带就成为必须。经济参与可以达到这样的目的。

首先，经济参与提供了一种人们乐于参与的方式。脱离了土地耕种的失地老人，时间更加充裕，他们期望找到一种方式来替代原来那种无聊单调的人际交往。经济参与不同于其他的社会消遣方式，它不仅能够带来互动的机会，而且还可以带来经济收入，因此得到多数老年人的赞同。比如集体做手工艺品，这是个按件计酬的工作，只需要把特定的图案缝制在相应的布料上即可，一群人坐在一起，说说笑笑，还不误手中的工作。经济参与有很多种形式，可以满足老年人的个体化需求。不管是哪种形式的经济参与，终归是提供了一种方式把老年人集合起来，使他们间的人际关系得以延续。不仅如此，老年人的经济参与还增加了他们与其他人群的交往机会。

活动理论是老年社会工作中一个重要的理论，由凯文提出并在20世纪50年代在西方广泛流行。活动理论主张，老年是中年的延长，应保持老年人参与社会活动以缩短与社会的距离。[①] 社会经济发展的日新月异，使得"文化堕距"已经把老年群体与现代社会隔离开来，在固有的养老保障模式下，老年群体都是被动接受方，不管是物质上的养老金发放还是精神上的养老服务的提供，政府和社会以供给者的身份主观地决定着老年人需求什么和需求多少，而这在一定程度上反而是以"保护"的形式把老年人与社会生活隔离开了，使他们越来越被动也越来越依赖。而失地老人的经济参与则是按照自己的意愿和需求主动地到社会上去追求，他们在工作中找到了与他人接触从而学习的机会，也增强了自身的社会交往圈子，增加了自己适应社会的能力。正如施某说的：

> 施某：光拿钱不干活也不舒服，那样过日子就是一天天等死。现在我做这个（在马路边卖小商品），和各色人打交道，才知道现在的人们是怎么生活的，活不累干着也开心，感觉都年

---

① 范明林：《老年社会工作案例评析》，华东理工大学出版社2010年版，第10页。

轻了。(A12)①

其次，经济参与丰富了人们互动的内容。形式单调内容匮乏的人际互动对老年人越来越没有吸引力，相比之下，在家看电视、听广播、种花养草等个体活动在打发时间上更加的简单易行。但这种个体活动使老年人生活更加封闭，而互动则可以保持老年人的身心活跃。经济参与不仅提供了互动的方式，而且丰富了互动的内容，使失地老人有了不断接触的话题。

廖某是个典型的家庭妇女，在没有经济参与前，她的主要事情就是帮儿子带孩子，闲的时候找人聊聊，也是以孙辈为主，经常还会抱怨家庭矛盾。有一次她被临时补缺到小区旁边的大学城里除草，之后就联系到"包工头"成为随叫随到的临时工。她的体验就是"生活有意思多了"，就像平凡生活中的小惊喜，也像是死水微澜带给生活新的期望。

> 廖某：原来的时候我们在一块，有什么聊的啊，无非是吃饭了吧，吃了个啥，身体咋样。那么多人也没什么聊的，大家你看看我我看看你，慢慢地大家就不怎么聚了。现在可好，王大姐去摆摊（卖香烛），老朱头去给人家看车子。好家伙，这再聚在一起啊，你说说你的工作，他说说他的见闻，大家都稀罕的不得了。大家有了事做，聚起来不那么方便了，但就算只有两个人在一起说话，那就说开了去了，聊个没完。我们现在一有空就钻一块，感觉长了不少见识。话题多了，大家聊的就深了。原来"老"的事我们都不提，现在也敢说了，还是自己腰板硬了好啊。说的多了，大家忌讳的东西就少了，感觉很亲近呢。(B10)②

---

① 2012年7月19日N市马路边实地访谈。访谈对象，施某，女，流动摊贩（卖小商品），66岁。

② 2013年7月20日NT大学操场实地访谈。访谈对象，廖某，女，临时工，64岁。

从访谈中可以看出，失地后社会关系的疏离对老年人的生活影响是很大的，建立一种新的联系纽带非常必要。而这项工程是政府或社区都很难做到的，失地老人的主动参与才是关键。

第五节　获取认同的动机

张謇，江苏 N 市人，清末状元，中国近代实业家、政治家、教育家，中国棉纺织领域早期的开拓者。他曾说过这样一句话："人恒以寿为重，其实人之寿不寿，不在岁月之多寡，而在事业之有无。若其人有益于地方，虽早夭亦寿；无益于地方，即活至百岁，奚得为寿？"① 在某种意义上讲，失地老人已经将经济参与渗入到他们的日常生活中，是他们获取自我认同、他人认同的主要途径。

一　自我认同

自我认同是指个人对自我的社会角色或身份的理性确认，它是个人社会行为的持久动力。② 吉登斯认为，自我认同"是在个体的反思活动中必须被惯例性地创造和维系的某种东西，它是个人依据其个人经历所形成的，作为反思性理解的自我。认同在这里仍设定了超越时空的连续性：自我认同就是这种作为行动者的反思解释的连续性"。③ 我是谁？我该做什么？我以后会怎样？我为什么会变成这个样子？生活在现代社会中的每个人都要面临这些问题，也就是怀疑已经渗透进个人生活的全部，而且延伸到自我的本质性认识，使自我成为反思性投射。这些问题在传统社会中是通过代代相传的方式过渡的，改变的认同清清楚楚地表现出来，而在现代性的情境下，变化的自我是现代性反思的一部分，被探索和建构。在自我认同重塑的过程中，它会因

---

① 张謇语录，摘自 N 市啬园石碑上。
② 袁祖社：《"人是谁？"抑或"我们是谁？"——全球化与主体自我认同的逻辑》，《马克思主义与现实》2010 年第 2 期。
③ ［英］吉登斯：《现代性与自我认同：现代晚期的自我与社会》，赵旭东译，上海三联书店 1998 年版，第 58 页。

各种条件的待建构而陷入慌乱中,如当人们面临无穷无尽的选择以及身份感所决定时,人们的认同感就会失去了焦点而变得焦虑不安。"当批判的对象丧失殆尽,而理想又不复存在时,必然会产生一种强烈的虚无主义倾向。个体由此丧失了自我存在的内在根基,沦落为无根基的精神流浪者,自我同一性的解构、自我归属感的匮乏和自我意义感的丧失成为自我认同焦虑的表现"。①

由于中国的城乡二元差距,从农村进入城市的空间转换、从传统进入现代的时间转换,失地老人无疑是经历了时空的断裂。如果说早期记忆中家长制权威渐趋模糊,而代际平等甚至话语权下移的现象已为他们所接受的话,那么当极具现代性特征的城市生活取代已习以为常的农村(地域性交往、熟人社会、惯习维持、传统特质明显)场域时,不知所措、无力感和挫败感则会几乎摧毁他们的精神世界。

布迪厄的实践观点认为,人们的行为不是理性计算的结果,而是部分受制于行动者过去实践活动的产物即惯习。"人类的行动不是对直接刺激的即时反应。某个个人对他人哪怕是最细微的'反应',也是这些人及其关系的全部历史孕育出来的产物。"② 因此,"惯习源于行动者早期的社会化经历,是结构的产物",③ 也是"人们看待社会世界的方法,是人们在各种社会评判中起主导作用的行为模式"。④ 因此,惯习是行动者个体主观与外在客观的行为环境性统一的产物。由于行动者惯习的形成受到当时所处社会结构包括制度、文化、心理等的影响,所以惯习与场域紧密联系在一起,"一方面,场域制约着惯习,场域形塑着惯习,惯习成了场域的本质在行动者身上的体现。另一方面,惯习建构了场域,惯习有助于把场域建构成一个充满意义的世界,一个被赋予了利益和价值,值得行动者去投入的世界。"⑤ 惯

---

① 吴玉军:《现代社会与自我认同焦虑》,《天津社会科学》2005年第6期。
② [法]皮埃尔·布迪厄:《实践与反思》,李猛译,中央编译出版社1998年版,第146页。
③ 宫留记:《资本:社会实践工具——布尔迪厄的资本理论》,河南大学出版社2010年版,第186页。
④ 同上书,第171页。
⑤ 同上书,第187页。

习与习惯相似之处在于，两者人们长期形成的惯例，是以往的延续，但习惯是固性的坚守而惯习则具有转移性。虽然惯习的场域发生了变化，其原先的土地生活是一个场域，失地后的生活环境又是另一个场域，但这并没有消除惯习，而是惯习在新的场域中有了新的适应形式。

在失地老人这个行动者身上，工作抑或劳动是经由早先实践形成的惯习，这种习性已经深深植根于他们的行为倾向中，已经成为他们生活的一部分。虽然生活场域发生了变化，但失地老人的工作惯习在新场域中找到了新方式。或灵活就业，或进入正式工作岗位，他们把这种惯习带入新的环境，又借助这种惯习改造了新环境使其适应自己的新生活。所以，惯习的转移和延续使失地老人的生活不至于在新环境中茫然失措，是他们得以适应的法宝，也是他们生活的必需。"生活的真正目标在于那些本身被当作目的来追求的活动。从健康地、有创造性地发挥才能是人生目的这一最佳意义上说，工作就是生活本身。"① 由此，借由工作惯习，失地老人延续了早先的社会经验、现在的生活状态甚至是未来的生活期望，使其生命进程得以完整统一。

二 家庭认同

家庭认同指的是失地老人渴望得到家庭其他成员的肯定和赞扬。在土地耕种时期，老人可以自给自足，部分满足自身的生活所需，但失地后老人的经济话语权不断下降。从农村进入城市，农村老人长期积累的土地生产经验随之失去了适用的空间，与之相关的经济效益也消失殆尽。而随着信息与科技的广泛使用，生活信息的不断更新，失地老人的有限经验在科学技术面前黯然失色，其所获得的经济收入在家庭中的比重逐步下降，再加上老年人随着年龄的增加，体弱多病，部分人生活都难以自理，不得不依靠子女照料。他们由昔日的"家长"，逐渐"沦落"为现在的"被照料者"。社会养老保障制度的实施，一方面使老年人获得了多面的养老资源，降低了老年人对家庭养

---

① ［美］帕森斯：《社会行动的结构》，张明德译，译林出版社 2003 年版，第 159 页。

老的依赖程度；另一方面，这种依赖的减缓也使得家庭养老进一步松散化，使家庭代际关系更加疏离。

另外，在文化领域，日新月异的多元文化传播使失地老人应接不暇，在不断更新的各种器物面前失地老人更多显示的是不知所措。他们已经不能单独承担起文化传播者的重任，而年青一代则对此游刃有余，乐于承担和敢于承担，"文化反哺"已成为代际传承的主要内容和形式。

因此失地老人必须有所行动，向家人证明自己"还是可以自己养活自己的"，"还是有用的"。在合理安排好家庭照顾事宜后，失地老人的经济参与成为一种可取的选择。

三 社会认同

社会认同的英文词是 social identity，从词源上去理解，社会认同有两层含义：一是指个人与他人分别开的社会特征；二是指个人所属社会群体的归属感。社会认同是米尔顿·戈登提出的衡量个体融入主体社会程度的一个重要维度，是个体在社会层面包括地位、角色身份方面回答"我是谁"的自我延伸。自我认同依赖于他人认可，自我认同需要有社会归属感，因此，社会认同与自我认同是自我界定必不可少的两个方面。社会认同理论强调个人的社会身份，关注社会身份的建构过程，及其对社会思维和社会行动造成的影响。从社会学的角度看，社会认同是一个社会的成员共同拥有的信仰、价值和行动取向的集中体现，本质上是一种集体观念，它是团体增强内聚力的价值基础。[①] 在传统社会，共有的社会认同表现为"集体意识"的享有，正如涂尔干所说："社会成员平均具有的信仰和感情的总和，构成了他们自身明确的生活体系，我们可以称之为集体意识或共同意识。"[②] 在这种共同的价值观念下，社会成员的身份、地位、角色扮演等都有

[①] 李友梅：《重塑社会认同与探索社会自我调适系统》，《探索与争鸣》2007年第2期。

[②] ［法］埃米尔·涂尔干：《社会分工论》，上海三联书店2000年版，第42页。

明确的界定，各行其是，社会秩序稳定而井然。现代社会的快速发展、个人意识的崛起分解了原先社会共享的集体意识，而多元化标准又使社会认同难以统一，因此人们在身份、地位、利益和归属方面就有了认同危机。

在中国，"农民"不仅是一种职业，其生产生活方式与工人不同，而且更是一种身份和社会地位的符号，他们群体内有着相同的利益诉求，农民个体从群体中获得归属感和他人认同。而"农民"是与土地紧密联系在一起的，土地构成了他们整体社会认同的基础。失去土地则打破了这种群体认知，一切与之相关的活动和社会互动都失去了特定的场域。所以，失去土地的人们已经不从属于"农民"，他们应该有另一种归属"市民"。而中国城市化中却出现了"失地农民"，并成为这一群体的社会认同，词语本身就代表了"失地"与"农民"的认同尴尬。因此中国的失地农民在社会认同上就存在着"身份角色的错位性认同、土地情结的鸡肋性认同、经济生活的剥夺性认同和制度环境的失衡性认同"①。失地老人的认同更为糟糕。长期记忆的沉淀和路径依赖使老年人的生活近乎模式化，对土地的依恋不仅在于它的经济性，还在于它所产生的生产关系和社会关系，对老年人来讲就是它能证明自己存在的价值和价值的权力表征。集中安置的市民化路径意图是能较好地保持失地老人的人际关系，但它却在一定程度上达到了强化记忆的效果。失地老人坐在一起，最喜欢聊的共同话题就是对以往的回忆，对他们来讲，生活似乎没有发生什么变化，还是那几个老朋友，还是那些话题，但却徒增了悲凉和茫然。有几次我带着学生到失地农民社区做调查，有几个问题问到失地老人，他们的回答差不多相同但都表现出了认同危机。

> 李某：现在的生活与以前相比，没什么区别，原先有地的时候去地里干活，现在轻快多了，没什么事做。不过我家地也不多，也不怎么累的。反而现在觉得空得慌。土地拆迁有几（3）

---

① 郁晓晖：《失地农民的社会认同与社会建构》，《中国农村观察》2006年第1期。

年了,现在并没有感觉自己已经是城里人了,反而觉得农村人和城市人差不多。再说,农民咋啦,农民不比城里人差。老了老了,在哪里都不中用。(A1-7)①

由以上的分析,我们不难看出,失地老人经济参与出于多种动机,有来自物质方面的为了生计的动机,也有来自精神方面的家庭代际关系、社会融入和认同动机。不同的行动动机反映了失地老人不同的生活状况和生活需求,但目标实现的途径都在于经济参与。在诸多动机中,来自生计的动机是首要的,也是失地老人经济参与最为强烈的动力。对失地老人的经济状况我们需要从两个方面来加以理解:

第一,就目前客观的经济状况分析,从失地前后的经济对比、与非失地老人的经济对比中发现,失地老人的经济状况并不理想,这主要与中国目前实施的"土地换保障"制度尚不完善有关,因为制度并没有体现出"共享经济社会发展成果"的目标效果,导致现实中失地老人的养老金标准偏低。从这个方面分析,随着社会保障制度的逐步完善,失地老人的经济状况将会是逐渐好转的。

第二,从主观因素分析,失地老人的生存焦虑一定程度上也来自"心理的焦虑"。一是失地前的自给自足被失地后的货币支出代替后,经济拮据的现状被放大;二是失地老人的参照群体发生变化,城乡老人生活水平的差距明显,在与城市老人生活对比中,失地老人的生存焦虑明显;三是在失去土地依靠后,失地老人对未来生活的焦虑也影响到目前的生活态度。在这一心理焦虑的催动下,失地老人会积极选择经济参与来增加收入以减缓焦虑。从这个方面分析,失地老人经济状况的自我评价是很低的,且这一结果将持续较长时间。

第三,失地老人的生活状况也影响到了他们的精神生活。在自给自足的土地耕种中,不管在家庭中的地位还是在外人评价中,他们总能保持着自立和自尊,他们有着自己的社会关系网络,有着较高的自

---

① 2012年5月12日Z社区居委会实地访谈。访谈对象,李某,男,居家老人,65岁。

我认同。失地后，他们的家庭环境、交往环境发生了较大变化。失去了土地的时间寄托和精神寄托，失地老人将更多的精力投入到家庭中，他们对子女的精神依赖更加强烈，而家庭的经济状况、和睦与否都牵连着失地老人的神经。他们会为了减轻子女家庭负担、缓和家庭矛盾而选择经济参与，也会为了儿女的反对而放弃经济参与，子女的意愿决定了失地老人的选择。在交往领域，拆迁的分离和楼房居住的封闭性使得失地老人原有的交往伙伴在减少。而他们交往的方式主要依赖聊天和打牌。在失去了土地这样一个核心的共同关注的主题后，失地老人的聊天内容也渐趋琐碎，缺少吸引力。在这样的生活中，失地老人看似摆脱了土地劳作的辛苦，但其实不然。被供养的压力和自身的无所事事使失地老人自我认同感下降，他们希冀能改变这种状况。因此，来自家庭、交往和认同的动机促使着失地老人寻找适合自身条件的经济参与方式，从而使自己的生活更有内容、更有意义。

第五章　失地老人经济参与的行动空间

本章以失地老人经济参与的"行动空间"为研究内容，在解读空间与行动两者关系的基础上，立足中国现实背景，分别从政治结构要素、经济结构要素、文化结构要素、社会结构要素四个方面对失地老人经济参与的行动空间进行了分析。一方面，多元化劳动市场需求、城郊治理"缝隙"、社区集体劳动文化氛围等为失地老人经济参与提供了有利条件。另一方面，城市管理限制、老年就业的年龄限制、老年市场排斥等不利因素的存在，又成为失地老人经济参与行动的最大障碍。如何排除和消解这些不利因素，是失地老人经济参与行动策略实施的主要目标。

第一节　空间与行动

在早期的社会学领域，"空间"概念被马克思、韦伯、涂尔干、齐美尔等学者普遍理解为客观的物质环境。涂尔干提出不同社会赋予空间以不同意义观点，认为空间的各个部分并不是同质的，空间的形象只不过是特定社会组织形式的投射，由此人们才可能在空间中安排具有不同社会意义的事物，就像在时间上来安排各种意识状态一样。[1]此外，齐美尔则提出了与涂尔干不同的空间观念，认为"康德曾经把

---

[1] ［法］爱弥尔、涂尔干：《宗教生活的基本形式》，渠东、汲喆译，上海人民出版社1999年版，第122—123页。

空间界定为'待在一起的可能性'。这也是社会学意义上的空间，相互作用使此前空虚的和无价值的空间变为某种对我们来说是某种实在的东西，由于空间使相互作用成为可能，相互作用填充着空间"。①之后很长时间中，空间研究的关注度一直较为低下。

到20世纪70年代，在列斐伏尔、福柯、吉登斯、哈维、索佳、卡斯特、布迪厄等一批社会理论家推动下，空间问题开始成为西方主流社会学所关注的核心问题。研究侧重点上，将空间作为社会资源及力量，由以往注重空间中的生产逐步转向了空间本身的生产研究，从而建构起一个空间本体论的社会理论框架。在列斐伏尔看来，对抽象空间的分析和批判主要围绕社会空间的空间实践、空间表象和表现的空间三个要素展开。空间实践属于被感知的社会空间，担负着社会构成物的生产和再生产职能；空间的表象属于生产关系及其秩序，它与维护统治阶级利益的各种知识、意识形态和权力关系联系在一起；表现的空间与社会生活的暗中的或反对现存体制的方面相联系，体现了复杂的象征系统。此外，福柯从权力与知识的关系角度来看待空间，认为"一旦知识可以通过区域、领域、置入、移置、易位来加以分析，人们就可以把握知识作为权力的一种形式发挥作用并散播权力的影响的过程"②。步入后现代，一些学者继而将社会空间的意涵进一步深化，将"空间"概念深化为社会关系变化的投射，如哈维的"空间修复"观③、多琳·马西的"劳动的空间分工"观④，等等。

综上可知，社会学领域的"空间"的研究经历了由物质空间到空间再造再到社会关系的升华历程。除对"空间"概念的研究之外，在空间与行动两者的关系上，学界也给予了较多关注，在其中，一个普遍的看法就是行动在空间中的关键性和载体性作用，表现为空间是

---

① ［德］齐美尔、盖奥尔格：《社会学——关于社会化形式的研究》，林荣远译，华夏出版社2002年版，第461页。
② 郑震：《空间：一个社会学的概念》，《社会学研究》2010年第5期。
③ ［美］哈维：《后现代的状况》，阎嘉译，商务印书馆2003年版，第76页。
④ ［英］马西：《劳动的空间分工：社会结构与生产地理学》，梁光严译，北京师范大学出版社2010年版，第55页。

行动的空间和行动是空间中的行动，从而将行动与空间紧密相连，行动空间概念也由此衍生而来。在特征上，基于任何行动都是人的行动，表现为人与人之间的社会关系，由此行动空间的属性不仅仅是传统意义上的空间场所，更应体现出它的政治属性与社会属性，为此空间对于行动，即为行动提供活动场所和发生条件的意义就凸显出来，具体包括以下方面：

（1）空间的社会性提供了人行动的场域。从古典到现代乃至后现代，诸多社会学家对空间投注了大量精力去研究，如涂尔干的空间划分的社会差异性，戈夫曼的空间建构中的角色划分与互动，福柯的空间中的权力运作，布迪厄的场域、惯习与资本等。虽然他们研究的视角不同，但相通之处在于肯定空间的社会属性，认为它不仅是各种建筑物、公用设施等的位置排列，是一种客观的物质环境，而且被深刻地打上了社会的烙印而具有社会性，是社会结构、社会秩序、社会关系、社会行动生产和再生产的场域，在这个社会空间中，宏观社会运行与微观个体行动同时进行并相互影响而发生作用。因此，对于任何一种人类行动，都是发生在空间当中的，空间是行动的场域，并为行动提供必需的行动要素。

（2）空间的要素提供了行动的条件。空间的社会属性将社会中的位置排列、资源分配以及人与人的互动纳入其中，而行动的目的就是位置重置和资源的再分配，因此，空间不但是日常生活的行动场域，而且为行动孕育了生发条件。

第一，空间的区域性和时间性转变提供了行动条件。空间具有区域性和时间性，在不同空间界定中所指向的社会实践是不同的。戈夫曼使用的"前台"、"后台"、"局外区域"等一系列概念为我们揭示了空间的区域特征对行动者角色定位及行动互动的影响。当空间的区域和时间都发生了转变，那么行动者置身的一系列社会要素也就发生了变化，而行动的结果或是改变环境利己或是改变自身适应环境，最终达到和谐的状态。

第二，空间的相对性和排他性为行动赋权。空间的相对性指的是空间中的位置分布和资源占有既是相对固定的，也是在行动下不断转换的。而空间又具有排他性，空间的每个存在都是独一无二的，其所拥有的空间排列是唯一的。因此，社会就是一个充满差异性和竞争性的空间，"在这样的空间里，行动者根据他们在空间里占据的位置进行争夺，以求改变或力图维持其空间的范围或形式"[①]。这样，空间就不只是社会交往的场所，也是权力争夺的场域，为每一个想要改变的行动者提供改变的条件和权利。

以上对空间与行动的关系分析表明：行动与空间密不可分，行动是空间中的行动，而空间也是行动的空间，是人行动的发生条件与场域。在学理上，任何行动空间不仅有着一般的位置性，同时也有着时间性特质，是位置与时间为一体的关系体。在各自功能取向方面，行动空间的位置性代表着主体间的社会关系、权力关系和利益关系，构成了行动主体行动的正当性和合法性基础；而行动空间的时间性则代表着行动空间的资源与条件，构成了行动主体行动的可能性与可行性。为此，探讨行动主体的行动空间，既要分析其特定的位置性和区域性，了解空间内的行动结构与行动关系；同时还应分析行动空间的时间性，了解特定时间境遇下的行动条件与行动基础。

第二节 失地老人经济参与的政治结构因素

一 缺失的失地老人就业制度保障

在失地老人就业制度保障方面，国家的政策是缺失的。从失地老人的经济参与来看，由于缺乏制度保障，他们虽然有就业的意愿，但因年龄、体力、智力的因素有可能会被排斥在市场之外。

首先，失地老人就业指导缺失。在中国的失地老人不同于农民有着土地的天然就业保障，也不同于城市老人有着较多工作经验和工作机会，他们融入市场更加困难。而目前中国对老年人再就业的指导多集中在城市老年群体，对失地老人关注较少。N 市失地老人的经济参

---

① [法]皮埃尔·布迪厄：《实践与反思——反思社会学导论》，李猛、李康译，中央编译出版社 1998 年版，第 17 页。

与在国家所组建的正式组织如职业介绍所和老年组织获得的帮助不大，可以说是没有。但他们又有经济参与的动力，为此，他们多选择适合自己的非正式工作，通过自主谋业的方式参与到市场经济中。另外，还有一些人通过亲戚朋友介绍和社区居委会介绍工作。失地老人就业渠道的单一，一方面说明老人就业利用其他渠道的意识不强，另一方面也反映了社会在帮助老年人就业工作上还不够完善。由此也部分限制了失地老人的市场份额，闲置了本应发挥作用的人力资源。

其次，相关就业保障政策缺失。在老年再就业市场活跃的国家，一般都有各种就业保障政策的颁布，如老年再就业政策、老年职工权益保护、老年就业环境的规定和老年培训，从而使老年人就业有良好的工作环境和社会环境。目前一些西方国家都在积极地推行延迟退休政策，虽然他们的退休年龄限定65岁已经高于中国的60岁标准。日本是个长寿之国，老年工作参与率很高，这得益于日本颁布的各种鼓励政策。自20世纪70年代起，日本政府就颁布政策积极支持老年群体就业。如2004年颁布《老年劳动法修正案》，并为老年人提供就业帮助，银色人力资源中心就是一个专门的老年职业介绍所。澳大利亚在2001—2002年间提出"向工作过渡"项目，包括"工作范围扩展、年长员工产业策略和年长员工工作场所策略"①，以此增加老年人的就业率。另外，德国提出就业的积极老龄化，法国停止早退计划，美国推出AMWI、SCSEP、AACC政策项目等。由此可见，国家颁布的政策对推动老年就业起着积极作用。

中国的人口老龄化趋势不断加快，国家也开始意识到老年劳动力的资源优势。由人力资源和社会保障部中国人事科学研究院组织编写的中国首部人力资源蓝皮书指出，产业结构调整和劳动年龄人口变化，未来20年对老年人力资源的需求呈上升趋势。②从"弹性退休年龄"的上海试点到"延迟退休年龄"观点的网上意见收集，

---

① ［英］菲利普·泰勒：《趋向老龄化的劳动力：期望与愿景》，于戈译，社会科学文献出版社2011年版，第34页。
② 《蓝皮书：未来20年中国老年人力资源需求呈上升趋势》，2012-07-19，中国新闻网，http://old.cncaprc.gov.cn：8080/info/19115.html。

人社部最终提出延迟退休年龄是大势所趋。但从网上众多的反对意见可以看出，单独地推行这一政策会受到很大阻力，它必须由一系列政策的"保驾护航"，不仅要考虑到其他年龄段劳动者的利益，还要注意保障老年人的权益，在就业机会、就业指导、就业培训、就业权益维护以及工作环境等方面给予相应配套。唯有如此，老年资源才能开发。

二 郊区治理的困境

近年来，中国在城市化进程中的力度不断增大，全国各地各个层面的城市化都进行得如火如荼，距今为止，几乎所有的大中小城市以及县乡镇规模都较以往有很大的扩展，一大批国家、省、市级开发区不断涌现，同时也出现了一大批城市新区。在其中，伴随而来的是一大批农民土地被征用，房屋被拆迁，同时自身的身份也由纯粹的农民逐渐转化为城市居民。应该说，城市化所带来的这些翻天覆地的变化，是城市化的必然现象，也是城市化的内涵实质。然而，城市化是一种巨大的人类行为，城市化事务所涉及的并非仅仅是将土地征用、将房屋拆迁和将农民赶上楼，它同时也意味着城市化地区的重要治理任务。一般来讲，城市化地区以往是农村，在治理方式和目标上如果依照农村治理的逻辑，相对而言比较简单；但是城市化地区被定位为城市的发展区域，必然需要按照城市治理的逻辑来考量。现实中，农村治理与城市治理两者的逻辑差异，使得这些城市化地区治理陷入困境。

（一）社区治理的困境

失地农民社区又称"过渡性社区"，它是从农村社区到城市社区转变的过渡阶段。社区不仅承继了原农村社区的部分功能，还需承担城市社区的服务功能[①]，在社区治理上存在着诸多困境：

第一，社区管理人员工作分工不清晰。失地农民社区由原来的村委会改组而来，原来的村委会工作人员也随之一并到了社区居委会。

---

① 郑杭生：《论我国社区治理的双重困境和创新之维》，《东岳论丛》2012年第1期。

由于他们对于村级事务较为熟悉，在关涉到村民管理、村组财产分配、村组拆迁等问题上仍由他们分工负责。而社区居委会在成立后新增了许多管理问题，比如新增加区域的管理，即在拆迁土地上的建设设施一律归所在居委会管辖；社区新增的服务项目，如卫生服务、保障服务、协调服务等；同样是社区居委会的职责范围，这样，事务增加就需要更多人手。所以，社区居委会在人员编制上就需要增加，这些增加的人员就负责新增加的社区事务的管理，从而形成居委会的两套班子，两种治理模式。村级干部仍是原先的，他们的管理水平、管理观念、管理方式没有多大变化，而新增的社区人员又有着不同的管理思路。正是因为失地农民社区的复杂性，一般社区工作者都不愿意到这样的社区工作，因此，新增人员很少。Z社区自成立以来，新增事务叠加，但新增工作人员只有2个。人手不足，他们只能数职兼任，时间有限，他们也只能做最迫切最熟悉的事情。因此，城市社区的一些社区功能并没有在失地农民社区很好地贯彻执行，社区治理面临困境。

第二，失地农民管理不到位。失地农民事务是社区居委会主要的工作事宜，但他们较多集中在财务管理上，在农民市民化、农民适应性、农民习性改变上并没有投入太多的时间和精力。农民在拆迁后，他们的一些风俗礼仪并没有改变，居住小区乱搭乱建、菜地到处可见，每逢丧事，吹吹打打三个月之久，有些老人闲着无聊，只是坐着晒太阳聊天，社区没有组织什么活动来充实。所以，很多人讲到"失地后没什么变化"，也是可以理解的。因为在整个生活环境上，社区居委会并没有采取有效措施来加以改变。

第三，社区财务匮乏。在社区职能上，城市社区体现的最主要的是服务功能，满足社区居民从单位人向社会人转换带来的不断增长的社会需求，但就失地农民社区而言，它们承袭的是农村社区的经济功能，主要负责集体经济的经营、管理及村民的分红。对于社区财务，社区居委会基本上以公开透明的方式向原村民负责公布，而对于新社区治理的费用开支则较少。而社区环境和景观的营造是衡量城市社区好坏的重要标准，它代表了小区的品质，这也是商家卖房和住户选房时关注的重点，社区环境和景观需要维护，所以小区的绿化率越高，物业费就越贵。拆迁小区在居民刚入住时保持着较好的小区绿化，因为在拆迁款中已经扣除了相应的物业费用，但物业费用完以后，由于失地农民不缴纳物业费，小区植被疏于打理（或者说无资金打理）逐渐荒芜，绿地上要么长满杂草要么成为荒地。对此，社区居委会也无计可施。

（二）城市郊区管理的困境

城郊是城市的边缘地带，是失地农民社区聚集的地区。管理对象的复杂性、管理地带的边缘性以及管理者本身的"松懈"使得城市郊区管理陷入了困境。

首先，城市管理对象的复杂性。虽然从地理空间上实现了农村到城市的转化，但失地农民的农村生活习性并没有完全摒弃。个体行动的自由散漫、公共区域的私人占用、对管理规范的漠视等造成菜场内外环境的脏乱、流动摊贩到处可见。失地老人相比其他年龄段的失地农民，市民化道路更为艰难[1]，所以他们的行为习惯、对城市管理规范的认知都较难改变。城市管理对象的特殊性使得城市郊区管理的难度加大。

其次，城市管理者的"松懈"。城郊区域远离市区，是城市管理的边缘地带和疏漏区。据城管人员王某介绍，只有在城市大规模检查和特殊片区检查时，城郊区域才会成为城市管理者的关注点。而且城市管理与流动摊贩间的矛盾冲突，也使得城市管理者对流动摊贩的管理有所顾忌。一方面，他们认为流动摊贩的问题不是城管一个部门所能解决的，它需要税务部门、卫生部门、交通部门等多个部门的协助，而且城管部门的管理区域都是按片区划分，各执其责原则下，只要将其驱赶即可；另一方面，一旦城管部门与流动摊贩发生冲突，舆论导向对城管是不利的。在此考虑下，城市管理者对流动摊贩的行为"睁一只眼闭一只眼"。

---

[1] 沈关宝：《角色转型背景下失地农民的社会心理探析》，《探索与争鸣》2010年第9期。

三 治理"缝隙":经济参与行动的可能

在这样的郊区治理环境下,失地老人的经济参与有了行动的便利和条件。

首先,在失地农民社区人力物力有限的情况下,社区管理不到位。一是社区规范没有得到失地农民的认同,从而使其缺少规范观念。二是社区绿化荒芜后没有及时栽种,为失地老人种菜提供了理由。看着土地空着,一些失地老人逐渐有了言论,"与其让土地荒着,不如种点菜卖吧,还能多点收入。"这样,随着越来越多的草地荒芜,越来越多的菜地取而代之。而且,失地老人种菜有自己合理的行动逻辑,他们并不认为自己破坏了环境,而是在环境已经被破坏的情况下再利用起来。当社区居委会人员加以阻挠时,他们的言论颇有说服力。如果工作人员将菜地强制铲除,他们就过后再种上,反正"他们不是时时来",反正"菜籽(种菜的种子)很便宜"。

其次,城市郊区管理下的困境使得流动摊贩"有机可乘"。无照经营的流动摊贩理应被城市管理部门取缔,但在城市郊区管理的现实状况下,菜场外的菜农、道路边的流动摊点也就有恃无恐地存在下来。一方面,城郊区域的偏僻位置使其成为城管部门宣传和管理的边缘地带,失地老人经济参与有存在的可能性。城市管理规章宣传的不到位,使郊区居民对城管部门的管理规则不了解,从而对其行为的约束力度不大。而城管工作人员的检查"特点"也使失地老人的经济参与行动有发生的可能,一是城管人员不经常出勤,二是城管人员一般不会蹲点,检查一遍后就会离开。这样,城管人员来检查时,失地老人只需将自己的流动摊点撤掉,等城管人员走了,失地老人再出来摆摊就可以了,这样的"猫鼠"游戏已经成为城管工作人员和流动摊贩的共识。另一方面,城郊区域失地老人聚集也为他们的经济参与行动提供了条件。到处可见的流动摊点使得失地老人在面对城管人员时多了一丝"底气",他们在城管人员检查时互通消息,在与城管人员冲突时互相帮衬。这种集体违规为城管人员执法增加了难度,从另一个角度讲,则对失地老人经济参与行动是有利的。

第三节 失地老人经济参与的经济结构因素

一 失地老人劳动力市场的排斥

失地老人经济参与作为一种经济活动,其必然受到市场经济环境的影响。一方面,老年就业的市场限制将老年人排斥在外;另一方面,随着市场经济的发展,人们的生活水平不断提高,生活需求日益多样化,大量的就业岗位需要有人来做。供求矛盾的就业市场使得失地老人经济参与面临着市场机遇与挑战。

市场是以营利为目标的场所,市场中的一切经济行为和现象如竞争、改组等都是围绕着此目标而展开的,而劳动力是市场的人力主体,所以就存在市场对劳动者体力、智力、技能等方面的要求,也因此出现了性别、年龄等的歧视,这是市场自然取舍的结果。

市场工作的年龄限制是一种普遍现象,"将60岁作为老年人界限的这个概念是工业社会的产物,尤其可以算作工业社会早期大机器生产的产物。男性60岁必须退休,是因为届时体力会下降到不能适合高强度劳动的需要。如果老年人想要发挥余热,他们顶多做个志愿者什么的,绝对进入不了社会的主流"①。郭正模(2010)也认为,劳动力退出的制度约束远远比市场进入复杂,虽然他也承认,强制退休只是针对体制内人员,"只有对养老保险制度享有人群才有较直接的作用"②,而对非养老保险覆盖人员无效。但他并没有意识到,由强制退休制度产生的劳动力市场排斥却对整个老年群体都有效,这当然也包括那些没有养老保险并想在市场中就业的人群。社会对老人的歧视、劳动力市场对老人的排斥,使得"我们的社会一直都倾向于低估老年人对社会的贡献。在我们的社会里,别指望在人生的前20年做出很多贡献,预期是在30多岁或35岁做出贡献,而过了60岁或65

---

① [英]菲利普·泰勒:《趋向老龄化的劳动力:期望与愿景》,于戈译,社会科学文献出版社2011年版,序言。
② 郭正模:《对制度安排的劳动力市场退出和退休行为的经济学分析》,《社会科学研究》2010年第2期,第87—91页。

岁，我们的指望又不大了。生产性和非生产性的间断实际是一个社会信号，清晰地区分了有用和无用、文化认同的有价值和无价值、有益和有害的生命"①。在这样的社会氛围中，失地老人的经济参与必将受到较多制度规范的制约和排斥。

就业年龄限制的产生是与市场中的追求效率分不开的，传统老龄观认为不论是在体能竞争的初级市场阶段还是在智能竞争的现代市场阶段，老年群体都明显处于竞争的劣势，由此各国界定退休年龄，甚至鼓励提前退休以释放岗位给年轻人。但人口老龄化时代的到来，老年价值在不断反思中得到提升，他们在适宜的领域仍能发挥重要作用，就业年龄歧视在很多国家政策中被纠正，积极老龄化和产出性老龄化政策不断出台，典型的如退休年龄的推迟及退休人员的返聘。在中国，男60周岁女55周岁的退休年龄是1952年《劳动保险条例》中规定的，当时全国人口的平均寿命只有50岁左右，在新的人口形势下中国的退休年龄理应有所改变。就业的年龄歧视和较早的退休年龄使大量的老年资源得不到发挥，这会对经济发展和社会发展产生消极的影响。

二 多元化市场对就业者需求

城市化战略的提出，使广大城市郊区发生了翻天覆地的变化，郊区市场经济渐愈繁荣，从而为失地老人提供了更多的就业和创业机会，而失地老人参与市场经济的意识也在不断提高。

第一，就业市场需求。在征地拆迁的多重制度下，城郊农村的许多土地开始转变为商业用地，失地农民被统一集中安置到拆迁小区。相比失地前，失地老人居住区域人群更加集中，与居民生活消费有关的菜场、商铺、商场、超市等场所随之也大量出现。在2009—2013年间，Z社区周边就建设起了3个大型的商业百货中心、1所大学新校区和2个景区公园。在居民收入方面，2005年N市城镇居民人均

---

① [美] 查尔斯·H. 扎斯特罗：《人类行为与社会环境》，师海玲译，中国人民大学出版社2006年版，第722页。

可支配收入 11590 元，到 2013 年增长到 31059 元，农民人均可支配收入 2005 年为 5501 元，2013 年为 14754 元。① 随着人们生活水平的不断提高，在居住条件、饮食、环卫等方面的生活需求不断增多，要求市场提供多元化的服务。从人力资源市场供求状况中发现，传统服务类岗位如服务员、保洁员用工紧缺。② 居住人群的集中、相应市场硬件的配套、生活需求的上升等使得城郊市场的发展机会相比以往陡增，市场商业氛围也由以往的清淡变得浓厚。而这些城郊市场也就成为失地老人经济参与的最佳场所，如有的失地老人种菜后到拆迁小区菜场区卖，有的失地老人在菜场旁边摆地摊或从事个体经营，还有的到小区做环卫工作，等等。由此可见，失地老人生活的市场化为其经济参与提供了较为广阔的施展空间。

第二，就业主体需求。在市场化的催动下，失地老人已经懂得"条条道路通罗马、赚钱门道千万条"的道理。相比怀着"等、靠、要"的情绪依赖外部的帮助，失地老人更愿意依靠自己的力量获得经济收入。尽管所得收入有限，但至少他们的经济参与表明，他们是有能力进入市场的，而市场中也有适合他们的领域。

在文化传统方面，N 市失地老人所处的劳动氛围较浓。受张謇③影响颇深，N 市自古就有劳动美德的传统。在离 Z 村不远处的啬园是张謇故居，里面的石碑上记录了很多他的语录，大部分都是鼓励人们追求人生价值，他认为"人恒以寿为重，其实人之寿不寿，不在岁月之多寡，而在事业之有无。若其人有益于地方，虽早夭亦寿；无益于地方，即活至百岁，奚得为寿？""下走之为世牛马，终岁无停止。私以为今日之人，当以劳死，不当以逸生"④。在此思想熏陶下，N 市农村老人多数参与劳动活动。虽然耕种土地人均不到 1 亩，但房前

---

① 2013 年 N 市国民经济和社会发展统计公报，2014 - 03 - 10，N 市统计局，http://tjj. nantong. gov. cn/art/2014/3/10/art_ 11625_ 1622495. html。
② 2012 年 N 市人力资源市场供求动态分析，2013 - 01 - 23，中国江苏网，http://jsnews. jschina. com. cn/system/2013/01/23/016042571. shtml。
③ 张謇，江苏 N 市人，清末状元，中国近代实业家、政治家、教育家，中国棉纺织领域早期的开拓者。
④ 张謇语录，摘自 N 市啬园石碑上。

屋后的狭小地带皆被开发成可耕种的土地，只要身体许可，多数老年人能自食其力辛苦劳作。在2010年的人口统计中，60岁以上老年人中以劳动收入作为主要生活来源的人口数为最多，占到总数的42.96%。在如此的劳动习俗影响下，失地老人的经济参与的意愿较为强烈。

表5.1　　　　　　　N市老年人的主要生活来源　　　　　　单位：人

60岁及以上人口	男	女	合计
	79773	90643	170416
劳动收入	37177	36026	73203
离退休金、养老金	19457	11376	30833
失业保险金	0	0	0
最低生活保障金	2349	2416	4765
财产性收入	186	167	353
家庭其他成员供养	19253	38819	58072
其他	1351	1839	3190

资料来源：N市2010年"六普"数据资料整理。

第四节　失地老人经济参与的文化结构因素

文化是居住在一定地域的人们的生产生活方式、价值观念以及行为方式的综合体。虽然城市化的进程将农民从原来居住的村落迁移到城市中，农村社区转为城市社区，农民转变为市民。但这个过程在现阶段并没有完全实现。以失地农民为主体的"村改居"社区作为一种从农村社区向城市社区转变的过渡形态，其社区文化同样保留了"非城非乡、亦城亦乡"的过渡色彩。

一　"乡—城"交会的社区文化现状

（一）乡村文化的沿袭

文化不会轻易改变。失地农民进城后，乡村文化随之"受到某些异质性力量的冲击，乡村文化没有因此而截然断裂，其文化之'核'会持续存在，这个'核'深植于经年累月的社会文化发展之中，带着深厚的根基，沉淀着特定的意志和审美，烙刻着无法言说的文化认同"①。乡村文化的沿袭表现在：

在生活方式上，失地老人仍然保持着原来日出而作日落而息的作息习惯，生活中没有太多喧哗，也没有太多的休闲娱乐活动；他们仍然希望有自己的专属区域，在社区内的草地上搭建自家菜园种植蔬菜，将公共区域私划出来为自家所用，或停车或放杂物；在文化习俗上，他们仍然按照农村旧习俗和传统大操大办婚丧嫁娶，在公共区域搭棚摆放十几桌的饭席宴请亲朋，让大喇叭不休不止地吵闹近半个月；在人际交往上，他们仍然保持着原先的人际交往，与之前的熟人打牌聊天。

在这种熟悉的生活氛围中，失地老人的农民身份认同得到强化。这样，作为"一种由精神价值、生活方式所构成的集体人格"② 的社区文化就呈现出传统的乡村气息，在与城市现代文化的不断碰撞中延缓着。

（二）城市文化的不断输入

身处城市现代文化中，失地农民社区文化并不是僵硬的铁板一块，而是在不断吸收城市文化的信息中悄然发生着改变。

首先，失地农民的安置小区虽多建在郊区，但也是置身在不同规格的商品楼附近，周边的生活设施、娱乐设施、文化设施齐全，这些硬件资源在不自觉地改变着失地农民的生活状态。自拆迁安置以来，Z社区周边的土地不断被开发，居民小区逐渐增多，各式的超市、商场、娱乐场所不断增多。失地老人的生活也逐渐变得丰富起来，他们由原来的只逛菜场到喜欢去超市购物，由原来的待在家里改为到小区锻炼。

其次，城市文化宣传使得失地农民社区文化接触到并吸收到更多

---

① 李佳：《乡村社会变局与乡村文化再生产》，《中国农村观察》2012年第4期。
② 余秋雨：《中华文化四十七堂课》，岳麓书社2011年版，第3页。

的城市因素。"文化进社区"是 N 市近年来的主要举措，由市、区倡导组织、社区居委会承办的各种文艺汇演、文化讲座使失地老人接触到不同的生活情趣，而 Z 社区附近的大学生时常进社区志愿服务、帮扶就困则使得失地老人感慨颇多。城市文化的不断浸染使得失地农民社区文化有了现代城市文化的因素，牵引着其在"过渡性"的道路上越来越靠近城市文化。而身处社区文化中的失地老人，在不断感受到城市文化的同时，也在悄然改变着自身的生活方式和行为方式。

二 社区文化对失地老人经济参与的促动

在这种"非城非乡、亦城亦乡"社区文化氛围中，失地老人经济参与呈现出多样化的发展势态。

（一）乡村文化为失地老人经济参与提供了坚实的文化基础

首先，乡村文化中"活到老、干到老"的劳动观念奠定了失地老人经济参与的思想基础。在农村，除社会保障和家庭保障提供的养老资源之外，老人还通过土地耕种来满足自己在物质和精神方面的需求。他们不但获得土地收入，而且通过土地联结他们的人际交往和社会关系。现代农村的土地耕种，在现代农业技术的协助下已经不是传统农村超负荷的重体力劳动，而农村老人的土地耕种也不仅仅是必需的生活所迫，它已经作为收入、作为休闲娱乐而成为老人生活中的一部分。"活到老、干到老"是农村老人的共识，也延续到失地老人的思想观念中。虽然失去土地，但这种劳作情结依然存在，在失地后面临诸多困境时，失地老人的劳动观念促使其行动起来，通过经济参与来缓解不利的生活处境。

其次，乡村文化影响着失地老人的经济参与方式。乡村文化体现了农村的生产生活方式。自从 20 世纪 80 年代中国实施家庭联产承包责任制以后，农民的土地耕种就形成了以家庭为单位，以个体劳动为主的分散型经济模式，农民可以自我决定土地劳作时间、土地耕种类型和土地耕种方式。在这种生产方式中，农民是有决定权的独立的个体。与这种生产方式相对应的是个体自由的生活方式，农民可以根据土地劳作的情况决定自己的饮食起居和人际交往。长期的土地耕种使失地老人习惯了个体自由的生产生活方式，由此他们在经济参与方式选择上也多倾向于个体的、自由的菜农和流动摊贩。这种经济参与行动不需要与他人合作进行，可以自己决定行动时间和行动地点。

（二）城市文化引导失地老人经济参与向城市性靠拢

从农村进入城市，失地老人不仅感受到了生活环境的变化，还在不断地与外界接触中受到城市文化的熏陶。一方面，他们在与城市社区居民的接触中感受到城市生活方式的不同，那种有规律的时间安排、多样化的休闲娱乐、人际交往的广泛性等。虽然失地老人角色转化慢，但这种强烈的生活对比使他们对于城市的认识在深化。另一方面，社区的文化建设也为失地老人引入了不少城市文化的元素，比如知识普及、科技下乡、文化宣传等。城市文化的介入并不会使失地老人的生产生活方式发生根本性的改变，这仍需要一个文化感知—认知—认同的长期过程。但不可否认，身处城市文化的包围中，失地老人的生活总会受到影响。

其中最明显的在于，失地老人中临时工、正式工的出现。临时工、正式工是一种建立在业缘关系基础上的分工式的工作，代表着现代城市的生产方式。临时工是一种典型的集体协作的工作方式，由多个人合作共同完成一项工作；而正式工则是在分工方式下单独完成。虽然失地老人中参与此类工作的人数比较少，但至少表明了失地老人在进入城市后行动观念的改变，以及向城市化迈进的步伐。当然，从事临时工、正式工的失地老人人数较少，也与这种经济参与的进入困难有很大关系。

第五节 失地老人经济参与的社会结构因素

一 社会供养观念对失地老人经济参与的影响

（一）供养观念对失地老人就业的排斥

第一，老人是被供养的对象，老年就业是没必要的。这是传统老龄观的主要观点，但其社会影响力非常大，且在制度建设中起着重要的指导作用。传统老龄观认为，不管是家庭养老、社会养老还是机构养老，老年人作为特殊的弱势群体，理应享有"共享经济社会发展的成果"的权利；不管是物质方面还是精神方面，老年人都应是被供给的对象。在中国家庭养老为主的养老观念中，老年人子女是首要的和主要的养老供给者，如果老年人就业，去参加各种劳动，老年人会被贴上"可怜"、"无奈"的标签，而老年人子女则会成为众人指责的对象。正是有着这方面的担忧，多数失地老人在经济参与前都会经过一番自我的思想斗争，而且要征得子女同意。

第二，老年人没有就业的能力，"老而无用"是最明显的诠释。在信息快速更新、知识日新月异的现代社会，相较于年轻人而言，老年人的社会适应能力以及再学习的能力较弱。不仅如此，失地老人教育水平的低下以及体力的局限性使得他们的就业能力进一步降低。而他们以往的土地劳动经验在现代社会中又缺少了用武之地，"老而无用"成为失地老人自我束缚的精神枷锁，也是其自我认同感下降的主要原因。

（二）弱势群体标签的工具化

社会观念中根深蒂固的老年供养观念，使得人们觉得那些没有被供养的老年人非常可怜，值得同情和怜悯。有了这份同情，失地老人的经济参与有了实施的便利。

首先，失地老人成为"弱势群体"代名词。征地是城市化和工业化发展目标的必然举措，保障失地农民利益是征地的内容之一，也是征地继续的关键。"失地农民"称谓的提出已经暗示着这一群体问题的产生，并引起各方关注，表现在数量上，在中国知网中以"失地农民"为篇名进行搜索，1997—2012年间包括学术期刊、报纸杂志、会议等在内的各界专家对失地农民研究颇多，并在2007年达到数量的960篇；在关注内容上，多是有关失地农民的就业、社会保障、权益、社会适应和身份转化等方面；在研究视角上，多是以失地农民为弱势群体加以关注，从他者的角度对其受到的不公平对待给予呼吁。正是在这样的一个整体氛围中，"失地农民"被标签化了。社会普遍认为他们的处境是值得同情的，他们的权益是被损害的，他们应该得到的更多。在这种标签化的情境中，对失地农民的社会认同逐渐定型。

　　失地老人弱势群体的意识,更多来自他人尤其是子女的信息传输。在征地拆迁过程中,家庭中拥有较多信息资源和家庭话语权的子代是决策的主体,老年人很少参与。因此他们对征地拆迁的前因后果及补偿的制度安排并不是很清晰,至于公平不公平更无从评价。只是在子女的抱怨中,在与其他人交换信息时才发现原来他们是弱势群体,受到了不公平的对待。而社会各界对失地农民问题的关注也使失地老人不得不意识到自身是弱势群体,原本可以过得更好些。在这种弱势群体认知中,失地老人的经济参与得到了自我认同和他人认同。

　　　　李某:我们本来就是农民嘛。原来的时候在房前种点菜、做个短工挣点钱花很正常的啊,大家都这样。现在也差不多嘛。虽说上了岁数,重活干不动,但摆个摊卖个东西还是可以的。我们这里(拆迁小区)都这样,老人都不怎么闲着的,让人笑话呢,有手有脚的,还不到要儿子养的时候。(孩子反对吗?)笑话,他反对个啥啊,我自己赚钱,还不是为他省着。(你到外边摆摊,周围人——非拆迁户——怎么看你?)我不是失地农民吗?我们是弱势群体啊,我们出去挣钱很正常啊。经常有人到我们小区问我们老人生活得好不好,哪里不满意,有什么意见。那我就说,我要挣钱,有钱才能生活过得好啊。政策不都是这样支持我们的嘛。(A2-10)①

　　从与李某的访谈中发现,失地老人的农民身份意识仍很明显,而且他深知自己在社会中的弱势地位,并以此作为经济参与的自我心理安慰和期望得到他人认可的手段。

　　其次,社会对弱势群体的支持。失地老人较为弱势的地位处境使得他们的经济参与不仅得到社会观念上的认可,还得到了社会对于行

---

　　① 2012年5月13日Z社区居委会实地访谈。访谈对象,李某,男,流动摊贩(卖小商品),67岁。

动的实际支持，主要表现在社区居委会对失地老人行动的关注。

社区居委会对社区居民是比较了解的，所以他们可以根据各家的实际情况相应地给予必要帮助。但社区居委会提供的工作相对有限，而且主动到居委会寻求帮助的也不多，一般都是社区联系好了工作再征询他们的意见。

> 居委会陆某：我们村里有5户低保老人，其余的经济情况都不大一样。我们这里的老人劳动惯了，也闲不住，很多都在外面做事。一般都不用我们给介绍，自己找的，主要是做保洁、环卫或者服务类的。为了增加他们的收入，有时我们也会和一些厂子联系，我们这里纺织特别好嘛，有些手工活可以外包的，我们就接过来，在村里宣传一下，谁想做就到我们这里来领，反正在自己家做，也不耽误事，大家还是很喜欢做的，有时来晚了就没有了。我们也想多接点活，但不一定有，要看人家厂子的经营。有时我们也会介绍些工作给家里情况不好的，比如到小区里去打扫卫生啊什么的。反正能做的我们都会尽量去做，都是一个村的。（A17）①

社区居委会一般代表了主管部门的观点。就这个社区而言，他们在老年就业方面还是提供了很多的帮助。毕竟是同村出来的，熟人关系较多。他们在介绍工作时是有目标取向的，首先面向的是村里那些经济比较困难的群体，在工作形式选择上，也多是些风险性小的手工艺制作。有时也会介绍他们到小区做保洁，但那都是特殊的对象，要么是特殊照顾的困难户，要么是特别熟悉的关系，这时的工作介绍多属于私人关系领域。

二 相同利益社会诉求下的集体行动动员

失地老人的经济参与并不是个体行动，而是多数人参加的集体行

---

① 2012年8月6日Z社区居委会实地访谈。访谈对象，陆某，男，社区居委会主任，44岁。

动。相同的生活经历、相同的失地后困境使得失地老人有着相同的利益诉求。他们希望得到生活保障，他们希望能有尊严地活着。在相同的利益诉求下，失地老人的集体行动被动员起来。

首先，在行动理性方面，第一个因素是不满因素。征地制度的不公平实践以及失地后对新环境的不适应，使失地老人产生对社会不公正的体验和现在以及未来生活的担忧，这种体验和担忧由于老年人利益表达渠道的不畅通和政府权益保障的不到位而逐渐生成对社会的不满，失地老人间的相互交流使不满的生产规模变大，个体利益上升为集体利益。

第二个因素是结构因素。经济参与成为失地老人利益表达的一种方式，但外界对老年人经济参与的阻力促使个体行动集合为集体行动，而相关部门如社区居委会、城管部门的管理"放水"也使得集体行动成为可能。作为失地农民社区，社区居委会同样对征地政策不满意，村集体土地在征用中也存在不公平和补偿不到位现象，对失地农民生活他们也感同身受，希望为他们找到改善措施，所以对失地老人的经济参与社区持支持态度，而对于他们在参与中的违规现象并没有真正地想办法解决；而对于流动摊贩归谁管理的问题，工商部门管理还是城管部门，并没有明确规定。这样，失地老人的流动摊贩得以保存下来。

第三个因素是理性因素。经过"潜在参与者的理性计算"，集体行动成为个人利益和集体利益实现的最佳方式。失地老人经济参与的集体行动是一种分配的非零和博弈，随着参与人数的增加，失地老人面临的阻力不变且有可能降低，因为人们观念会受到情境的影响，个人付出的成本保持不变，但如果阻力减少，那么成本也会降低，但收益不变。因此，经过理性计算，集体行动是有利于失地老人的经济参与行动的。

其次，在行动的感性方面，一是相同利益引发情感共鸣。利益动机是行动的主要因素，它不但是行动者理性的考虑，而且也是情感因素的生成机制。对社会不公不满的情绪是集体行动的起端，但若把这种情绪形成集体行动还需要足够的资源动员，利益就是其中最重要的资源动员机制。在集体行动生成机制中，"社会个体的情感要转化为形成集体行动的情感需要利益根源"。但"利益并非是集体行动的唯一动因，资源动员是充满价值色彩的，利益转化为行动需要情感作为动力"①。涂尔干把情感动因置于社会分工发展过程中，认为社会分工导致社会团结，而团结是建立在集体情感之上的。而滕尼斯则对传统社会的"共同体"情感持有肯定态度。不管是涂尔干的现代社会中的社会分工情感还是滕尼斯的传统社会中的"共同体"情感，都是以相同利益为激发点。同样地，失地老人共同的利益诉求使他们观念保持一致，对经济参与行动有着强烈的情感共鸣，为行动实施提供了情感动力。

二是社会情境的影响。社会情境既包括失地老人客观的生存环境，也包括主观的"在场"情境。在生存环境方面，失地老人对农民身份的保留和对现实生活的不满使他们有经济参与的心理倾向，而其他人经济参与的"在场"情境会影响和带动失地老人的参与欲望，对他们的情绪有一定感染作用。当然，"在场"情境有一定的煽动性，很容易带来经济参与的盲目和跟风。只有在主客观社会情境的共同影响下，失地老人的经济参与行为才会持久。

三是互动强化情感认同。互动是社会中个人与个人间或群体与群体之间通过信息传播进行的社会交往活动。每个人都在互动中改变自己的行为。互动需要一系列的符号表情达意，如文化、语言、手势等。在互动中，人们的情感得到释放，让他人感知并得到回应。让·梅松纳夫就认为集体行动中情感的"认同"可以借助歌曲、礼节、仪式等"形象表现的制度"来加以实现。②但情感认同程度要受到互动时间的影响，经常的互动可以加深集体情感，"共享的情绪最初是短暂的，但是通过互动仪式将其转化为长期的情感能量（emotional energy）。高度的情感能量是一种对社会互动充满自信、积极与渴望

---

① 郭景萍：《集体行动的情感逻辑》，《河北学刊》2006 年第 2 期。
② ［法］让·梅松纳夫：《群体动力学》，殷世才译，商务印书馆 1997 年版，第 23 页。

的感觉,人们可以从互动参与中感受到共同的成员身份。高度的情感能量还会产生利他行为,并且通过高度关注集体的象征性符号而产生保卫与尊敬集体的意识"[1]。

　　失地老人经济参与的集体行动有利于他们主体间行为相互影响。"对任何一个自我来说,我不仅能够把任何一个他人经验为一个他人,而且我还能够把他经验为是与他自己的他人相关的,以及也许可以通过一种可重复地设想到的媒介而同时把他经验为是与我自己相关的。"[2] 失地老人群体面临着相同的社会转型,他们的个人生活经历和个人禀赋差异性不大,因此,当他们看到其他老年人准备或正在经济参与时,也会唤起他们的参与欲望。正是这种主体间的仿效作用,使 Z 社区失地老人的经济参与整体氛围特别浓郁,它使老年人的经济参与不再是孤立的社会行动,而是有着相互支持的集体行动。

---

[1] 王鹏:《情感社会学:研究的现状与趋势》,《社会》2005 年第 4 期。
[2] 杨金华:《走向主体间性的理解》,博士学位论文,华中科技大学,2007 年,第 95 页。

第六章 失地老人个体摊贩型经济参与的行动策略

本章以"失地老人个体摊贩型经济参与的行动策略"为主要内容,在对失地老人个体摊贩型经济参与的特征、经济参与形式分析的基础上,重点研究在种菜卖菜、流动摊贩的行动场域中管理者、社区居民、失地老人之间是如何互动的,进而从中探求失地老人在个体摊贩型经济参与中所采用的行动策略。日常生活实践有往常习惯延续的特征。在失地老人经济参与行动中,种菜卖菜、流动摊贩等个体摊贩型经济参与就是对往常习惯"怀旧"的体现。这种经济参与对于他们而言,相对熟悉和擅长,故而可以在与管理者、社区居民的策略性互动中相对轻松获得。

第一节 个体摊贩型经济参与的特征

个体摊贩型经济参与是指失地老人从事的经济参与活动是以个体为行动主体且不受单位管辖的经济活动。个体摊贩型经济参与对于失地老人来讲,时间自由且较易实施,所以多数的失地老人会选择从事此类的经济参与活动。

一 人群特征

个体摊贩型经济参与没有工作时间和工作单位的限制,失地老人可以根据自身意愿来选择经济参与活动,比如要做什么、怎么做、什么时候开始和结束等。人们生活需求的多元化使得失地老人可供选择的个体摊贩型经济参与非常多,"总有些事情是适合做的"。所以只要有参与意愿、有健康的身体,失地老人即可进行个体摊贩型经济参与,其人群特征表现在:

第一,年龄上不受约束。在调查中发现,从事个体摊贩型经济参与的失地老人既有60—69岁年龄段的低龄老人,也有70岁以上的失地老人。受"活到老、干到老"的农村劳作的思想影响,失地老人对不受约束的个体摊贩型经济参与较为热衷。WS花苑的田某在路边卖菜,他认为卖菜很轻松,想卖的时候就卖,自己没时间的时候就不卖,自由得很。

> 田某:原来也是经常到田里干活的,这些事情(卖菜)和种田不是差不多嘛。反正是有力气就去干呗,累了就歇会,又没人催,没人管的。① (A2-11)

第二,健康身体保障。健康身体是失地老人从事个体摊贩型经济参与的条件,也是失地老人能否参与行动的关键因素。N市素有"长寿之乡"的美誉,适宜的生活环境和长期以来对健康维护的重视使Z社区失地老人的整体健康状况良好。自2009年1月1日起,Z社区失地老人全体转入城镇居民医保体系,享受城镇居民医保待遇。从2011年的新农合和城镇居民医保制度规定可以看出,失地老人在纳入城镇居民医保制度后享受的医疗待遇有了很大提高。

表6.1　　　　　　2011年失地老人可享受到的医保待遇

	新农合		城镇居民医保	
老年人筹资标准	个人缴费 35元	财政补贴 120元	个人缴费 120元	财政补贴 300元
	共155元		共420元	

---

① 2012年5月13日Z社区居委会实地访谈。访谈对象,田某,女,菜农,66岁。

续表

	新农合	城镇居民医保
住院报销比例	起付标准 300 元 住院费用　　　报销比例 300—1000 元　　　40% 1001—5000 元　　　55% 5001—20000 元　　　60% 20001—80000 元　　　65% 80001 元为封顶线	起付标准 三级医疗机构　　1000 元 二级医疗机构　　750 元 一级医疗机构　　500 元 社区卫生服务机构　　300 元 住院费用　　　报销比例 80000（含）元以下　　70% 80001—180000（含）　　75% 180001 元为封顶线

资料来源：《N 市 2010 年度新型农村合作医疗参合指南》以及《N 市提高城镇居民医保缴费标准》。

从 2012 年起 Z 社区居委会对所有 60 岁以上的老年人建立了健康档案，每周固定时间有专门医生进社区为老年人进行健康体检和健康咨询。据社区医院的刘医生介绍，Z 社区失地老人中身体完全健康和基本健康者占总数的 90% 上。失地老人较为健康的身体资源为其经济参与提供了良好的保障。

二　自谋出路：经济参与的进入途径

多数的失地老人倾向于选择个体摊贩型经济参与，其中一个非常重要的原因是这种经济参与不用"麻烦"别人。卖菜也好、卖小吃也好，失地老人可以根据自身的需要和条件自由选择可从事的具体工作，靠自己自谋出路是失地老人个体摊贩型经济参与的进入途径，也是他们深思熟虑和最具可行性的一种方式。

第一，自谋出路可以满足自己个性化的要求，如工作方式、工作时间、工作强度等。每个老年人情况不同，比如他们有的需要照顾家庭其他成员，有的则没有这方面需求；有的经济条件好些，有的则生活比较困难需要货币收入；有的身体健壮希望多做点，而有的老年人身体不允许其做过于辛苦的事情；等等。如果自己找工作，老年人就可以根据自己的情况来挑选。

第二，自谋出路可以不用背"人情债"。社会交换理论认为人们的社会交往的过程就是一种社会交换活动，无论这种活动是有形的还是无形的，是有报酬的还是有代价的。而"社会交换，不管它是否以仪式性的形式出现，都包括着那些创造着各种未来义务的恩惠，不是加以精确规定的义务，回报的性质不能讨价还价，而须留给做回报的人自己决定"①。不管是通过亲戚还是朋友或是社区居委会介绍工作，所欠的"情谊"是一定要还的。而且通过他人介绍的工作不管其是不是适合自己要求，推辞都是件难为情的事情。一般来讲，只要是自己能做到的，尽量不去麻烦别人，因为失地老人知道自身能提供的回报资源是有限的。

三 怀旧：失地老人的心理分析

失地老人对个体摊贩型经济参与的青睐，除了正规就业单位对老年人的排斥使其难以进入之外，从失地老人心理层面分析，则是源于他们对乡村文化的怀旧。从一定角度来讲，个体摊贩型经济参与是失地老人对失地前农村生产生活方式的变相延续。

（一）倾向于从事个体性的、自由性的经济活动

农民原子化是学术界对农民分散状态的形象化比喻。费孝通在《乡土中国》中指出，他们（农民）以自我为中心，以熟人社会为半径，以血缘、地缘关系为经纬而形成差序格局。农民以"己"为中心，独立单干。他们善分，分到家庭为止，从来不善于在平等协商的基础上进行各种形式的联合，以至于出现人与人之间的"原子化"和"隔离化"现象。农民原子化与土地耕种的分散性是分不开的，使得农民的特性与生产生活方式紧密连在一起。多年的农村生活经历已经浸染到失地老人的深层次意识中，在选择从事经济参与活动时，他们更倾向于选择不受他人约束的、可以由自己掌控的个体摊贩型经济参与。

---

① ［美］彼德·布劳：《社会生活中的交换与权力》，孙非译，华夏出版社1988年第1版，第110页。

（二）个体独立性不强，受子代影响较大

失地老人虽然已经进城，但他们并没有像城市老人那样个体独立意识明显，他们对子代家庭仍有很大的依赖性。失地老人的这种情况，一方面与现阶段失地老人社会养老保障制度不健全有关；另一方面则与失地老人传统的"子女赡养"家庭观念有关。在失地老人的家庭观念中，"老了就应该得到子女赡养"，但同时他们也了解到，"城市里的老人退休金很高，他们的钱不仅自己够花，还能给子女"，为了更好地得到子代的"反馈"，失地老人将对子代家庭的生活照顾作为自己生活中最重要的内容。因此失地老人要进行经济参与，就不得不考虑到经济参与对家庭照顾的影响，如果子代家庭确实离不开老年家庭照顾，那么老年人首选家庭。而如果在可以兼顾的情况下，失地老人还是希望自己能有一份属于自己的工作。刘某就因为子女家庭的需要而选择家庭照顾，在自家和儿子家两边跑。

> 刘某：我觉得还是家最重要。人图个什么？钱多钱少都一样活。老了还是要求个儿孙绕膝。他们需要我，说明我还有用。我乐意为他们跑来跑去。抽空，我还是自己在小区门口的空地上种了点菜，那个不耗工夫的，只要种上了，基本不用管它了，有空就浇点水。等菜长成了，早一天晚一天卖都没关系，卖菜也就是早上两三个小时的事。反正两边都不耽误。以孩子这边为主。（A2-6）①

失地老人对个体摊贩型经济参与的热衷一定程度上来自他们可以兼顾家庭照顾。计划生育政策的实施，核心家庭成为主流。在2013年人口发展报告中，N市的常住人口家庭户均规模为2.62人，较2012年继续呈现收缩趋势，家庭户均规模减少0.04人。全市以2人户、3人户所占比例最大，分别占35.43%、24.46%，两者合计占59.89%，其中2人户较2012年呈现增加趋势，占比增加1.53个百

---

① 2012年5月13日Z社区居委会实地访谈。访谈对象，刘某，女，菜农，63岁。

分点①。家庭户人口规模的减少，使得失地老人能从家庭照顾中抽身出来，有了较多自由支配的时间。失地老人可以根据家庭照顾的需求情况，适当选择经济参与方式。在此考虑下，失地老人多选择从事卖菜、做流动摊贩这样比较自由的个体摊贩型经济参与，访谈中选择此类行动的有31人，占总参与人数的63.3%。老年家庭照顾主要是接送小孩上学放学、买菜做饭和打扫卫生，除了接送时间学校要求相对紧要一点（接送时间是早上八九点和下午三四点间，幼儿园和小学都是如此，中午学生不回家），其他的安排都是可以随时变动的。这样，失地老人就可以做到家庭照顾和经济参与的两不误。

第二节 个体摊贩型经济参与的形式

失地老人个体摊贩型经济参与的形式主要有两种，菜农和流动摊贩。首先，失地老人卖菜不同于农村卖菜，他们种菜的场所和性质不同，同时失地老人卖菜又不同于菜贩，菜贩是专门买菜来卖，而失地老人则是自己种菜来卖；其次，菜农也属于流动摊贩，但因菜农与其他的流动摊贩不同，他们的种菜行为必然会引起各种冲突，因此将菜农单列出来具体阐述。

一 特殊的土地生产者：种菜卖菜的城市菜农

随着城市人对"绿色蔬菜"、"无公害蔬菜"的厚爱，"自家种的蔬菜"在市场上颇受欢迎。由此刺激了失地老人的生产欲望。但失地老人种菜，不像大棚户那样投入大量成本规模经营，而是利用自己"开发"出来的空地，小范围内耕种，能种多少是多少，能卖多少是多少。种菜，一开始是为了满足自己的生活所需，习惯于自家房前屋后种满蔬菜随便吃的日子，失地后日常买菜在他们看来是一笔额外的支出，为此，他们挑选出一些"空地"来种菜。后来发现蔬菜的市

---

① 《N市2013年度人口发展报告》，2014-07-14，N市政府网，http：//xxgk.nantong.gov.cn/govdiropen/jcms_files/jcms1/web24/site/art/2014/7/14/art_6934_361061.html。

场销售很好，经常早上在菜场外一会儿就被抢光。这样他们就把所种蔬菜先拿去卖，算是自己额外的收入，剩下的或预留一些自己食用。

（一）变废为宝：菜地的选择

失地老人要想卖菜赚取收入，首要的就是找到地方来种菜。城市不同于农村，城市用地多用于非农生产，失地老人种菜本身已经违背了城市市民的身份特征，但在利益的推动下，他们仍然找到了一些"闲置"土地来耕种。他们的种菜区域有两种，一种是小区内种菜，规模很小，另一种是小区外寻地种菜，耕种面积稍微大些。

第一种方式是小区内种菜。小区内种菜的主要表现就是将草地变菜地。失地老人沿袭传统较多，劳动惯习也在新场域有了新的表现形式。表现一，充分利用"自家"资源。在他们观念中，自家门前的地方就是自己的，那么把自家前的土地用来种菜也是应该的；表现二，充分利用"无用"资源。小区内有些公共地带，如马路旁边、小河两边都是有绿化带的，但在部分老年人看来，那是土地资源的浪费，还不如种菜更能体现土地价值。尽管这样，失地老人并没有直接铲除草地种菜，而是经过了绿地—荒地—菜地的过程，用他们的话讲就是"变废为宝"。

65岁的卢某在小区内种菜已经有几个月时间了。2012年5月份，她在自家车库前种了青菜和西红柿，到我们访谈的时候，这些菜已经长出了果实，她对自己的劳动成果很满意。

> 卢某：我家原来的土地就在门前，跨出院子就是我的地。种的嘛基本就是些粮食和菜，自己吃是够了的，不用再去买。现在好了，征地了拆迁了，什么都没有了，还要到外面去买。你看，这些地（小区内的绿化带）就种些草，有什么好看的，还不如我家的油菜花。再说，好看有用吗，能吃吗？这就是浪费，土地浪费，放着地不让种，种些这个东西。自打搬到这里来，我就想把我车库前的这片弄出来，但那草地长得很绿的，直接拔了也挺可惜的。这不搬进来小一年，草就枯死了，我也就顺便种上了点

菜。反正闲着也是闲着。有点菜总比光秃秃的好吧。(A7)①

卢某说出了多数失地老人对草地和菜地的不同看法，在他们的观念中，土地就应该是有"产出"的，而草地并不具备这样的功能。他们之所以没有直接铲除草地，一是觉得郁郁葱葱的草地被拔了有点可惜，另外他们也担心社区管理者会出面制裁。等草地荒芜后，土地闲置下来，种菜也就理所当然了。菜农的这种做法其实是想向他人证明自己种菜的合理路径，以取得别人的认可。

第二种方式是小区外种菜。小区蔬菜满足了失地老人的日常所需，在有所剩余的情况下，他们开始是送人，后来转而拿去菜场卖。不错的市场销路刺激了失地老人的经济欲望，他们从小区内转到小区外，寻找更大面积的经营地——虽征用但未使用的土地——来经济参与。

随着土地市场增值效应的不断显现，无主荒地在城市近郊已经绝迹了，但仍有些土地是荒芜着的，它们就是那些从农民手中征用过来但还未被开发的土地。一般土地从耕种地到建设地要经过三个阶段，农民土地征用阶段、政府出售土地阶段和开发商建设土地阶段。第一个阶段在政府和农民间操作，以征地补偿方式完结；第二个阶段在政府和土地开发商间操作，以土地购买完结；第三个阶段是土地开发商操作，以土地建设完结。第一个阶段较好达成，不仅在于征地补偿标准的不断提高，还在于政府的强势地位，而第二、三阶段则牵涉到市场利益，在操作流程上要有一定条件。土地开发商购买土地，一定看中了土地的市场价值或是潜在价值，那么政府应该为土地价值的显现提供条件，或创造条件促使其实现。比如，土地开发需要政府提供便利的交通条件、周围配套生活设施等，即把"生地"建成"熟地"②。这个时期土地是闲置的。而随着土地价格上涨，有些开发商先囤积土

---

① 2012年7月5日WS公寓实地访谈。访谈对象，卢某，女，菜农，65岁。
② 黄利会：《失地农民社区拆迁及重建中的利益博弈分析》，《中南民族大学学报》（人文社会科学版）2009年第1期。

地后开发，也导致了部分土地的闲置。这些都可能导致被征用的土地变成暂时的"荒地"，有时甚至达一两年时间之长。

"荒地"的出现是市场化操作的结果，是利益方追逐更大利益而出现的，同时也是农民利益受损的直接表现，他们本应是土地增值利益的主要受益者，却被早早地排除在利益分配之外。对于失地老人，他们看到的不是自身利益受损，而是土地的浪费，因此，他们就在这些"荒地"上种植了蔬菜，以赚取收益。但小区外较大面积的种植，也有一定风险，不知哪天开发商就动工了。所以失地老人首选种植蔬菜中生产周期最短的，耕种面积通常在一亩左右，避免过大的成本投入带来较大的风险，另外他们也会请求社区居委会提前通知土地开发商的动工日期。这样，"荒地"就被失地老人们分割了，变成郁郁葱葱的菜地。

（二）经济利益的诱导：卖菜行为的发生

失地老人种菜的最终目的是卖菜，而卖菜行为的发生则是经济利益诱导的结果。随着人们生活水平的日益提高，人们对身体健康的维护越来越重视。"病从口入"的谚语真实提醒着人们要安全饮食，而近年来食品安全问题的频发，使人们对绿色食品较为青睐，农家菜就是其中最受欢迎的一种。根据本人长期观察发现，从价格上看，农家菜比菜场内同种类型的批发菜（大棚菜）要贵些。比如青菜，在同一时间段，农家菜比批发市场的菜都要贵上1—2元。从销售速度上看，农家菜摊前的人要比批发菜摊前的人多，卖得也比较快。这样，失地老人卖菜就有了动力。N市气候温和，四季都可以种菜，所以失地老人卖菜收入的多少，一是看蔬菜的品种，二是看菜地的大小，两者中以后一种为主要。如果按一分菜地一年400—600元的收入计算，那么菜地面积比较大的失地老人的年收入也是相当可观的。如果在小区内种菜，菜地面积最大的也就一分地左右，而在小区外的无主荒地上，失地老人可以将菜地扩展到几亩。

一般菜贩卖菜是在菜场中展开的，菜场内不同的摊位出租给个人，菜场管理者收取租金，并提供相应的管理、协调和清洁服务，个人则要向菜场管理部门缴纳租金，租金一年1万—2万元，租金根据摊位的位置而定。失地老人不同于菜贩，他们卖菜的地点在菜场外面，一是为了省租金，这是最主要的，二是可以更明显地与菜贩相区别，突出农家菜的真实。他们或蹲或坐地在菜场门口两边或门口附近把自己种的蔬菜摆出来，有的在地上置个木板放菜，有的直接把菜放在地上。他们的蔬菜量比较少但也通常会有几种不同的时令蔬菜，比如几把青菜、一小堆的西红柿、黄瓜，有时还会有几斤的花生、玉米、绿豆、黄豆等刚收获的农产品，它们有的甚至还带着泥土，没有来得及清理，却散发着新鲜和原滋味。或许也正是这样的原生态，吸引着买菜的人不断前来抢购。失地老人卖菜一般是在早上8点到10点，卖完所带的菜就走。他们卖菜时间比较短，一是因为蔬菜量比较少，二是因为蔬菜销路好，卖得快。而如果有被顾客挑剩下的蔬菜，失地老人会选择带回去自己吃。

二 屡禁不止的流动摊贩

流动摊贩指的是从事无固定场所商业摊点的自由职业者，访谈中失地老人的经济参与63.3%可以归类为流动摊贩。失地老人所能从事的流动摊点包括两种，一种是卖东西，比如卖菜、卖香烛、卖水果、卖自制的小食品（烤地瓜、炸豆腐）等，另一种是靠手艺修理自行车或电动车。

失地老人之所以选择成为流动摊贩，原因有两个：第一，流动摊点本小利微，便于经营，这对于没有太多经济成本且抗风险能力较低的失地老人来说，是个非常不错的选择。一般来讲，流动摊贩是不用纳税的，所以他们的成本（除去人工成本）也就只限于所卖商品的购货资金。在失地老人所从事的几种方式中，卖菜的成本是最低的，自家种菜，只要花点菜籽的钱就可以。修理自行车或电动车需要的成本较大，修理车子用的工具、车子上的新零件等都需要备置齐全。但修理工具是可以循环使用的，车子零件按批发价进来后再卖出去也是会有利润的。这和卖东西是一样的。在访谈中，失地老人都认为他们在选择挣钱的方式上是经过了一番计算的。

李某：我卖的地瓜都是到批发市场去买的，那里地瓜便宜。这里的蔬菜批发市场是下午4点开门，我就下午去，一次买个50斤左右放在家里，每次出摊带个十来斤。我通常都在超市门口、学校门口、菜场门口卖，那里人比较多。地瓜买的最便宜的时候一斤0.5元不到，卖的时候6—7元钱一斤，除去炭火的钱，也能挣到不少。(A2-12)①

杨某：我卖水果的，也是到水果批发市场去批货。但我每天都去，水果不能久放。每天早上我都去批发，买的都是时令的、平时卖得比较好的水果，每样都来一点。就是赚个差价，像苹果批发市场3元一斤，在外边可以卖到5元一斤；香蕉1元一斤，外边可以卖到至少2.5元。我的水果都是当天卖完的，到晚上没有卖出去的水果就便宜卖。第二天再进新的。(A2-13)②

王某：我是修车的，自行车和电动车都修。我没有铺面，就把东西放在筐子里每天带来带去。我的摊是固定的，就在(WS)小区斜对门，那里有个空地，我就经常在那。时间久了，有些人就认得我这个摊了，给车子打打气啊、补胎换胎啊、修修换换的，我都会做。车子零件都是批发来的，也是赚个差价吧。(A2-11)③

第二，市场的需求。现阶段人们收入水平差异化明显，由此带来人们生活消费的多样化，流动摊贩以其商品价廉、经营方式灵活、购买方便、能满足一定消费群体的需求等特点而在市场上占有一席之地。《中国青年报》曾报道说，"84.3%的人说生活中需要小摊"④。

---

① 2012年5月13日Z社区居委会实地访谈。访谈对象，李某，男，流动摊贩（烤地瓜），64岁。

② 2012年5月13日Z社区居委会实地访谈。访谈对象，杨某，女，流动摊贩（卖水果），68岁。

③ 2012年5月13日Z社区居委会实地访谈。访谈对象，王某，男，流动摊贩（修理工），65岁。

④ 《84.3%的人说，我们的生活需要小摊》，2009-03-19，中国青年报，http://zqb.cyol.com/content/2009-03/19/content_2588231.htm。

流动摊贩的日益增多也是市场供求的必然结果，就像陈某说的：

> 陈某：别看我们卖的是炸豆腐，（生意）好的时候一天能赚一百多，抛去本钱三四十块，剩下的就是纯赚的了。这附近的人都喜欢吃，尤其是傍晚的时候，人很多。只要我们东西卫生，口味好，就不怕没人来。总有人喜欢吃这些（小吃），高级饭店有人去吃，我们这小摊也有人吃，大家消费不同，喜好也不同。再说，让那些经常在家吃的，经常在饭店吃的，偶尔吃吃我们小摊，换换口味也好啊！（A13）①

流动摊点属于无照经营，是城管的主要管理对象。但对于流动摊贩，城管部门一筹莫展，"猫鼠游戏"是流动摊贩和城管人员关系的形象写照，而流动摊贩的屡禁不止与城管的处境有很大关系。城管全称是"市容城管行政执法局"，是维持城市秩序、维护城市形象的部门，其主要的工作范围涉及市容市貌的维护、违章建筑的监督和环境保护等，在城市发展中起着重要的作用。但当今的城管执法处境非常不利。

一是城管执法的合法性受到质疑。城管执法的合法性危机来源于其法律基础的不确定性。虽然城管执法由中央宪法赋权，但现实发展的多样化以及中央法和地方法的不尽一致甚至冲突，使得城管执法在实施中有了太多的随意性，进而也使人对城管执法的法律基础产生质疑。而城管执法的合法性危机，使执法人员缺乏明确的法律依据，要么自由施法要么懈怠不执法；对于城管对象而言，合法性危机意味着对城管执法的正当性的质疑，进而产生行为上的不合作甚至敌对相向。

二是城管执法的方式受到排挤。近年来有关城管暴力执法的新闻不断②，由此引发人们对城管权力监督问题的关注。城管的权力是法

---

① 2012 年 7 月 19 日马路边实地访谈。访谈对象，陈某，男，流动摊贩（卖小吃），61 岁。

② 《各地城管暴力执法事件频发　专家称需"制度救赎"》，2013-08-05，中国新闻网，http://www.chinanews.com/gn/2013/08-05/5122177.shtml。

律赋予的，在执法过程中其可以依法行使权力。但暴力执法不仅揭示了执法人员权力滥用和执法理念的错位，也违背了和谐社会中对每个人包括流动摊贩的生存权利的维护。暴力执法相对应的就是暴力抗法，在社会舆论的不断谴责和压力下，城管执法的方式已经被推到了风口浪尖。

在这样的处境中，城管对失地老人中的流动摊贩进行管制就有了些许的底气不足，因此在实际工作执行中才会允许城管和摊贩间的"猫鼠游戏"模式的存在。

第三节　个体摊贩型经济参与的行动策略：管理者—社区居民—失地老人的互动

一　影响了谁的环境：行动引发的冲突

失地老人的个体摊贩型经济参与是在社区内实施的，而不管是作为菜农还是流动摊贩的经济活动，他们都破坏了社区环境，并违反了相关管理规定，从而与相关管理者和社区居民都产生了一定的冲突。

（一）与社区居民的冲突

首先，失地老人在小区内种菜，社区居民的意见是很大的。在失地农民社区，除了拆迁户外，还有一些购买商品房的社区居民。对社区内其他的拆迁户而言，失地老人与他们的日常生活轨迹是相似的，所以他们对失地老人的种菜行为可以包容和理解，但对那些自置房的居民来讲，社区种菜影响了环境美观，同时也使所在社区品质标准下降。在"城市空间"日益等级化①的趋势下，他们的社会地位也因所在社区而随之下降。所以，他们对社区种菜是持反对态度的。

> 黄某：WS新苑是2011年5月份才拿房的。我们买这个房子，主要是它房价相对比较便宜，新建小区嘛周边环境也不错。但是，才不到一年半的时间，草地绿化全变成菜地了。也没人

---

① 王琪：《转型、空间与区隔》，《山东社会科学》2015年第8期。

管。我们这没有物业，他们（拆迁户）不交物业费的，我们交0.2元/月，比人家2元、3元一个月的物业费少很多，但我宁愿多交点。住拆迁小区就是感觉低人一等。社区居委会那些人没空管，也管不过来。我们小区里那些公共地全被瓜分了，就我们楼前那些菜是一楼的一个老太种的。我们没办法，也没处提意见，网上都说这是常见事。这里住的大多是拆迁户，自家买房的不多，人家都是一气的，我们说了也没用。（A11-1）①

虽然社区居民对菜地很是不满，但他们并不会当众谴责菜农。为了阻止失地老人的种菜行为，社区居民采取的方式主要是向社区居委会反映，希望借助社区工作人员的力量使社区更加规范化。在社区居委会都无计可施的情况下，他们也只能抱怨自己当初的买房决定。

其次，包括卖菜在内的流动摊点影响了社区秩序，也会引起社区居民的不满。失地老人卖菜是为了赚取收益，而本身的经济情况使得他们必须控制成本。种菜的成本是不高的，他们只需花费几元到几十元的蔬菜种子钱和看护种植蔬菜的时间就可以了，但卖菜的话，如果在菜场内租个摊位，这个成本他们是承受不起的，所以他们选择在菜场外卖菜。而有些失地老人会在社区内摆摊，所从事的主要是以生活服务类的经济参与为主，如修车、卖小吃等。他们经常会把摊点设在人口集中的地方，如菜场、学校和公共马路旁边。社区摊点影响了社区环境，而且使本就拥挤的通道变得更加拥挤，因此，失地老人的行为也会引起社区居民的反感。

> 季某：每天接孩子的时候都堵。本来路上人就多，还有那么多人卖东西，占了很大的地方。还有啊，那些卖小吃的（摊贩）做的东西各种味道的都有，空气特别不好。感觉也很不卫生。（A11-4）②

---

① 2012年7月12日WS新苑实地访谈。访谈对象，黄某，女，WS新苑居民，43岁。
② 2012年7月12日WS新苑实地访谈。访谈对象，季某，女，WS新苑居民，35岁。

（二）与社区居委会的冲突

失地老人的种菜行为违反了社区管理规定，与社区工作人员之间存在着冲突。失地农民社区，是农村社区向城市社区转变的过渡形态。在社区职能上，失地农民社区不仅承载了农村社区的经济功能，它要负责集体经济的经营、管理及村民的分红，而且还肩负着城市社区的服务功能，满足社区居民从单位人向社会人转换带来的不断增长的社会需求；在社区文化上，失地农民社区不仅残存着农村社区文化，还有着向城市社区文化发展的契机①；在社区建设上，熟人社会的瓦解使失地农民社区认同和社区归属感下降，社区建设面临困难。从各方面来讲，失地农民社区居委会责任重大。他们要完成社区转变的任务，又要解决失地农民社区的各种问题，人员短缺和资金缺乏是社区管理的难题。

> 居委会陆某：我们这个村（社区）是 2004 年开始拆迁的，拆迁后的村民随项目被安置在不同的社区，但大部分还在我们这里。人员分散管理上就有难度了，有时候宣传政策啊、上门服务啊这些要多跑很多路的。从经济上讲，拆迁后村民分的集体福利少了，我们这里虽是郊区，但附近厂房很多，光一年的租金分红就不少，当然每个组分的不一样，多的嘛 3000 多元一个人，平均下来也要 1000 多元。拆迁后，地都征走了，剩下能租的分红也少了，有的组只能分到几百块。现在集体剩下的也不多。我们这个拆迁社区，大家都没有缴纳物业的习惯。原来在居民入住拆迁房前，拆迁安置费中已经扣除了居民两年的物业费，一般是 0.2 元/平方米，小区由物业公司来管理。但两年后，居民拒绝再支付物业费，物业公司只有撤离，改由我们社区居委会直接管理，管理费（仅为清洁费）由政府负担。但那些钱只够负责支付清洁人员工资的。什么绿化啊，草坪啊，没

---

① 汪萍：《失地农民社区重建何以可能》，《福建论坛》（人文社会科学版）2010 年第 12 期。

钱去买，就只能荒着了。（A17）

面对菜农的违规操作，社区工作人员表示无可奈何。在工作人员看来，失地农民并没有真正地融入到城市生活中，所以也不能按照城市人的标准要求他们，比如小区种菜。

> 居委会陆某：即使我们去做宣传，去阻止他们破坏环境，但老年人比较固执，听不进去的，菜还是一茬一茬地种。硬给它拔了吧，还不知道会闹成什么样的。我们也没有那么多的时间和人员去管。再说，就算全拔了，干净了，我们也没钱一年年地买草皮。（A17）①

由此，各样的蔬菜种植成为失地农民社区独有的风景线。

（三）与城管工作人员的冲突

在中国，流动摊贩多属私自经营，不仅影响市容市貌，还容易产生食品卫生问题。因此，各地对流动摊贩主要是禁止的。《江苏省城市市容和环境卫生管理条例》第十五条规定，任何单位和个人不得擅自占用道路、人行过街桥、人行地下过街通道、地铁通道，以及其他公共场地摆摊设点。经批准临时占用道路以及其他公共场地摆摊经营的，应当保持周围市容环境卫生、整洁②。流动摊贩没有固定场所，他们多占据马路、公共空间，为城市管理部门的管辖对象；而且大部分流动摊贩一般不在工商部门注册，无营业执照也不用纳税和接受检查，所以也是工商管理部门重点查处的对象，因此流动摊贩涉及城管和商管两边的管辖。

对于商管部门来讲，流动摊贩管理起来很有难度。他们无固定场所，无固定经营时间，经营持久性方面也很随意，"想干就干，说不

---

① 2012年8月6日Z社区居委会实地访谈。访谈对象，陆某，男，社区居委会主任，44岁。

② 《江苏省城市市容和环境卫生管理条例》，2010 - 11 - 30，宿迁政府网，http://www.suqian.gov.cn/sqapp/nrglIndex.action? messageID=ff8080812c96c646012c9c2bf98c1ca6。

第六章　失地老人个体摊贩型经济参与的行动策略

定哪天就不做了"。如果让这些流动摊贩注册拿证缴费，那么"流动摊贩办照做生意，后续监管如何操作"，"流动摊贩办了执照，没有固定的地址，去哪找他们年检？"① 所以即便2009年7月21日国务院法制办公布《个体工商户条例（征求意见稿）》，各方反对意见仍是很多，摊贩想的是成本加大，而工商部门考虑的则是管理的可行性问题。

而对于城管部门，与流动摊贩的关系已经非常紧张。城市空间的违规占用、城市污染、违规经营对城市居民生活的干扰等问题使流动摊贩的存在直接影响到城市的规划和管理，城管部门必须直接加以制止。但城管部门对此也是无可奈何，因为流动摊贩属商业行为，城管无法追究其商业责任直接取缔，只能是从经营地点着手，将其驱逐。于是出现了城管和流动摊贩间的"猫鼠游戏"。随着城管和流动摊贩间矛盾的激化，多次的过激行为的发生②使城管部门承受着较大社会压力，为了避免"暴力执法"的社会形象被标签化，城管人员在工作时多采取"眼不见为净"的态度草草了事。通往狼山有条大马路，笔者经常在那里与调查对象聊天，有一天调查对象不在，而城管的车子停在那里。笔者随即与城管工作人员攀谈了几句。

笔者：你知道这里有很多人卖香烛啊？

城管工作人员小王：知道。来过几次的。

笔者：那你来，他们就走了，这样管能有用吗？

城管工作人员小王：没用，但是也要管呢。我们就是不让他们在这里卖，至于到哪里去卖，那就不关我们的事了。到别的地方，有其他片的人去管。平时我们也就开车转转，赶他们走。今天估计要蹲点了，这几天上头有人要检查，我们要留在这里看

---

① 《流动摊贩或可登记成个体户　工商城管反应不一》，2009-07-23，中国新闻网，http://www.chinanews.com/gn/news/2009/07-23/1788253.shtml。

② 《城管与小贩　谁伤害了谁》，2013-06-05，南方周末，http://www.infzm.com/content/91212。

着。(A20)[①]

这样,在城管和商管的放任下,流动摊贩遂成为两者管理的"中空地带",他们的存在得以延续。

二 利益均沾:生存伦理下的"和合"策略

"生存伦理"是1976年美国著名社会学家詹姆斯·C. 斯科特在《农民的道义经济学:东南亚的反叛与生存》中提出的一个核心概念,它指的是"以生存为中心"的基本原则,而不是追求需求的满足和利益的最大化。在生存的前提下,"生存伦理"强调"安全第一",一切有损于生存的现象和风险都要规避。侵害他人利益,势必会遭到他人反对或打击报复,这违背了生存伦理的存在法则。但失地老人的摆摊卖东西确实会影响到周边的居民,为了减少"不安全"因素,失地老人采用"和合"的策略力图与周边达到和谐的状态。"和合"一词最早出自《国语》:"夏禹能单平水土,以品处庶类者也,商契能和合五教,以保于百姓者也。"后来,"和合"成为文化传承中的重要组成部分,寓意人与自然的和谐、人与社会的和谐、人与人的和谐。

(一) 与社区居民的资源共享

社区是失地老人生活的场所,社区居民是失地老人与外界接触最多的对象,也是他们最想构建和依靠的支持网络。虽然失地老人认为自己种菜没有影响到别人的生活,但毕竟公共用地不同于原先的自家土地,在小区内种菜然后拿去卖,这种行为有些占人便宜的意思。社区居民的反对原因虽然失地老人并不是很理解,但老年人也会从他们的态度中看出来。为了缓和矛盾,老年人会把自己的劳动成果送给他们,并且承诺"随便吃",以最淳朴的热情去感化周边的不满。在这样的气氛中,社区居民无力改变,也只能接受。

---

① 2012年8月7日马路口实地访谈。访谈对象,王某,男,城管工作人员,32岁。

> 秦某：有时我们在下面玩，一楼老太也会给我们些菜，说是吃不完的，有次还说，如果我们愿意种，她可以分点地给我们，还给我们菜种子。住得长了，熟悉了也习惯了，也就这样了。随他们吧。（A11－2）①

从最初的厌恶到接受，黄某对社区菜农表达出了最真切的感受。厌恶来自菜农对小区品质的降低和小区环境的破坏，接受则是在于对菜农的同情和别样的"共享"。小区居民态度的改变不仅在于自身感受的变化，还在于菜农出于生计的无害初衷和不断示好的争取。达成资源共享，是两者都希望实现的。

而社区居民对于菜农的谅解，还在于能就近买到绿色蔬菜。另外失地老人社区内的摊点方便了社区居民的日常生活，部分满足了他们的日常需求，能部分实现"双赢"。即便有时会占了公共便宜，"只要不是太过分"②，相近的居民还是能够给予理解。

> 杨某：没有他们好像也不行，就像修个锁啊修个自行车啊什么的，没有他们你到哪里去修。现在这种做动手活的越来越少了。原来小区里还有几个车库被租来做这些，但现在大多不见了，交了租金没什么钱了就。还是这些自己摆摊的方便，省了租金还可以到处跑。我也很喜欢小食品，我们小区有些老人做得好吃，自己做不来的。只要他们别太脏了，不要只管自己挣钱，不管人家打扫卫生的辛苦。（A11－3）③

（二）与菜贩的"和解"

失地老人在菜场外卖菜，不仅要受到城管人员的管制，还要随时

---

① 2012 年 7 月 12 日 WS 新苑实地访谈。访谈对象，秦某，女，WS 新苑居民，41 岁。
② 对于"过分"的界定，社区居民有自己的一套准则，就是不能影响到他人的正常生活。占马路不能占全部，要留给别人行走的空间，铺子往前扩建不能无节制，不能影响到他人的出行和活动。
③ 2012 年 7 月 12 日 WS 新苑实地访谈。访谈对象，杨某，女，WS 新苑居民，45 岁。

做好"撤离"的准备（这部分在流动摊贩部分具体阐述），而且他们的卖菜行为一定程度上损害了菜场内菜贩的利益，还会与菜贩产生矛盾。为了化解矛盾，达成"和解"，失地老人在以下几个方面做出了努力：

首先，与菜贩搞好关系。菜贩多是固定在社区菜场卖菜的，他们的居住场所也大多是在社区。这样，失地老人与菜贩在长期接触后渐为熟悉，也为与菜贩搞好关系提供了条件。菜贩整日忙碌在菜场，在生活其他事情方面难免会有些照顾不周，失地老人则很愿意提供帮助。对此，菜贩小王深有体会：

> 王某：我是山东的，夫妻两个都在菜场卖菜，家里有两个孩子都在附近上学，平时两个人互相照应还可以忙得过来。人都有急事吧。有一次我媳妇有事回老家了，剩下我一个人，又卖菜又带孩子。实在忙不过来的时候，我就找个点请吴大爷过来帮我照看照看。他就在我摊前卖菜，还挺熟的。要说人家这里的人真是勤快，都拆迁了还卖菜，还出来挣钱。看着是老人家，我也不和他计较抢不抢生意的事，都是挣钱，和气生财，况且我有时还要求人家帮忙呢！（A9）①

其次，向菜贩证明自己经济参与的意图。失地老人卖菜是为了改善生活，其经济来源并不是完全依赖卖菜收入，而菜贩则是以卖菜为谋生的手段，所以两者间并没有根本的竞争关系。而且失地老人的蔬菜数量少、卖菜时间短，这无疑为失地老人赢得了与菜贩们"和解"的可能性。失地老人卖菜不交摊位费，且卖的蔬菜价格虽贵却很畅销，这与菜贩的生意而言是一种威胁，但如果失地老人遵守他们卖菜的初衷，也会减轻菜贩的敌意，达成"和解"。所以，失地老人一方面恪守着菜农的本分，即以纯绿色自家种的蔬菜为招牌做买卖，不贩卖蔬菜以增加盈利；另一方面坚持公平交易，不在菜场外大声叫卖，

---

① 2012年7月6日WS公寓菜场实地访谈。访谈对象，王某，男，菜贩，46岁。

不诋毁菜贩，且卖完就离开，不扰乱菜场秩序。

（三）与同业者间的"合作"

虽然失地老人的工作性质使他们并不会在市场竞争中树敌太多，但他们的同质性背景决定了他们的市场参与方式和工作领域都有很大的类似性，这就存在着同行竞争问题。比如卖香烛，N市的香火很旺盛，每月初一、十五的集市上和各路神仙的祭拜日都是香火畅销的时候，马路边上就会多出很多卖香火的摊点。N市的狼山是著名的佛教名山，求神拜佛也很多，在狼山脚下常年都有很多的香烛摊点，而卖主多是失地老人。游摊不像店铺那样资金雄厚，它只能依靠不断移动和价格低廉的商品来谋利。如果摊点较多而且较为集中，那么势必会影响到买者的选择，失地老人间的竞争不可避免。

相似的身份背景、相似的利益诉求使失地老人在相互接触中团结互助，为了避免竞争，摊主们彼此"协商"各自的地盘"分段而治"。所谓"协商"不是事先商量，而是习惯性地占据某个地方，其他人不再涉足。

包某就经常站在去狼山必经之路的马路边上，这个位置是他经过几年的努力争取来的。在他周边还有几个人，大家都占据着自己的地盘，既相互照应，又互不侵犯。

> 包某：我在这里（卖香烛）有几年了。这里香火旺盛，香烛生意也不错的。不过我们这个不比人家店铺家大业大的，挣点是点吧。刚来的时候我的车子到处摆的，后来就固定到一个地方，每天就到这里来。其他人和我一样卖香烛的，他们也有自己固定的地方。哪天我没来，这地方也是给我空着的。（A14）[①]

不仅卖香烛的是这样分地盘，其他形式的小贩们也是如此，包括卖烧烤的、菜场外卖菜的等。划区域"自治"是流动摊贩的常规性

---

① 2012年7月19日在狼山脚下实地访谈。访谈对象，包某，男，流动摊贩（卖香烛），66岁。

做法，也是自动维持秩序的方式。在流动摊贩看来，他们的目的是争取营业的机会而不是独自发大财，他们最大的敌人是城管人员而不是竞争者。为了保住流动摊贩的饭碗，他们只有联合起来，共同进退，比如互通信息、共享资源等。而城管人员对流动摊贩的屡禁不止，一定程度上也受限于他们的相互团结。

在共同对抗城管方面，他们也能达成一致。如果是城管工作人员来了，他们会互相奔走相告，提早撤离。同样，如果城管的人走了，他们也会互相通气再回到原来地点继续做生意。所以就会出现这种情况，突然一下子街道马路上停靠的摊点全都不见了，菜市场门口也冷冷清清，但过不了多久，摊点又出现了，挽篮子卖菜的又排成了长队。在这种"你来我走，你走我来"的游戏中，相关部门也只能睁一只眼闭一只眼，听之任之。

三 群体性违规：失地老人的妥协与抗争

制度的制定本身是为了维护社会秩序。"制度一旦被人们创造出来，就会成为外在于人们的强大力量，并有助于人们理解他们所在的世界之意义，以及他们的行为在他们世界中的意义。"① 因此，制度产生秩序，规范人们的权力、权利和义务，并对违反者给予惩戒，"法律背景下的国家制度区别于习惯与风俗的重要特征在于它预设了'一群执行人员'的存在，如果有些行动偏离了预先确定的轨迹，他们就会使用'身体的或心理的强制'"②。但制度仍有别于法律，在于制度的规约而非敌对。为了制止失地老人的违规行为，社区管理者和城管人员会不时地检查、不断地加强监管力度，城管部门有时还会没收摊贩的经营东西或处以罚款。当面临这些压力时，失地老人会以群体力量相抗衡，或妥协或抗争。

---

① [美]约翰·L. 坎贝尔：《制度变迁与全球化》，姚伟译，上海人民出版社2010年版，第5页。
② [德]马克斯·韦伯：《经济与社会》（上卷），林荣远译，商务印书馆1997年版，第29—31页。

（一）与社区管理者的"配合"

失地农民社区失地老人众多，种菜已经不是单个现象。在社区工作人员面前，失地老人以"规模"应对，相互推脱虚与委蛇。

> 季某：你看我们这片都是菜地。我只是其中的一块。他们（社区工作人员）来了，说让把菜铲了。我就说，别家的铲我就铲，要铲大家一起铲。凭什么只针对我这一家啊。最后还不是不了了之。他们不可能天天在这看着我们，还有，也不是每个人都那么听话。总有不听的，其他人不就跟着又种上了嘛！（A8）①

在这种情形下，社区工作人员表示工作难度很大。而且失地农民社区事务繁多，社区工作人员无暇顾及菜农在小区内的行为。只有在小区居民投诉或社区要进行检查的时候，社区工作人员才会到小区内，劝告菜农将菜地"整理干净"。对于这些菜农，社区工作人员很是无奈。

> 居委会陆某：我们也没办法，他们不交物业费，我们也没有那么多的资金去买这些花花草草，绿化确实很难做到位。况且，我们也不能时时在这盯着啊，社区里事情太多了，忙不过来。他们种了菜，你能硬拔吗？不行，都是老人种的，万一闹出个三长两短的，我们不好收拾。实在没办法的话，也就只能好声好气地劝他们，不要种了，就当支持我们工作了。（A17）②

在与社区工作人员不断的接触中，失地老人会感觉到事情的严重性，他们也慢慢知道"这不比农村了，这不让种"。在社区工作人员来阻止的时候，实在拗不过去了，他们会选择遵从工作人员的要求。

---

① 2012年7月6日WS新苑实地访谈。访谈对象，季某，男，菜农，73岁。
② 2012年8月6日Z社区居委会实地访谈。访谈对象，陆某，男，社区居委会主任，44岁。

但在草地荒着的时候,失地老人还是忍不住就播种了。

(二) 以情动人

在与城管交涉的过程中,失地老人首先会把自己经济参与的难处讲给他们以博取同情和怜悯。"怜悯是人类最普遍最有益的一种美德,它在人类能运用任何思考以前就存在着。正是这种情感,使我们不假思索地去援救我们所见的受苦的人,正是这种情感,在自然状态中代替着法律、风俗和道德,而且这种情感还有一个优点,就是没有一个人企图抗拒它那温柔的声音。"① 老人总是弱势群体,况且他们的经济参与并没有损害到其他人的直接利益,罪不当诛。何况流动摊贩来来去去,不止是他们,即便惩处了,流动摊点也不会彻底消失。而且一家被抓,其他的几家会围攻而陈情,或动之以情或晓之以理,言之凿凿。或是怜悯也好或是惧于群体力量也好,一般情况下城管工作人员会放弃处罚,严肃地告诫几声然后让老人离开。

(三) 以暴力相向

如果城管人员执意执法,那失地老人言语的陈词也会由温婉变为激动,甚至暴力相向。在老人的意识中,城管的行为明摆着是"不让人活了",在这种意识支配下,老人的行为会超出自身控制,他们会无意识地去抢夺将要被没收的东西,或把自己的钱包藏在身上,"你要拿就来我身上拿"。其他失地老人同样会被感染和激怒,夹杂着对社会的不满情绪,整个场面会很难控制。在城管与小贩的对峙中,舆论的天平总是先倾向小贩,何况小贩还是老人。失地老人的对抗同样会引来周围人的支持,从话语支持到行动支持,这就是群体性利他行为。② 暴力性事件一触即发,在这种情况下,一般以城管人员的退出为事情的结尾。但对失地老人也不是毫无影响,他们会更加注意避免类似的事情发生,毕竟这有可能会让自己利益受损,而且自己总归是"理亏"的。

---

① [法]卢梭:《论人类不平等的起源和基础》,李常山译,商务印书馆1962年版,第100—103页。

② 朱荟:《冷漠与支持:情境空间视角下的群体性利他行为》,《华中科技大学学报》(社会科学版) 2011年第5期。

第六章　失地老人个体摊贩型经济参与的行动策略

城管工作人员小王给笔者讲了好几个案例，列举其中一例：

朱某是个失地农民，67 岁了，在小区门口停车卖烤红薯。有好几次我们都抓了他现行，但没把他怎么样，告诉他别再卖了，影响人家小区形象。有一次，市里搞突击检查，一定要清理干净，又把他给逮住了。我们接到的会议通知精神是要严厉惩处一下小贩子，以儆效尤吧。我想，既然有这精神，那就执行呗。好家伙，我刚说要没收他那车，他老就急了，说，你让不让人活了还，我碍着谁了，没偷没抢靠自己吃饭还不行了。这家伙一喊，围过来好多人。本来是他无照经营，反倒成我们不是了，围观的人啊，一个个都说我们不通情理啦，不为民生啦，凶的，恨不得把我们给吃了。我想，这下玩完了，要挨揍了吧。我就没说话。后来有个人说，你就放他走吧先，老人也不容易。我就顺势下了台阶，说，不是我难为你，是我们领导讲了要严格执行城市管理条例，今天看你是个老人家，就先让你走，这几天你就别出来了，查得紧呢，别回头你真被没收了，那也是应该的。那老人就走了，临走还千谢万谢的，和刚才那劲儿完全不同。我们这工作真是吃力不讨好。网上不是经常报道城管被打吗，我们同事就经常说，要学会保护自己，给他人生路就是给自己生路。我们的工作就是你追他赶，你来他走。至于小贩走到哪，归哪的人管，互不得罪。(A20)[①]

小王代表的是城管工作者群体，他们对流动摊贩采取的是"多一事不如少一事"的方式。对于流动摊贩，管理者所做的多是驱赶而不是彻底根除，而且他们自己也认为，流动摊贩是不可能完全制止的，毕竟这是市场需求所致。

---

① 2012 年 8 月 7 日马路口实地访谈。访谈对象，王某，男，城管工作人员，32 岁。

第七章　失地老人劳务雇佣型经济参与的行动策略

本章以"失地老人劳务雇佣型经济参与的行动策略"为主要内容，在对失地老人劳务雇佣型经济参与的特征、经济参与形式分析的基础上，重点研究在临时工、正式工的行动场域中管理者、同事、失地老人间是如何互动的，进而从中探求失地老人在劳务雇佣型经济参与中所采用的行动策略。日常生活实践既有延续往常的一面，同时也有自我突破的一面。在失地老人经济参与行动中，临时工、正式工等形式的劳务雇佣型经济参与就是失地老人主动适应城市生活、自我突破的具体表现。劳务雇佣型经济参与对于失地老人而言，相比较个体摊贩型经济参与，既陌生又有就业年龄和岗位门槛限制，故而在行动策略实施方面相对艰难。

第一节　劳务雇佣型经济参与的特征

劳务雇佣型经济参与指的是失地老人在经济参与行动中有与之建立劳务关系的所属部门，失地老人在规定时间内完成劳务部门要求的工作并从中领取报酬。劳务雇佣型经济参与有管理部门、有相对固定的工作时间和工作地点、有严格工作绩效考核，这种参与是集体性的，需要多数人一起做才能完成。

一　人群特征
（一）以低龄失地老人为主

劳务雇佣型经济参与有管理部门的监督和检查，需要在规定时间内完成规定的工作量,所以这种经济活动对失地老人的体力有一定要求。而招工者在"破格"招收老年职工时也会特别强调"不要年龄太大的",怕"万一他们干活的时候出点什么事,那还得了"。在调查中发现,劳务雇佣型经济参与的失地老人以低龄老人为主,年龄集中在60—65岁。

(二)社会交往能力较强

劳务雇佣型经济参与是建立在业缘基础上的分工式工作方式,它不同于建立在血缘地缘基础上的独立、个体的土地耕种。因此,劳务雇佣型经济参与失地老人的社会交往就有了与原先熟人社会交往中不一样的特点。一方面,劳务雇佣型经济参与的社会交往建立在分工合作基础上,双方间有着各自的利益诉求甚至冲突;另一方面,劳务雇佣型经济参与是一种集体行动,每个人都需理性地厘清各方关系和各方职责,从而接受一定的规则限定和工作效率评估。另外,从交往范围上,劳务雇佣型经济参与的交往范围已经超出了失地老人原先的熟人关系网络,而延伸到单位管理者和同事;从交往性质上看,劳务雇佣型经济参与多是异质性社会交往,而不是原先乡村中的同质交往。所以,从事劳务雇佣型经济参与的失地老人的社会交往更复杂、更多样化,从而也就对失地老人的社会交往能力提出了要求,换句话讲,能够从事劳务雇佣型经济参与的失地老人,其社会交往能力都是较强的。

(三)有一定的社会资本量

受到体力智力条件限制的失地老人,在老年就业限制的市场经济条件下,想要找到一份适合自己的工作是非常不易的。这不仅取决于失地老人的就业意愿,还在于他有没有相关方面的就业信息和就业渠道,而这就涉及失地老人的社会资本量。社会资本指的是"在市场中期望得到回报的社会关系投资,是在目的性行动中被获取的和/或被动员的、嵌入在社会结构中的资源"[1]。"在社会网络中,直接和间接互动的行动者拥有不同类型的资源。其中一些资源为他们个人所拥有

---

[1] [美]林南:《社会资本》,张磊译,人民出版社2005年版,第28页。

（如个人资源或人力资本），但是大多数资源嵌入在每个行动者都联系的他人中，或者嵌入在每一个行动者都占据或联系的结构位置中"①，这些异质资源可以帮助失地老人获得工作性参与的就业信息。也就是说，能够从事劳务雇佣型经济参与的失地老人必须拥有一定的社会资本量，不仅包括同质性的熟人社会关系网络还包括异质性的社会关系。

二 关系介绍与年龄"掩饰"：经济参与的进入途径

在中国，年龄的制度障碍限制了失地老人的就业。据统计，城镇老年人群寻找工作的方法主要是委托亲友而不是相关的职业介绍部门，通过职业介绍找工作的比例只有24.1%。② 与城镇老年人不同，失地老人根本就没有依靠职业介绍找工作的观念，他们认为"找事做"是自己的事，但需要动用"关系"，找人帮忙才行。

（一）关系介绍

失地老人动用的"关系"既包括自己的熟人关系网络，也包括社区居委会的主动帮忙。

首先，熟人关系介绍工作。拆迁安置的制度实施较大程度上保留了失地老人的熟人关系网络，每个个人都是社会中的人，不可避免地要与他人发生互动关系。个体资源有限，失地老人进入劳动力市场也需依托相应的社会关系，如亲戚和朋友。因体力和能力的限制，失地老人寻找的工作多为勤杂类和服务类工作，而"同质性互动"③ 中的社会关系所能提供的帮助包括信息提供、职业介绍等恰恰能满足他们的需求，所以，失地老人中通过社会关系找到工作也占相当一部分，且以正式工作为主。胡某是正式工作中的一员。能够在商场中找到工作是非常不容易的。在找工作过程中，胡某动用了各种资源，年龄上作假、熟人介绍、关系照顾等因素都有。

---

① ［美］林南：《社会资本》，张磊译，人民出版社2005年版，第73页。
② 国家统计局人口和就业财务司、劳动和社会保障部规划财务司：《中国劳动统计年鉴》（2004）。
③ 同上书，第46页。

第七章　失地老人劳务雇佣型经济参与的行动策略　　169

　　胡某：当时找这个工作也还是费了些周折的。一来我不知道人家哪里招人，二来我这样的，没有干过这个，也就是没有工作经验了，人家也不会要我。幸好我媳妇的一个同事家属是这个单位的主任，我就通过他们找了进来。刚来工作的时候，单位领导特别嘱咐，要认真做事。他们平常不招老年人的，因为找了关系我才能进来，要我好好把握。（A19）①

其次，社区居委会介绍工作。社区居委会对社区居民是比较了解的，所以他们可以根据各家的实际情况相应地给予必要帮助。但社区居委会提供的工作相对有限，而且主动到居委会寻求帮助的也不多，一般都是社区联系好了再征询他们的意见。一般来讲社区居委会介绍的工作都是失地老人能够胜任的。社区居委会的陆某讲到，他曾为社区内的老人接过一个项目，但实施过程困难重重。

　　居委会陆某：我们对于社区内老人工作还是很支持的，一可以增加收入，二也可以让他们生活充实。我原来的时候接到这样一个活，就是做些手工，用棉线将卡通图片缝到布片上。这还是个大单，人家要的很多。当时我就找了很多人，当然是各个介绍的都有。但也费了不少事，有时找来的人要么不会要么眼神不好。我们就对这些人进行些培训，最后是费了很大劲，还好，做下来了。（A17）②

另外，在找工作时，相互间的影响也是很大的。"对任何一个自我来说，我不仅能够把任何一个他人经验为一个他人，而且我还能够把他经验为是与他自己的他人相关的，以及也许可以通过一种可重复地设想到的媒介而同时把他经验为是与我自己相关的。"③ 失地老人

---

① 2012年8月7日HT小区实地访谈。访谈对象，胡某，女，商场保洁员，63岁。
② 2012年8月6日Z社区居委会实地访谈。访谈对象，陆某，男，社区居委会主任，44岁。
③ 杨金华：《走向主体间性的理解》，博士学位论文，华中科技大学，2007年，第95页。

群体共同经历了生产生活方式的转变，而且他们的个人生活经历和个人禀赋差异性不大，因此，当他们看到其他老年人准备或正在工作时，也会唤起他们的工作欲望。正是这种主体间的仿效作用，使N市Z社区失地老人的经济参与整体氛围特别浓厚。

（二）年龄"掩饰"

就调查分析，失地老人突破年龄边界的方法主要有如下两种：

首先是多选择竞争力小而需求大的工作。失地老人不同于那些有知识有技术的城市老人，他们很清楚自己的就业取向。所以在工作选择上很有针对性，主要是强度不大的体力工作，如环保类、保卫类等。这些工作对工作人员没有太多要求，所以工资不是很高，但需求量很大。随着商品房市场的不断开发建设，越来越多的小区绿化要求越来越高，对小区服务人员的需求量也与日俱增，小区已经成为吸纳就业人员的重要场所。环保类、保卫类工作也是城市化建设中不断增多的公共场所、娱乐场所的必需。

但工作人员市场供给却是不足的。一方面，工作所属社会地位较低。社会分层理论认为，人们对地位、财富、工作收入等社会资源的不均等占有，使社会成员被区分为高低有序的不同等级和层次。在中国社会科学院"当代中国社会阶层结构研究"课题组的调研分类中，商业类服务人员与农业生产者、城市失业人员同为社会最底层。而从占有资源和发展前景看，诸如环保类、保卫类工作却又缺乏社会流动的资源。另一方面，工作待遇不高。在笔者调查的几个小区，保洁员与车库管理员的工资待遇是每月800—1000元，视工作效果而定，草坪修剪工是每次200元，商场保洁员是每月1500元。在商场，工作环境更体面些，且工作发展的机会相对较大，所以在招工时能吸引到一些年轻人，但这种工作对年龄限制较严，老人一般很难进入。居民小区相对而言，不论工作环境还是工作待遇都很难使年轻人动心，所以很多小区物业退而求其次，在招工时会有意放宽年龄限制，从而为失地老人提供了工作的机会。失地老人受相关招聘部门欢迎的原因，一方面是广大老年群体工作勤恳，任劳任怨；另一方面是这些群体流动性不大，管理起来方便，薪资也可以适当降低，从而节省成本。

N 市自 2009 年起城市化步伐加快，大面积征地拆迁的同时新建了许多的商品房居民小区，小区就业吸纳了很多附近的失地农民，熟人关系网络的扩展也为失地老人的就业提供了便利渠道。

> 物业部门张某：我们这里招人，按规定超过 50 岁就不要了。但在实际工作中，你也知道，在小区里做事，没有几个人愿意。现在的年轻人挑剔得很，宁愿在家待着，也不愿做这个，嫌丢人赚不到钱。小区里又少不了人，没办法，我们就招了些年纪稍大点的。他们主要是熟人介绍来的，附近拆迁的，在家闲着没事，我也不好回绝，就收下了。所以就目前而言，60 岁以上的有好几个呢。还好，这些个老人吧，劳动惯了，肯干也勤快，我也就让他们干着了。(B5)①

其次，隐瞒年龄，获得工作资格。既然年龄是个限制因素，那么调整了年龄，不就可以工作了？人们生活水平的提高和对自身的健康保养，使人们的面目年龄远低于实际年龄，这样在工作招聘时将年龄报低些，招聘人员是看不出来的。谎报年龄有一定风险，如果招聘人员要求出示身份证，那么这个做法是不可行的。但通常在失地老人招聘中，这样的情况很少，一方面是因为他们招聘的工作多为保洁、环卫类的工作，工作位卑事小，而且没有正式编制，没必要查得那么严谨；另一方面则是他们应聘的单位，多为小区物业类的私营企业，待遇不高，对职工的要求也不高。在多数情况下失地老人寻找工作都是熟人帮忙介绍，即便知道他们的实际年龄，单位也不会太计较。

三　向新：失地老人的心理分析

劳务雇佣型经济参与的单位性、集体性是一种基于业缘关系上具有城市性的工作，其与土地耕种的个体性、自由性相去甚远，失地老

---

① 2013 年 5 月 6 日 ZN 小区物业管理委员会实地访谈。访谈对象，张某，女，物业部门管理人员，38 岁。

人选择从事劳务雇佣型经济参与,代表了他们在心理上已经接受了或者正在努力适应城市的生产方式。

(一) 对城市生活的向往

随着市场经济对农村的卷入以及大众传媒日常生活的浸染,农村的生活已不是封闭的、单一的传统状态。无数的农村务工人员频繁地出入于城市和农村之间,他们成为拉近城乡距离的一条条"纤绳"。郊区的失地老人见证了城市化的进程,见证了"村改居"后的转变,并且近距离地看到了城市人的生活。他们有感于城市老人的物质保障,更羡慕城市老人的精神生活。在两相对比中,失地老人会不自觉地模仿城市老人的行为方式和思维方式,会不自觉地向城市老人靠拢。刘某坚持说自己是个农村人,但在言谈举止间已经流露出她的改变:

> 刘某:从2009年拆迁到现在已经有3个年头了,时间过得真快!一辈子种地的现在反而上班了,像是跟做梦样的。现在感觉比以前更忙了,但有规律多了,什么时候上班,什么时候下班,都有时间点的。天天干什么也都知道,不像原来似的瞎忙。我在这个居委会的工作是居委会找我来做的,工作很简单,就是负责把这里的3间办公室加上外面的那个"便民服务中心"打扫干净。在这里工作,每天看着他们办公,也见识到不少东西,原来都不知道的。有时空下来也经常会参加他们组织的活动,跳跳舞了爬爬山了。感觉挺好的。(B3)[①]

(二) 向市民化转变的主动性

农民市民化是城市化的主要目标,也是广大农民多年来的希望。但在城市化进程中,制度安排下的农民出现了"被市民化"的倾向,农民的经济理性被忽略、身份政治被遗忘、日常生活结构被

[①] 2013年5月5日Z社区居委会实地访谈。访谈对象,刘某,女,居委会的保洁员,62岁。

破坏。① 这种被市民化忽视了农民市民化的真正含义是农民角色、思想观念、行为模式和生产生活方式的转变，而不仅仅是职业的非农化和人口的城市化。农民市民化需要农民主体的自觉转变。

劳务雇佣型经济参与是建立在业缘关系上的经济活动，它有单位管辖，有效率评估，有集体的分工合作，因此它代表的是一种城市的生产方式和社会交往方式。失地老人选择从事此类的经济参与，说明他们在心里对城市生活比较向往，愿意适应城市新生活的改变，并可以主动地向城市市民的生产生活方式靠拢。

（三）个体独立性较强

从事劳务雇佣型经济参与的失地老人个体独立性较强，这是由其工作性质所决定的。

首先，劳务雇佣型经济参与工作时间相对固定，需要失地老人的时间能自主。比如正式工作中的保洁员，单位规定的上下班时间是非常明确的，任何人都必须遵守。即便临时工的工作是临时的，一旦确定了工作任务，则必须在规定时间内完成。

其次，正式工作只要在工作时间，其他的与工作无关的事情是不能做的，这要求失地老人个体能自主。也就是说，失地老人可以很好地处理好自己的"私事"，使其不会影响到工作。一般来讲，老人的"私事"分很多种，自己的、配偶的、儿女的等，其中儿女的事情居多，包括照顾子女生活、照顾孙辈等。如果想要坚持工作性参与，失地老人必须将这些"私事"划分界限，哪些必须做，哪些可以放弃。

第二节　劳务雇佣型经济参与的形式

一　集体承包项目中的临时工

集体承包项目指的是通过项目承包的方式集中一些人来完成，主管方只需找一个承包人将项目分配下去，在规定的时间内完成，他们

---

① 文军：《"被市民化"及其问题》，《华东师范大学学报》（社会科学版）2012年第4期。

并不关心具体会有哪些人来参与，所以在这种情况下，失地老人可以争取加入，通过熟人介绍成为该项目的临时工。从 Z 社区失地老人经济参与的情况看，这种临时工作主要有两类：

第一，社区外包业务。为了减少生产成本，有些厂家会把一些产品制作业务或半成品加工业务承包出去，以项目总计或按件计酬的方式让厂外人员来完成。Z 社区居委会为了提高失地老人的收入水平，在尽可能的情况下为老年人争取到一些有可能完成的业务，比如缝制绒娃娃、在衣服上绣图案等，这些工作操作简单，基本上老年人都能胜任，而且为了方便老年人穿针引线，商品上所需的都是大线条的图案。但这种外包业务也不是经常有的，这和社区居委会与相关企业的关系以及企业的经营项目有很大关联。

第二，单位绿化外包业务。随着人们对生活、工作环境要求的不断提高，绿化的维持成为单位承担的一项持久任务。绿化工作主要是定期清除杂草、草地浇水和新旧草坪的更换。这些工作琐碎但工作量大，需要集合部分人才能完成。为了省去招工的烦恼和节约工作成本，单位一般是将这些业务承包出去，由承包人自己组织人员安排时间完成任务。绿化维护属于一种轻体力劳动，一般老年人都能承受。

二　不同形式的"正式工"

这里的正式工是相对临时工而言的。失地老人所从事的正式工作是一种另类的劳务雇佣型经济参与，他有正规单位管辖，但与单位签订的不是正式的劳动合同而是劳动协议；他受单位规章制度约束，却没有享受单位职工的保险保障待遇。相比临时工，失地老人从事的正式工作比较固定，每天做的事情都是预先安排好的，劳动协议上的工作期限多为半年，但也没有严格规定，只要工作满一个月，就可以领一个月的工资。正式工作对工作者提出了工作要求（如体能、技能）和时间要求，并有比较严格的规章制度和工作规范。因此，对正式工作的需求程度及是否胜任取决于失地老人以往的工作经历、个人身体状况、时间分配等因素，尤其是个人健康和时间问题。访谈对象中参加正式工作的失地老人只有 7 个人，另有一些人放弃是因为不能接受

第七章　失地老人劳务雇佣型经济参与的行动策略　175

固定的工作时间。具体来讲，失地老人的正式工作主要有以下几种：

第一，保洁员。保洁员，顾名思义，就是负责清洁工作的人员。他们中多半是女性，工作的场所有社区居委会、超市、居民小区等。Z社区居委会占地面积500多平方米，有办公大厅、警务室、活动室、图书室、慈善超市等不同区域，现负责打扫清理的有1个人，他们按时间轮班上岗。一般来讲，社区居委会的清洁卫生工作都会优先让给本社区内部有工作需求的居民。但到其他地方上班则要靠自己去找。在Z社区旁边有个大型商业购物中心ZHC，集餐饮、娱乐、超市于一体，保洁员工作岗位较多。失地老人有2个人在此上班，她只负责某一层楼的一部分，平常工作不累，但时间要求比较严格。另有1个人在Z社区附近的居民小区上班，负责某个楼道的清理工作。保洁工作是个体力活，需要扫扫拖拖，不管是在社区居委会还是购物中心或者居民小区，集中打扫的时间多是在早上7点到8点（也就是赶在别人上班前），下午5点到6点（别人下班后）和晚上9点到10点（购物中心关门前），中间空当要求保洁员负责自己区域内的清洁，比如哪里脏了要及时清理。他们只负责某一固定区域，所以工作并不是很辛苦。况且如果在购物中心上班的话，里面的环境还是比较舒适的。但工作时间一般较长，居委会和小区是从早上7点上班一直到晚上6点下班，购物中心则是半天制，从早上7点到中午12点，中午12点到晚上6点，晚上6点到10点，工作时间内需要保洁员随时待命。尽管如此，保洁员的工作还是很受失地老人的欢迎的，因为工作地点多在人多集中的地方，他们工作起来也不觉得孤单寂寞。

第二，草坪修剪工。随着城市绿化要求的不断提高，草坪修剪工成了一个正式的职业，他们不仅负责将灌木类植物修剪工整还要负责地面草地的修剪。草坪修剪有一定周期，所以草坪修剪工可以同时受雇于几个单位。草坪修剪的工作时间较为灵活，但需要一定的技术和体力，所以从事这种工作的人一般男性较多。失地老人中有1个人在做这种工作。

第三，车库管理人员。调查中发现失地老人中有2个人在做车库管理员的工作，工作人员多是男性，工作时间分白天班和晚上班轮班制，工作时间为 12 小时。在车库做管理人员，只负责看车，对老年人来讲是个不错的选择，它不需要花太多的精力，但一般工作时间较长，也比较枯燥乏味。

第三节　劳务雇佣型经济参与的行动策略：管理者—同事—失地老人的互动

一　老骥伏枥还是抢工作：不同主体的思考方式

有管理单位管辖、有时间要求、有效率要求的劳务雇佣型经济参与对于散漫自由惯了的失地老人而言，适应起来有一定的难度。而且，在"供养"的老年观念下，失地老人参加工作会使人产生不同的想法。

失地老人经济参与是为了争取对自己更有利的养老环境，但在劳务雇佣型经济参与实施中，他们也会对自己抉择产生怀疑和犹豫。首先，劳务雇佣型经济参与对老人工作时间的要求比较严格，一般的正式工作都有明确的上下班的规定。固定的工作时间，对失地老人来讲，有两个问题需要考虑：一是自身的体力能不能承受。二是工作时间会不会影响到家庭照顾。其次，老人能不能胜任争取到的正式工作，也会引起主管者和同事们的质疑。所以，失地老人忧虑表现在：

第一，与自我的利益冲突。失地老人通过各种渠道找到的工作，一般都是经过深思熟虑且认为自己能胜任的。但事实上，不管是临时工作还是正式工作的艰辛远远超出失地老人的想象，他们要接受管理，听从指挥，要遵从工作规定，稍不留意还会挨批评。这对于之前松散惯了的失地老人而言，适应工作环境比较困难。在商场当保洁员的田某在访谈时感慨颇多。

> 田某：刚来的时候真是不适应。感觉自己像个佣人，这么大把年纪还挨训，被那么大点的孩子训，真是觉得老脸没处去了。有的时候就想，我这么做到底值不值得，吃糠咽菜的日子也过过，现在总归比原来的生活好，为什么还来受这份罪。犹豫了很

久，后来好不容易才坚持下来。（B8）①

田某表示，虽然自己在之前考虑过辞职，但工作来之不易就坚持下来了，况且正式工作收入有保障。在失地老人访谈中，只有少数失地老人愿意从事正式工作，其原因有两个，一是正式工作比较难进入，二是正式工作受的约束比较多。作为正式工，老人首先需要面对的就是自身的感受，到底值不值得坚持。至于体力的问题，失地老人从事的不管是保洁员还是草坪修剪工，都是对体力要求不高的，失地前土地耕种的经历为他们的劳务雇佣型经济参与提供了身体保障。

第二，与家庭的利益冲突。现代社会中职业妇女的普遍出现使得家庭照料成为夫妻双方工作与职业间很难掌控的平衡点，而在对小孩子的抚育上，"家庭支持网络应对单位制的解体，夫妻双系的父母帮助成为最主要的力量"②。但劳务雇佣型经济参与中对工作时间的要求使得失地老人在工作参与和家庭照顾间不能同时兼顾。当家庭需要失地老人而失地老人又因工作不能及时到位时，家庭矛盾就会产生。孙某对此深有体会：

> 孙某：有次孩子生病，一般我们是不需要老人看的。但那次我们班上有事实在走不开，就给我妈打电话，她当时正在上班（小区保洁），没有接电话。当时情况你也想得到了。我妈回来后，我就顶了她几句。其实我不反对她去上班，没事的时候出去下还行，真有事了你说上那个班有什么用啊。钱挣不到几个，要紧的时候还不见人影。（B7）③

第三，与单位的利益冲突。能不能胜任工作是单位考核员工的一

---

① 2013年7月16日ZN百货商场实地访谈。访谈对象，田某，女，商场保洁员，63岁。
② 佟新：《就业与家庭照顾间的平衡》，《学海》2013年第2期。
③ 2013年7月15日WS花苑实地访谈。访谈对象，孙某，男，失地老人子女，38岁。

个方面。不管失地老人是通过什么关系找到的工作，他们都要接受单位的考核。对于单位管理者来说，对老年职工工作能力的怀疑，可能使得他们对老年职工更加关注，从而也使得失地老人受到的监管更加严格。而与失地老人一起工作的同事，看着比自己年龄大的老人做着与自己一样的事情，"心里或许也会觉得不舒服，总觉得自己吃亏了，多干了事情"。胡某在超市做保洁，和她一起的有几个人，年龄都比她小，平日里对胡某不错，但有时候也会开玩笑地说胡某的任务她们代做了不少。所以胡某也会觉得很委屈，自己没少做，为什么还是得不到别人的认可。

> 胡某：平时超市9点上班，我都是准时到的。超市晚上10点半关门，我也会坚持到最后。这里的清洁工作我觉得自己做得还是不错的，至少不会比别人差吧。像那个厕所，轮到我打扫的时候，我都是挨着个地去拖的。但有些年轻的就觉得，和我赚一样的钱，有点亏。一开始我会觉得很不舒服，他们这种想法是不对的，挺伤人，后来也不管了，自己干自己的，不管别人了。超市上班挺好的，平时有什么打折的、便宜的东西，自己可以抽空买下来，能省不少钱呢！（B9）①

二 拒绝"搭便车"：对失地老人的别样考核

"搭便车"理论首先由美国经济学家曼柯·奥尔逊于1965年发表的《集体行动的逻辑：公共利益和团体理论》一书中提出的。"搭便车"是指在团队生产中，由于团队成员的个人贡献与所得报酬没有明确的对应关系，每个成员都有减少自己的成本支出而坐享他人劳动成果的机会主义倾向。在临时工场域，由于缺乏相应的管理和考核机制，"搭便车"现象很容易出现。

（一）"搭便车"现象的出现

参与临时工作的失地老人都是被临时召集起来的，他们相互间有

---

① 2013年7月16日ZN超市实地访谈。访谈对象，胡某，女，超市保洁员，62岁。

熟悉的也有陌生的。临时工作的信息提供者与人员召集者可能并不是同一个人，但召集者一定是负责任务完成的责任人，他负责按照任务要求完成的质量和时间召集工作人员，并负责管理和监督工作过程以及发放薪金。召集者不需要太多的管理才能，而且临时工作也没有太多的规章制度，他们只要将任务完成即可。这样，在临时工作中没有具体规定，也没有将任务细化到个人，所以在工作中就难免会出现个人做的多少的问题。失地老人动手能力有区别，有的人手脚快，有的人手脚慢，那么他们完成的工作就会有多有少。但临时工作大部分是很难单独考核的，如果说缝制衣服上的图案，一件衣服一个图案，老人做的多少可以通过计件的方式清楚地比较，而像清理草坪之类的工作就很难进行考核。这种情况下，"搭便车"的现象就会出现。

虽然老人家都比较熟悉，对那些"搭便车"者不会太计较，但几次合作下来难免会产生些抱怨，尤其是在辛苦劳作之后。看到自己累得气喘吁吁，而有的人还在拖沓着保存体力，老人的不满情绪就会产生。一般来讲"搭便车"现象会带给工作不良影响，首先，它会打击老人工作积极性，影响工作效率和工作质量，其次，它会引发更多的"搭便车"者。老吴参加过几次草坪清理工作，她对"搭便车"者意见很大。

> 吴某：我今年67岁了，在我们干活的那群人里年龄不算最大的，但也居上位。我干活从来不偷懒，大家找个活干不容易嘛。但总有那么几个人，比我年龄小，却还哼哼哈哈的，每次都比别人做的少。钱却不少拿。碍着面子，大家都一样的。我就觉得有点不舒服，一次两次（偷懒）还行，每次都这样的话，你不是拿别人当傻瓜嘛。再说，谁不会偷懒呢，你会我也会啊。大家都看在眼里的。这种风气不好，会影响到工作心情。（B11）①

---

① 2013年7月20日NT大学操场实地访谈。访谈对象，吴某，女，临时工作者（草坪清理工），67岁。

尽管对偷懒的人有点不满，吴某最后还是说到，对别人不能太苛刻，毕竟大家都是老人，相互体谅也是必要的。

（二）拒绝"搭便车"

失地老人从事的临时工的工作多属于集体行动，这些工作不是一个人能完成的，所以在临时工场域，失地老人面临着要召集动员其他人共同参与的问题。比如社区介绍的很多工作都是需要集体完成的，如很多件的手工半成品要定期完成、附近学校草地的清理、附近公共场所的打扫等，这些工作是不定期的，只要单位有需要社区就可以安排人员，但完成时间有规定，所以它需要很多人一起做才能把活揽下来，这就叫"有钱大家一起赚，没人谁也赚不了"。所以即便集体工作中存在"搭便车"的人，其他老人如老吴也认为可以容忍。但为了提高工作效率，调动大家的积极性，失地老人想出了一些特殊的绩效考核的办法。

第一，关系连坐。失地老人通过各种关系介绍得到临时工作的机会，他们中很多都是一带一，也就是一个人介绍另一个人甚至几个人。关系连坐指的就是介绍工作的人和被介绍到工作的人有过错一起承受。在中国人情社会中，尤其是在熟悉的人面前，当面的批评很难被人接受，且不一定会取得正向的效果。但如果将其过错联系到另一个人——尤其是对自己有帮助的人身上，那么犯错的人就会觉得很内疚，对自己的言行举止也会更加谨小慎微。

关系连坐实质上就是一种以人情牵制人情的方法。在中国，"人情债"是很难还的，因为它无法用金钱来衡量。因自己而受累于别人，其实就是欠了别人的人情。

> 钱某：我们这个活多半是你介绍完我介绍你这样来的，像是一条绳上的蚂蚱，大家都拴一块呢。你说，别人介绍你过来，你不好好干，在这偷懒，这不是打人家的脸吗？如果害的人家也挨埋怨，这不更对不起人家了。人家相信你，你就得有个样子是吧。真要是干得实在不像样，人家以后就不会叫你了，你也就是

断了自己的这条活路，休想再有这种活干了。(B10)①

失地老人本身可用的资源较少，用以偿还人情债的能力较低，所以他们会尽量避免欠债的事情发生。因此，关系连坐是一种非常有效的牵制方法，事实证明也是如此。"搭便车"现象的出现有两种可能，一种可能是有的老人年龄大身体动作比较慢，从而导致工作效率低，这是属于客观的原因，另一种可能是有的老人故意工作懈怠，这是属于主观的原因。一般来讲，客观的原因容易得到别人的谅解，而主观的原因则会引起别人的不满。在关系连坐的实施下，失地老人尽量地努力工作，劳动潜力最大限度地发挥，而主观上的懈怠思想也被驱赶，"搭便车"的人越来越少。

第二，用进废退。如果说关系连坐是反向的牵制，那么用进废退则是正向的激励措施。用进废退本义指的是在生物进化中生物体的器官经常使用就会变得发达，而不经常使用就会逐渐退化。而在这里的用进废退指的是，依据失地老人工作时的表现，对其下一次的工作机会进行判断。也就是，如果这次某位失地老人工作表现好，那么下次有了临时工作的机会，召集者会优先考虑将工作信息传达给他，反之，如果老人工作状态不好，那么他就可能失去了下次再参加工作的机会。一般工作前项目召集者就会先给老人们鼓励：好好干，下次有项目再叫大家。为了能够争取得到下次做临时工的机会，失地老人会积极表现。

第三，团结互助。当然，失地老人找到一份工作非常不容易，大家也都会互相体谅，何况临时工作又是一种集体性工作。所以，失地老人之间更多的是互相鼓励和宽容。

在经济参与这件事情上，每个失地老人都承受着各种压力，有来自自身的物质和精神压力，也有来自家庭的阻力和他人的不认同，而当一个人面对各种阻力时，其他人的鼓励和帮助就是行动继续的动

---

① 2013年7月20日NT大学操场实地访谈。访谈对象，钱某，男，临时工作者（草坪清理工），65岁。

力。老人间的互相支持有的表现为情感上的开解,如排除心理障碍、关系疏通等。卢某是个热心肠,经常为一些老人排忧解难,也为老人经济参与做了不少工作。

> 卢某：哪家有了难处,我们都会去帮着说说的。有次老张要和我们缝布娃娃（社区介绍的）,她家不同意,我就找他们说去了,有钱为什么不赚呢,再说,我们靠劳动吃饭没什么丢人的啊。我们几个人一起去说的,他家人看这么多人呢,就没反对了。（B12）①

有的则表现为工作中的互相帮助。老年人年龄的原因,身体素质也会有很大差异,因此在劳动的时候就需要相互间的照顾,身体状况好点的多承担些工作,身体稍差的就多休息一下,只有这样,一项群体工作才能顺利完成。

三　以权益换保障：工作权利的维护

失地老人的经济参与是在一种不利的环境下实施的,对于自身的处境他们非常清楚。就个体而言,失地老人在明确参与意愿的前提下多数会坚持下来。在面对来自家庭的阻力时,他们会选择妥协,或放弃行动或降低标准以迎合。而在就业领域,即便在待遇、福利方面难以做到与其他年龄人群同工同酬,他们也宁愿以权益换就业保障。

首先,不介意工作时间长。中国的《劳动法》规定,劳动者工作时间不得超过八小时。但失地老人的工作时间远远超过了八小时。除草坪修剪工是承包片区按次完成外,保洁类和保卫类工作都是按天计算的,小区保洁早上 7 点点名报到,7 点半正式上班,晚上 6 点下班,工作时间 10 个半小时,车库管理员是每天 12 小时轮班,商场购物中心保洁人员则是分时间段上班,一天分成三个点,分别为从早上 7 点

---

① 2013 年 7 月 21 日 WS 新苑实地访谈。访谈对象,卢某,女,临时工作者（图案缝制）,64 岁。

到中午 12 点、中午 12 点到晚上 6 点、晚上 6 点到 10 点，工作人员一天要上两个点，工作时间也要在 9—10 小时。工作时间的延长并没有给失地老人带来额外的收入，按他们的话讲那是"工作需要"。当然，用工单位之所以敢这样延长工作时间，原因之一是他们认为老年人很珍惜就业机会，"生怕别人辞退他"，也就不会介意这延长的一两小时，另一个原因则在于老年人根本就不知道八小时工作制的规定。

其次，不介意没有社会保险的保障。社会保险是用工单位为保障职工权益而设置的保险类型，包括养老保险、医疗保险、工伤保险、生育保险和失业保险，在保障对象上为处于劳动年龄的在职职工。按此规定，失地老人已经超过了劳动年龄，并不享受单位参保的福利待遇。而且失地老人与所属单位签署的并不是正规的劳动合同，而是劳动协议。所以，失地老人没有社会保险的保障，他们的工作存在很大的风险性。比如，他们可能会随时遭到单位的解聘，也可能会在工作中受伤而不会得到什么赔偿。在小区做保洁员的顾某就在擦电梯的时候扭到了腰，她请了几天假，还被扣了些工资。

> 顾某：我在这里（居民小区）干活有近半年了吧。活很简单，就是擦电梯里面，拖地。我负责这里的三个楼栋，每天上午下午各擦一遍，有时管事的还让我们做点其他的。说实话，活还是挺累的，尤其是从外面提水进楼栋的这段路，还真要点力气才行。有一次我擦电梯的时候，提的那桶水（涮洗拖把用的）太多了，一下子闪了腰，疼得不行，马上就回家了。在家休息了一个星期，回来后被扣了一个星期的钱。没干活当然被扣钱了，你不干，这几天不得别人帮你干啊。这个我想得开的。其实在这干活挺省心的，就是干打扫，不用想其他的，简单生活。单位对我们也挺好的，中午我们自己带饭，有微波炉热热，这里提供开水，挺方便的。（保险？）没听说过，我们就是领工资的，干好了自己的活，领自己的钱。现在人家谁给你保险啊，哪个单位都没有

吧。我儿子都没有保险。有个工作就不错了！（B2）①

从客观角度分析，没有社会保险保障，尤其是没有单位参保的工伤保险，失地老人在工作中完全没有保障。且在签订就业协议时，失地老人只要工作满一个月，就可以领一个月的工资，其他的事情用工单位概不负责。但从顾某的话中可以看出，她对自己的工作还是很满意的。为了能够谋求一份工作，失地老人宁愿减少要求换取工作机会。他们认为只要能给予工作，一切都可以接受。但笔者也发现，他们根本不懂什么是社会保险，也不懂他们应该享有什么样的权益，不过这样倒也简单开心。

---

① 2013年5月5日ZN小区实地访谈。访谈对象，顾某，女，小区保洁员，63岁。

第八章 失地老人经济参与的行动再生产

本章所要解决的是"行动是如何实现连续的",失地老人经济参与行动再生产是经济参与行动的重复性实践,是失地老人个体自我反思和对社会系统反思的结果。虽然失地老人经济参与行动是违规的,但从积极意义上讲,失地老人经济参与是其应对失地后困境的能动反应,这不仅能为他们提供更多生活保障,同时也在新的城市空间构建了一种"有序"秩序。在这个意义上,现阶段失地老人经济参与的行动再生产不可或缺,需要政府和社会通过正式的或非正式的制度给予支持。

第一节 何谓行动再生产

行动再生产意指社会主体在行动结构中的行动重复过程,是人类社会的一种普遍现象,它构成了人们日常生活的秩序基础。实践中,人们对于上一次行动的记忆会引导着他们在下一次行动中重新施展,"并作为记忆痕迹,引导新的行动者的行动"①,这样,在熟悉的日常生活实践中,行动被复制,而行动再生产得以重复。功能方面,行动是社会实践的具体体现,稳定持续的社会秩序的维持,有赖于行动空间下社会主体的行动,是各个不同社会主体行动不断循

---

① 吴素雄:《从结构二重性到历史性:吉登斯对马克思唯物史观的重建逻辑》,《探索》2008年第4期。

环往复的结果,即行动再生产的结果。行动再生产的中断与替代,预示着社会实践中的社会行动的变化,会直接影响社会秩序的稳定与持续。由此,可以说,行动再生产是社会秩序的逻辑与基础,无社会行动再生产,就没有社会秩序的稳定与持续。换句话说,社会秩序的稳定与持续,有赖于行动再生产的循环往复。行动再生产在特征上包括以下方面:

第一,再生产行动的重复性。也就是行动往往会是以前行动的延续,但这种延续并不是简单重复。因为"人类的社会活动具有循环往复的特性,它们虽然不是由社会行动者创造,但却持续不断由它们再创造出来。社会行动正是通过这种反复创造社会实践的途径,来表现作为行动者自身;同时,行动者们还借助这些活动,在活动过程中再生产出使它们得以发生作用的前提条件"[1]。这样,因行动者的行动资源、个体行动素质、行动目标等方面的变化,使得行动者后来的行动较之以前行动而言具有一定的变化,其变化幅度的大小取决于行动资源、个体行动素质、行动目标等方面变化的大小,两者之间往往呈正比例关系。

第二,再生产空间的重复性。行动空间是社会者的行动场域。从结构上,行动空间包含政治因素、经济因素、文化因素、社会因素等诸多方面,行动空间对于社会者行动的作用具有双重性质,一方面它是社会主体行动的客体资源,能为一定形式的行动提供正当性与可能性基础,另一方面它又是社会主体行动的边界,对社会主体的行动起规范和限制性作用。社会历史发展的规律表明,行动空间总是因社会形势的变化而不断变化,但其变化的幅度不是恒定的,往往会受制于经济制度、政治制度,以及社会主体行为等诸多因素的影响。一般而言,社会形势相对稳定的时期,社会主体的行动空间变化相对就小,其与以往的行动空间的重复性就更大;反之,社会形势动荡大,社会主体的行动空间变化就大,其与以往的行动空间重复性相对就低。

第三,再生产机制的互构性。行动再生产作为人类行动的一种

---

[1] Giddens, *The Constitution of Society*, Cambridge: Polity Press, 1984, pp. 21–23.

普遍现象，其再生产过程是行动者与社会互构的过程，是行动者行动实践连续性和行动者反思性相结合的集中体现。如吉登斯所言，"社会实践的循环往复过程是以人类行动者认知能力所特有的反思性为特征的，实践的连续性以反思性为前提，而反思性则是因为存在着实践的连续性。由此可以说，人类行动者以认知能力和共同知识为特点的反思性与实践的连续性间不断的过程导致了社会秩序的生产与再生产"①。

综上可知，行动再生产作为行动的方式与特征，既是社会实践连续性与行动个体反思性的集中体现，同时也是个体行动与社会行动空间相互嵌入与互构的结果。就失地老人经济参与而言，其行动再生产是现实社会中的一种普遍事实。这种经济参与行动再生产的持续，既是失地老人个体反思和实践连续的结果，同时也是失地老人经济参与行动与行动空间相互建构的结果。

第二节 经济参与的行动再生产意义

失地老人经济参与行动再生产是失地老人经济参与行动的重复性实践。据以上研究可知，失地老人经济参与行动虽然面临诸多限制，但事实上还是在违规空间中发生了，这也成为经济参与再生产行动持续的基础。从一定意义上说，失地老人经济参与行动再生产的持续，不仅可以为失地老人获取更多的生活保障，同时还能在失地老人自我城市化和构建有序城市秩序方面有所作为。

一 为失地老人生活提供更多的保障

失地老人经济参与是他们面对失地后困境做出的行动反应，因此失地老人对经济参与抱有很大的期望。而从访谈中得知，失地老人认为他们在不断反复的经济参与行动中，所收获到的依次是自立自强、经济收入、人际关系和适应社会。这些收获对失地老人的生活产生了

---

① Giddens, *The Constitution of Society*, Cambridge: Polity Press, 1984, p. 4.

正向的积极影响。

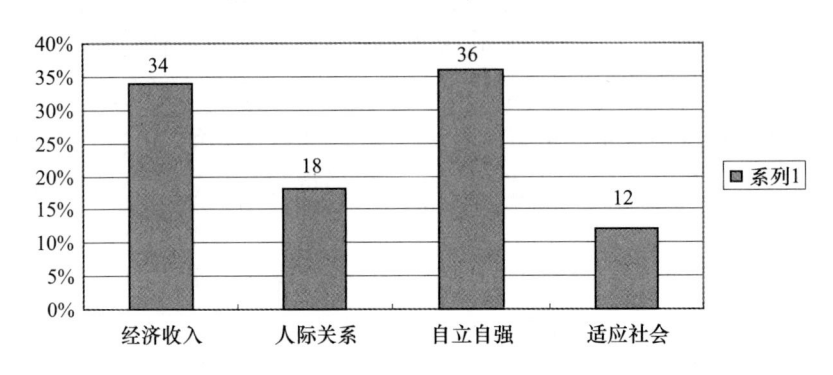

图 8.1　失地老人经济参与的收获

经济收入 34，人际关系 18，自立自强 36，适应社会 12

资料来源：访谈资料整理得出。

（一）形成保障的多层次性

以养老资源的供给来源为分类依据，中国养老保障体系包括家庭养老和社会养老，其中家庭养老指家庭子女供给养老资源，社会养老则是政府和社会组织供给养老资源，而目前较为倡导的社区居家养老仅仅是一种资源供给方式，并非养老资源供给的来源。近代社会以来，家庭观念、家庭结构和功能的变化使得家庭提供的养老资源渐趋减少，而随着社会养老保障制度的健全，社会养老逐渐发挥了越来越大的作用。相对于家庭养老的非制度化约束，社会养老的政策规定和法律保障更能确保老年人的资源供给，从此意义上，社会养老已经成为养老资源供给的主体。但在中国目前的经济条件下，社会养老保障制度仍以缴费型的养老保险为主，是预付费制度，对于没有基金储备的农村准老人和老年人来讲，他们是很难享受到制度福利的。而非缴费型的老年津贴虽已在实行，但每月55元的标准并不能解决老年人的养老需求。"土地换保障"的施行使失地老人得到了较多的社会保障资金，但因此他们也失去了土地保障。因此，建立多层次的保障体系是中国解决养老问题的关键。

自我养老或自立养老提供了一种新的资源供给渠道。它摆脱了老年人被"供养"的传统框架,而把老年人作为养老的积极参与者,由老年人自身提供资源,或积累或创造,从而实现养老资源的再生。积累是老年人自身养老资源的延期支付,而创造则是老年人人力资本的再开发。一项联合国参与的老年人问题的国际调查认为"人力资源当然包括老年人自己","最大的潜力(人力资源)就寓于老年人本身"。①

失地老人有着较大的养老风险。与农村老人相比,他们的风险意识更强,养老资源更加紧缺。虽然他们享受的社会养老保障力度越来越大,领取的养老金越来越多,但直接的市场冲击带来的绝对生活开支上升及比较需求下相对生活质量的下降等,使他们的物质和精神需求难以得到满足,经济参与为他们提供了一个新的养老资源的来源,使其养老保障体系呈现多层次,生活质量得到显著提高。从物质需求上讲,经济参与使他们的收入增加,物质生活水平上升,安全感增强,抵御风险的能力提高;从精神需求上讲,自立状态为失地老人赢得了自尊和家庭地位,从而使他们更加自信和充满活力。

齐某原来住在儿子家,经常闹家庭矛盾。儿子嫌他"闲得闹腾",他觉得自己是"低人一等"。后来,齐某自己买了辆电动三轮车,每天到水果批发市场批水果来卖,人一忙起来,也没时间与家人闹矛盾了。

> 齐某:也不是故意找碴儿。反正就是自己没主见,什么事情都要先问问孩子,比如买什么菜啊的,不为别的,买的多了贵了怕他们经济上有负担,他们不理解,还觉得我烦得慌。现在,出来做事了,忙起来了也就没时间了。自己赚钱了,自己可以计划,自己可以拿主意,这种感觉真好。孩子们对我也好多了,也可能是自己忙起来,就不太注意他们情绪了。(C1-1)②

---

① 王爱珠:《老年经济学》,复旦大学出版社1996年版,第88页。
② 2014年5月14日Z社区居委会实地访谈。访谈对象,齐某,男,流动摊贩(卖水果),66岁。

（二）改善所处环境

在传统养老观念中，老年人是被供养者和资源消耗者，在人口老龄化趋势下则是社会和家庭的负担以及经济发展的阻力。在这种观念影响下，老年人被孤立、被"无用化"。通过经济参与老年人改变了这种观念，并用行动为自己营造了一个有利的环境。

首先，树立良好的社会形象。老年人的社会形象是老年人在社会中展现出来的整体印象，以言语、行为、交往、精神面貌等方式展现出来。总的来说，现今老年人的社会形象可以分为两种，面目衰老、步履蹒跚、唠叨、固执守旧的消极形象和注重自我健康、自我娱乐的积极形象。但这两种社会形象有一个共同点在于，老年人多是无所事事的，他们有大把的时间休闲娱乐却要依赖他人包括政府、社会和家庭的供养，尤其在人口老龄化背景下，这种供养给他人造成极其沉重的负担。老年人的这种社会形象进一步恶化了他们的社会地位和角色，并使得社会代际关系愈加紧张。失地老人虽然没有智力、体力上的优势，但他们尽其所能努力为自己养老承担责任，尽管有些情况下他们的行为可能影响到了他人利益，但不可否认，他们的行为证明了自己的价值，并为整个老年群体树立了自立、自强的良好社会形象。从秦某的话中，我们可以体会到他对老年人看法的改变。

> 秦某：原来我对他们（包括我的父母）只有同情，觉得他们不容易，所以就经常有意地照顾他们生意。但现在觉得自己不对。人家是靠自己双手挣钱，和我们去上班是一样的。他们不需要同情，他们需要的是尊重。（C4）①

其次，吸引更多的养老资源。失地老人的经济参与以实际行动表明了他们有所作为的想法，这对现有的劳动力市场规则和政策制度发出了一个信号，那就是，应该提供适宜的老年人工作市场和制度规

---

① 2014年5月16日WS花苑实地访谈。访谈对象，秦某，男，失地老人子女，39岁。

定,以解决中国目前举步维艰的养老保障状态。在 Z 社区,多数失地老人从事正式工作或非正式工作,他们的经济参与已经成为一种群体性行为,并形成了一种良性互动循环,他们互相提供就业信息、互相分享工作感受、互相鼓励自立养老的行为。在他们经济参与影响下,更多养老资源被吸引过来。社区居委会搭建就业平台,为其提供就业信息并介绍工作;市、区、街道各级组织在加强老年物质保障的同时[1],增加了对老年教育、老年培训等项目的投资力度[2],而且在老年保障制度规范设定上逐步健全。随着各种资源的投入,失地老人面临的养老环境越来越有利,老年生活得到了保障。

二 失地老人自发城市化的有效途径

城市化是一种经济现象,一种制度安排,同时也是一种社会变迁。不管从经济、政治还是社会层面分析,人都是城市化中的主角。人既是城市化的推动者,也是城市化的最终检验者。因此,充分发挥城市化中人的作用,将极大提升城市化的质量。

人的城市化是城市化的核心议题,人的城市化"既不仅仅是农民社会身份和职业的一种转变(非农化),也不仅仅是农民居住空间的地域转移(城市化),而是一系列角色意识、思想观念、社会权利、行为模式和生产生活方式的变迁,是农民角色群体向市民角色群体的整体转型(市民化—角色再造)和城市生活的再社会化和结构化的过程"[3]。而这个过程的实现,不仅需要政府自上而下的制度安排,给农民以城市的保障和相关的配套设施以引导其转变观念和行为方式;还需要农民自发与自觉的理念与行为,使自身在生产方式、生活方式、文化观念、社会交往等方面实现城市人的转变。因此,人的城市

---

[1] 《崇川区投入 14 亿元烹制"民生大餐"》,2013 - 01 - 17,N 市网,http://difang.gmw.cn/cc/2013 - 01/17/content_ 6411132.htm。

[2] 《崇川区老龄事业"十一五"发展规划》,2008 - 03 - 31,N 市崇川区民政局,http://www.chongchuan.gov.cn/Department/qzfbm/showDetialgk.aspx?id = 016d9f49 - 7138 - 4c48 - a867 - 82ceaafb8beb&colId = fc8999ca - 5bd2 - 421b - 9f40 - d4f5bd75c31f。

[3] 文军:《农民的"终结"与新市民群体的角色"再造"——以上海郊区农民市民化为例》,《社会科学研究》2009 年第 2 期。

化需要政府安排和失地农民主体的共同努力。

失地老人是城市化中涉及的主体之一,在被动失地后,他们进入到新的环境中。由于征地拆迁政策实施不到位、村改居社区建设的过渡性等原因,失地老人对于市民的认同度明显偏低,对新生活有较多的忧虑和不适应。[①] 在此困境下,失地老人经济参与行动的再生产有助于其城市化的进程。

首先,失地老人提升了自我意识。失地老人通过经济参与活动逐渐扩展了自己的生活空间,他们不再把关注点和行动局限在狭隘的家庭范围内,而是开始去关注外面的他人和更广阔范围内的社会事务,从而提升了他们的自我意识。

其次,经济参与使失地老人脱离家庭照顾,独立自主地为"个人"而活。在家庭照顾中,失地老人总是把个人欲求放在最后,而家庭的整体利益、孩子总是优先考虑的对象。他们从来不去想自己需要什么,也不会去决定什么,"个人"被深深隐埋在"家庭"中。而脱离了家庭照顾,失地老人的"自我"意识渐趋明晰,要什么,要怎么做,这些问题都需要他们自己思考,自己来做决定,且要为自己的行为负责。独立的个体意识在行动决策中得到凸显。

再次,经济参与有助于角色重塑。社会地位的边缘化、文化的滞后性、角色的模糊性等特质使失地老人在现代社会面前感到手足无措,而土地的失去割断了失地老人对过去的最后一点念想,他们的认同危机严重。经济参与有助于他们重塑自身角色,增强认同感。一方面,虽然现有的劳动力市场规则把失地老人排斥在外,但市场的多元化需求和多样的非正式工作使他们找到了适宜行动的空间。"老年人扮演的非强制性角色的来源越多,就越不会因为强制性角色的失去而情绪低落。"[②] 另一方面,经济参与凸显了他们的自由选择,是主动的角色适应。阿玛蒂亚森认为,真正的"自由"在于享有选择的权

---

① 沈关宝:《角色转型背景下失地农民的社会心理探析》,《探索与争鸣》2010年第9期。

② 刘喜珍:《老龄伦理研究》,中国社会科学出版社2009年版,第65页。

利，而选择权与"可行能力"紧密相关。失地老人的"可行能力"低下，因此社会留给失地老人选择的权利几近没有。正因如此，所以选择机会才更加难能可贵。失地老人可以根据自身的关系和特长选择最适宜自己的经济活动，也可以利用这个机会重塑新的自我。总之，经济参与是他们自由选择的结果，而这种主动性有效帮助了他们实现自己的角色认同和角色重塑。

全新的自我意识、个体自由和角色重塑使得失地老人主动地逐渐从农民身份中走出来，这是他们自发城市化的起点，而这个起点一旦开始，就不会停止。

三 构建城市化过渡阶段的"有序秩序"

城市化将失地老人带到了一个非常尴尬的境地，一方面，失地老人原先稳定的乡村秩序被打破，另一方面，失地老人并没有完全进入城市生活的世界，他们被夹在城乡的"中间"。

（一）失地老人乡村秩序的不复存在

如社会学家费孝通所言，中国传统的乡村社会就是"乡土社会"，即是以土地为核心的"生于斯，长于斯，死于斯"的超稳定社会秩序，这在社会结构上表现为典型的"世代继替"和"差序格局"，在社会关系上表现为以血缘关系和地缘关系为基础的"熟人社会"。改革开放与市场经济体制的建立，对于乡村社会秩序提出了大的挑战，农村青年的外出打工，使得乡村社会秩序中的主体结构出现松动，乡村社会"空心化"、"老年化"等社会问题随之出现。但因乡村社会空间地域和形态稳固等原因，以伦理规范为主导的乡村社会秩序仍然较为稳定。城市化带来的征地与拆迁，一个个新型的城市化拆迁社区取代了传统村落，维系乡村社会秩序的乡村空间和形态也随之而亡，乡村社会秩序由此遭遇了前所未有的大分裂大变革时期。

（二）失地老人徘徊在城市生活世界的边缘

征地拆迁后，虽然失地老人在地域空间上进入到城市的地理范围，但他们并没有真正进入城市生活世界。从享有的社会保障看，失地老人被纳入"土地换保障"的制度中，而不是与城市老人一样享有城市社会保障；从市民身份看，失地老人的称呼就说明他们的身份介于农民和市民之间；从社会交往看，失地老人的交往对象仍然主要是原先乡村中积累的熟人间的同质性社会交往。不管是因为制度对失地老人的排斥致使其不能进入城市生活，还是因为失地老人自身对市民化角色的抵触致使其拒绝城市化，从结果上看失地老人仍徘徊在城市和乡村中间。

（三）经济参与构建了过渡阶段的"有序秩序"

失地老人所处的"过渡阶段"不会永远存在，它必将会向城市生活转变，但这个阶段又会在很长一段时间内必然存在。因此，保持失地老人社会秩序的稳定也就成为政治治理的一个内容。失地老人经济参与通过不断重复实践的行动再生产，可以以失地老人的主体力量构建一个相对的"有序秩序"。

首先，经济参与部分替代了土地功能，使失地老人生活得以维持。一方面，经济参与替代了土地的经济保障功能，使失地老人获得了经济养老资源；另一方面，经济参与替代了土地的交往纽带功能，通过经济参与，失地老人与社区居民、社区居委会、单位管理人员、同事等不同的人发生各种交往，从而使得社会生活得到维持。

其次，经济参与成为连接乡村生活和城市生活的纽带，使失地老人生活得以统一。乡村社会秩序的不复存在破坏了失地老人原有的社会生活和社会关系，会使他们有诸多的不安和不习惯。但社会秩序的大断裂并不代表原有社会生活和社会关系的彻底丧失，"乡村文化对异己力量有一个本能的反弹，促使其站到文化自觉的高起点上。因此，乡村文化的生长过程并不会因异己力量的介入而截然断裂，乡村文化可能会改变其经典的样式，但其文化之'核'会持续存在，这个'核'深植于经年累月的社会文化发展之中，带着深厚的根基，沉淀着特定的意志和审美，烙刻着无法言说的文化认同"[①]。受以往生活惯习影响所致，失地老人仍然会在一定程度上延续过往的社会生活、动用过往的熟人社会关系网络。失地老人失地后自发的经济参与就是其

---

① 李佳：《乡村社会变局与乡村文化再生产》，《中国农村观察》2012年第4期。

事实写照。立足社会的角度，往后看，这种经济参与是失地老人过往社会生活的延续，也是过往乡村社会秩序的"挣扎"。往前看，它又是失地老人社区生活的新现象，是社区新秩序建立的"尝试"。

再次，失地老人的经济参与"违规空间"的存在。不管是个体摊贩型经济参与还是劳务雇佣型经济参与，失地老人的经济活动都是以违规的方式出现的，比如种菜卖菜和流动摊点违反了社区管理规范和城市管理制度，临时工和正式工的工作则违反了单位用工的年龄制度。尽管如此，失地老人的经济参与还是发生了。一方面，"违规空间"是行动者努力争取的结果，另一方面，"违规空间"是制度对违规的默许。而这种默许有两个方面的原因：一是普适性的制度可能会面临特殊场域的排斥和抵抗，二是制度本身的"盲点"和"落点"问题以及制度实施者的不到位。而这两种情况在失地老人的行动场域中都发生了。具体表现在，失地老人是个特殊的群体，他们的行为更多遵循原有惯习和规范，对城市制度规约缺乏认知，而制度本身的问题也逐渐暴露出来。因此，一方面制度实施遭遇到失地老人集体的或消极或积极的抵抗，制度本身需要加强建设；另一方面，制度的受众接受制度规约也需要一段时间的缓冲。在这样的情境下，制度只能选择对违规的默许，从而出现了行动的"违规空间"。制度对"违规空间"的默许，在实践中的效果就是承认了失地老人经济参与的合法性，以及在此基础上的行动秩序。

第三节 经济参与的行动再生产机制

失地老人经济参与行动再生产的实现不仅有赖于失地老人自身的主观努力，同时也有赖于外在环境提供可能的行动空间。经济参与行动再生产过程的不断延续，既是失地老人个体反思和对社会系统反思的结果，也是失地老人经济参与行动与行动空间相互建构的结果。

一 个体自我的反思：行动再生产的内在机制

行动者对于行动实践的能动性反思是行动再生产过程中的重要体

现,也是行动再生产得以维系的前提。失地老人在经济参与过程中,伴随着一个行动周期的结束,他们会对下一次行动与否有个能动的反思过程,会自我考问"我这样经济参与的有意义吗?""我还能继续此类的经济参与活动吗?""我对此类行动积累了哪些经验?"等类似的问题,这一行动的自我反思是行动再生产进行的意义所在,能进一步助推再生产行动的持续和有效完成。

具体而言,个体自我的行动意义是行动生产与再生产的正当性理由,失地老人经历了征地拆迁的一系列变故,但早期的生活记忆和"拆迁户"的标签化效应,使他们对自己的经济参与行动有了合理化的解释,从而赋予了其经济参与的意义。

第一,消解失地后困惑的合理出路。在失地后,失地老人经过了一段行动前的困惑阶段。他们的困惑来自两个方面,一是由失地后的不适应引起的,二是由现实中行动选择引起的。素有"近代第一城"美誉的N市很早就已经渗入了现代化工业化的元素,纺织业尤为突出,加上耕地面积人均不足1亩因素,所以N市居民多是半工半农。尽管如此,土地仍然承载着最基础的保障作用,尤其是对老年人而言,房前屋后的土地耕种带给他们衣食无忧的生活保障和悠闲的生活态度。失地后,他们被拆迁到集中社区,早日的生活经验和态度被隔离,一面是不断涌入的现代信息冲击着他们无法招架,一面是自身的无可作为。在城市环境中,老年人想要找份工作或做点什么是很难决策的,观念的不允许和条件的欠缺同时存在。"我该做什么?""我能做什么?"在不断困扰着失地老人。通过经济参与,不但可以使他们沿袭了以往的行动关系,而且能使他们感觉到自身的存在。

第二,为行动寻找合理化解释阶段。失地老人的经济参与是理性分析的结果,在行动中,他们也会经常通过反思来为行动寻找合理化解释。一方面,他们仍坚持自己的农民身份。失地老人虽失去土地,但深厚的"乡土情结"仍使得他们对过去的生活念念不忘,年龄越大的失地农民越不愿意被征地。在城乡二元的观念中,农村老人经济参与是生活中的常态,那么失地老人也可以作为常态性方式从事经济活动。另一方面,在对比中强化自身的弱势地位。在农村社会,同质化的生活使老年人缺少风险意识，抑或农村老人缺少意识风险的能力，但失地老人进城后，爆炸式风险信息的传递使他们对现在生活的不适应和对未来的不确定性联系在一起，从而产生对生活的恐惧。吉登斯认为，对于生活的恐惧本质上是被焦虑所掩盖的现象，这种焦虑直抵我们的内心深处所有的那些"活"在世上、在世界上"存有的"连贯性感受，这就是"存在性焦虑"，它不是个体的特征，而是现代社会普遍性的"漂浮"与"弥散"[①]。而城市群体内部的严重分化也在时时提醒着他们，他们是社会的弱势群体，应该做点什么。

应该说，通过个体自我行动意义的反思，可以使失地老人对于自身的经济参与有了更深一步的理解，并在此基础上，同时在行动空间变化幅度不大的情境下，会产生对经济参与行为的目标与初衷做出更为合理的调适。行动目标与初衷是行动者在行动前的预期，虽然是理性分析的结果，但总归是停留在实践前的计划，仍有很多变数和不可预期的条件限制。随着行动的展开，行动者对行动实施的难易程度、行动带来的影响等有了新的评估，从而产生新的行动目标。比如，失地老人在小区内种菜，他们起初的想法只是想省去买菜的钱，后来发现可以卖菜挣钱，到后来发展到小区外种菜，从省钱到贴补家用到个人收入，这个转变是作为行动者的失地老人对行动的预期不同而发生的。导致行动者行动预期改变有两种情况，一种情况是行动预期过高，导致行动动机无法实现，另一种情况则是行动者在行动中发现了行动预期之外"意外"的或更高的可能实现的行动目标，从而根据行动实践，在行动中调整了行动预期。

二　个体对社会系统的反思：行动再生产的外在机制

社会系统是个体行动的社会环境，包括政治、经济、文化、社会关系等方面。社会发展变化的规律就是：社会系统总是处于不断变化之中。社会政治、经济、文化、社会关系等社会系统要素的变化，对

[①] ［英］吉登斯：《现代性与自我认同：现代晚期的自我与社会》，赵旭东译，上海三联书店1998年版，第43—50页。

于失地老人经济参与会产生较大的影响。从影响的结果而言,有积极影响与消极影响之分,即社会变化因素与经济参与相符合,则会促进经济参与行动;社会变化因素与经济参与相违背,则会阻碍经济参与行为的持续。从影响的机制分析,有社会系统对于其经济参与的客观影响,也有来自失地老人通过对社会系统的反思而进行主动调适的影响。

(一)失地老人对于社会系统的反思

首先,对政治、经济、文化等行动环境的反思。行动环境对行动的影响体现:要么是"社会结构以内化规范的形式储存于行动者的思想之中,并在具体的行动决策时对行动者发生影响",要么是"社会结构对行动者行动时所产生的当下的、现时的作用"。① 所以帕森斯认为,"只要行动可以在环境条件允许的范围内追求目的,而所用的手段则是行动者所能利用的手段中根据可以理解的并且可以由实证经验科学证实的理由来看是在本质上最适合目的的手段,这种行动才是合理的"②,只有合理的行动才能施展。但行动者是能动的,可以对"环境允许的范围"加以不同的主观阐释。失地老人的行动环境是不利的,既缺少经济参与的场所,也没有经济参与的内容,也就是他们能做什么?在哪里做?外在环境都没有提供。但外在环境中确也存在着某种有利的因素,可以转化为行动的有利条件。在与外界不断的接触中,失地老人通过对客观社会环境的反思,正确定位他们的经济参与行动归属,从而把潜在的行动动机转化为实践理性行动。

另外,行动环境不是静止而是动态变化的,比如征地补偿标准提高、拆迁政策调整、政府老年政策改善、相关管理规定中对老年人经济参与的限制加强等等。行动环境的改变会使失地老人行动动机发生两种趋势转向:一种是行动动机转向,如从物质追求转向价值追求;另一种则是行动并没有沿着行动预期前进,实际行动与行动动机相背

---

① 任亮:《经济行动、行动主体与社会环境》,《理论探索》2005 年第 4 期。
② [美] T. 帕森斯:《社会行动的结构》,张明德译,译林出版社 2003 年版,第 64 页。

第八章　失地老人经济参与的行动再生产

离。比如，失地老人的经济参与是想改善自身的经济状况，却在各种经济活动中屡屡受挫，他们期望通过经济参与改善家庭收入状况，却造成家庭关系的紧张。顾某并没有意识到自己的工作会为儿女带来这么大的困扰。

>顾某：我在 ZN 小区做保洁员，也是找了人进去的。工作了就不自由了，有些事情也照顾不到。比如儿女家的事情。有段时间女儿家闹矛盾，我上班就没去，他们也没告诉我。结果闹得还挺大，都快要离婚了。出了这档事，我也无心再上班了。(C2-5)①

在访谈了顾某后，笔者找到了顾某的女儿，在与她的交流中，她也提到了对母亲工作的看法。

>顾某：我并不想让我妈去上班。还是在小区里做保洁，活累不说，影响也不好。老人年龄大了，万一闪着个腰怎么办？我老公也不赞成，好像我们养不起似的。有时吵架的时候，他也会以此事来笑话我，我受不了。(C5)②

考虑到孩子的感受，顾某最后还是决定放弃保洁员的工作。

其次，对行动的社会资本反思。社会资本涉及行动主体的社会关系，既包括行动前原有的社会关系，又包括在行动中所积累的各种社会关系。原有的社会关系是失地老人行动的资本，在行动前这些关系提供了行动信息、行动资源和行动气氛，为行动的展开铺平道路，同样在行动中它们也为老年人经济参与提供支持和帮助，使行动得以延续。在行动中所积累的其他社会关系，多数属于异质性互动，它们可

---

① 2014 年 5 月 15 日 Z 社区居委会实地访谈。访谈对象，顾某，女，小区保洁员，65 岁。
② 2014 年 5 月 16 日 WS 公寓实地访谈。访谈对象，顾某，女，失地老人子女，42 岁。

能是行动的对象如摊贩的顾客,可能是行动的主管部门如雇主、城管和社区工作者,也有可能是行动的影响者如社区居民,这些社会关系决定着行动的每一个细节。

不管是原有社会关系还是行动中所积累的社会关系都是失地老人必需的,它们作为社会资本可以"为结构内部的个人提供便利"。[①]而且社会关系需要行动者亲自经营和积累,因为社会资本有两个特点,首先,社会资本是特殊的具体的资本,具有与所处环境的一致性。布迪厄认为,资本与场域是紧密联系在一起的,资本总是在具体的场域发挥作用。"一种资本总是在既定的具体场域中灵验有效,既是斗争的武器,又是争夺的关键,使它的所有者能够在所考察的场域中对他人施加权力,运用影响,从而被视为实实在在的力量,而不是无关轻重的东西。"[②] 既然社会资本依托具体环境发挥作用,那么离开了特定环境,它的作用就有可能降低甚至消失。社会资本的另一个特点是不可让渡性,即社会资本是某个人、某个群体或组织所具有的,它是不能转让的。"正是个人的地位、社会身份及具有的社会交往状况决定了个人拥有的社会资本的种类及数量多少,在这种情况下,离开了这个人,就不再存在这种社会资源,因而也就不再存在相应的社会资本。"[③] 因此,不管与他人、群体或组织的关系有多么亲密,社会资本都不能直接拿来就用,需要自身亲自深入其中互动获取,比如与他人交往、取得群体认可或组织成员身份资格等。虽然社会资本不可让渡,但在社会中关系网络都是呈网络状而不是直线型或单线条型,任何一个人与他人发生交往都有可能连接到他人的社会关系网络,比如他的朋友经介绍也会成为你的朋友,在需要的时候他人的社会资本也会帮助你,但你并不会直接动用他人资本。正是社会资本的这种不可让渡性,使失地老人必须亲自去经营和积累。

---

① [美]詹姆斯·科尔曼:《社会理论的基础(上)》,邓方译,社会科学文献出版社1992年版,第333页。

② [法]皮埃尔·布迪厄:《实践与反思》,李猛等译,中央编译出版社1998年版,第135—136页。

③ 朱国宏:《经济社会学》,复旦大学出版社2008年版,第113页。

社会资本的反思也是行动再生产的一个必要环节，失地老人通过系列的经济参与活动，其中所积累的社会资本较经济参与行动前有了很大的变化。如上所言，行动过程中积累的社会资本特别是异质性社会资本，对于第二年失地农民经济参与的社会资本结构有了很大的改观。

总体而言，失地老人通过对行动社会环境和行动社会资本的反思，可以使其在经济参与方面有了更多的社会支持网络，从而促使其在经济参与方式、策略等方面的发展变化。行动策略是行动者在现有的社会环境中为了行动开展所能利用的手段，是行动实施和预期目标实现的保证。行动者是能动的主体，他们不仅可以使用行动策略，而且可以根据行动策略使用的效果对其进行调适。

(二) 失地老人对行动策略的反思

1. 经济参与行动策略的使用条件

失地老人采用何种行动策略，行动者自身能力是关键。表现在：

第一，行动者对行动"信息"的掌控程度。这里的行动"信息"不仅包括行动者的行动主观意愿、行动如何展开、行动可能的后果等，还包括行动者需要预测行动可能遇到的阻力及他是否有能力克服。就第一个因素而言，并不是每一个行动者都能预先对自己所要做行动有个清晰的了解，他们参与行动可能经过了理性分析，也有可能只是追随者和旁观者。

Z社区失地老人经济参与人数较多，在群体氛围中受到鼓舞甚至拉拢是很正常的。失地老人经济参与在不利的条件下实施，势必会受到各种排挤，但到底阻力来自何方，阻力有多大，自身能不能解决，这些问题的思考决定着经济参与行动是否能顺利进行。只有对行动"信息"搜集完整，行动者才有可能决定采用何种策略。在现实实践中，很多失地老人在行动中处处碰壁，要么行动提前夭折，要么行动半途而废，主要的原因就在于没有关注行动"信息"，致使没有相关的行动策略或是行动策略失效。

第二，行动者对行动环境的"操纵"程度。行动者是社会中的人，他们的行动既受到社会环境的影响，但也可以对社会环境加以

"操纵"。行动场域就像是一个斗争的竞技场,虽然失地老人始终处于不利位置,但强弱的力量对比随着斗争的进程时时改变。在经济参与中他们可能会面对不同的反对声音,如家庭成员、社区居民、城管人员等,对象不同失地老人采取的行动策略也应该是不同的,认清形势,知此知彼,失地老人才能利用社会环境中的有利因素,为行动创造条件。这就要求失地老人要时时保持对行动环境的敏感,如果环境改变,行动策略也要改变。

2. 经济参与行动策略的调适依据

失地老人在经济参与再生产过程中的行动策略的调适,并非是空穴来风,而是有着较为充实的依据:

首先,行动策略的实施效果。实施效果的检验是行动策略是否改变的主要依据。行动策略是行动顺利开展的工具,所以,行动策略选取的得当与否首先要看其是否能较好地促进行动。失地老人经济参与中遇到的行动阻力很多,但如果通过采取一定的行动策略使他们能够消除障碍,那说明这种策略就是可行的。但如果实施效果并没有达到预期,那么失地老人就应该另辟他径。

施某在离家几里的地方找了块空地,自己开发出来种菜,每天都忙得不亦乐乎。她告诉我们,她不怕苦不怕累,就怕人家说她孩子不孝顺,同时她也担心这会影响到孩子对她的看法,后来她还是坚持做通了他们的工作。

> 施某:我想要到外边种菜,一开始他们(施某的儿女)怎么都不愿意,说是怕人家说不孝顺,尤其是我那儿媳妇。为了做通他们的工作,我就对他们说,你们很孝顺,是我想出去,趁着还能动的时候。但不管我怎么说,他们都不听。后来我听他们的口气,他们并不是真的反对,而是怕人家说闲话。我就让老张帮我说了说,他是和我准备一起去做的,他说的还挺管用的,我儿子就同意了。(C2-2)①

---

① 2014 年 5 月 15 日 Z 社区居委会实地访谈。访谈对象,施某,女,菜农,67 岁。

在行动环境改变的情况下，行动策略也需要调整以适应新的环境。一般来讲，失地老人行动之初的行动环境较为不利，既有自身的不确定，也有外部的怀疑和阻挠，但行动一经展开，特别是在群体行动中，失地老人所展现出的行动坚毅和自信，初期行动策略所起的调解作用，这些都使得行动环境对失地老人行动越来越有利，在这种情况下，行动策略应略有改变，由原来处理敌对关系的方式改为较为缓和的促进关系，如在处理与社区居民、社区居委会人员、城管人员等关系时，行动初期可能会因为利益冲突而发生矛盾摩擦，行动时较为强硬，但经双方的不断摩擦调和，关系会比较熟悉，行动时会更加注重相互包容和利益共享。

其次，行动策略的实施成本。行动策略的实施需要行动者付出一定的成本，当然，对于经济收入有限的他们，失地老人不会用金钱贿赂别人，他们更多的是用情感作为行动实施的成本。成本收益的分析属于经济学分析范畴，认为每一种经济行为都是行动者理性分析的结果，追求的是付出成本小而收获成果大的经济效率效益。而在社会行动理论研究中，成本收益分析同样存在。如马克斯·韦伯按照行动者的动机把社会行动分为目的合理性行动、价值合理性行动、感情性行动和传统性行动。前两种行动属于理性行动，是经过计算的，而后两种则是非理性行动，虽然行动者是在无意识（没有经过理性分析）情况下做出的行为，但这种行为合乎传统，换来的是集体的接纳和赞赏以及情感的回报，同样符合成本收益的范畴。社会行动的不同形式对其成本收益分析影响很大。林南根据行动者拥有资源（社会地位、身份、社会网络）的不同，把行动者互动分为同质互动和异质互动。同质互动倾向于发生在"有相似的生活方式和社会经济特征的个体之间"[①]，互动交换的是情感资源，且互动与情感间呈正关系；异质互动是行动者为了获取更多的资源而追求目的性的行动，行动者掌握的资源存在差异性，因此异质互动需要付出较多的努力，但得到的回报却是很高的，包括等级地位上升、

---

① ［美］林南：《社会资本》，张磊译，人民出版社2005年版，第38页。

名声效应、信息资源等。

表 8.1　　　　　　目的性行动付出与回报的预测

行动动机	互动参与者的资源	
	相似性（同质互动）	非相似性（异质互动）
维持资源（表达性）	低努力/高回报	高努力/低回报
获得资源（工具性）	低努力/低回报	高努力/高回报

资料来源：[美]林南：《社会资本》，张磊译，人民出版社 2005 年版，第 47 页。

失地老人经济参与的互动既有同质互动，也有异质互动，这代表着他们要付出相当的情感成本。在同质互动中，群体间的熟悉性和共同经历使他们付出的成本较少，但在异质互动中，他们要额外地找关系、走门路以搭建各种联系。不管是哪种形式的互动，他们所期望的是建立良好关系，以获得行动中的支持和帮助。当失地老人为自己的付出"不值得"或者"没什么意思"的时候，就代表着行动策略的实施成本高于预期收益，行动策略就面临着调整，或取消或改变。

三　重复与调适：行动再生产的实践连续

实践的连续性，简而言之，即为实践活动的延续性和重复性。经验层面，失地老人经济参与实践活动的连续性较强，诸如菜农、流动摊贩、临时工与正式工等经济参与形式都在延续着。学理上，这种经济参与活动的延续，更多是在失地老人经济参与情境和失地老人自身境遇变化不大前提下的典型体现。

（一）实践连续的客观条件

"社会系统的结构性特征，既是其不断组织的实践的条件，又是这些实践的结果。结构既对人主体具有制约性，又同时赋予主体以主动性。"[1] 在失地老人经济参与的行动再生产中，实践连续性的客观

---

[1]　于海：《结构化的行动，行动化的结构》，《社会》1998 年第 7 期。

条件具体表现为：

1. 城乡二元化赋予了失地老人经济参与的合理性

首先，中国的老年政策偏向城市老年群体。自从1999年中国进入老龄化社会以来，老龄化高龄化的趋势日趋明显，保障老年人权益、关注老年人健康和提高老年福利成为中国老年政策的重点。但中国老年政策在实施过程中更加偏向城市老年群体。

在针对全国老年人的政策规定中，由于农村医疗设施、服务设施的不健全和因资金缺乏带来的福利供给不足，很多政策规定农村老人是享受不到的。在医疗方面，如2005年颁布的《关于加强老年人优待工作的意见》提出，全社会应为老年人提供医疗保健优待，将生活困难的老年人如城市"三无"老人、农村"五保"老人和城乡贫困老年人纳入医疗救助范围，医疗机构应为老年人就医提供方便和优先优惠服务，如减免老年人普通门诊挂号费和贫困老年人家庭病床出诊费、提供免费体检等；为老年人提供生活服务优待等；在社区服务方面，2011年4月由民政部组织编制，经住房和城乡建设部、国家发展改革委批准的《社区老年人日间照料中心建设标准》、《老年养护院建设标准》颁布施行，对其建设标准提出明确要求："项目建设应与经济、社会发展水平相适应，纳入国民经济和社会发展规划，统筹安排，确保政府资金投入"，《老年养护院建设标准》还明确："老年护理院、老年公寓、农村敬老院、社会福利院、光荣院、荣誉军人康复医院等机构相关设施建设可参照本建设标准相关规定执行。"① 在社会参与方面，《中华人民共和国老年人权益保障法》明确规定："国家和社会应当重视、珍惜老年人的知识、技能和革命、建设经验，尊重他们的优良品德，发挥老年人的专长和作用"；"老年人参加劳动的合法收入受法律保护"；"国家应当为老年人参与社会主义物质文明和精神文明建

---

① 《国家老年养护院、社区老年人日间照料中心和儿童福利院建设标准正式发布实施》，2011-04-28，民政部门户网站，http://www.mca.gov.cn/article/zwgk/mzyw/201104/20110400149969.shtml。

设创造条件"①。在这些规定中,虽然是以全国性政策颁布的,但其面向明显是城市。近年来国家财政在老年医疗和老年福利方面投入越来越多,但绝大部分流向了城市。城乡二元化的政策使得城乡老年人待遇完全不同。

其次,思想观念上的城乡二元化明显。中国固存的城乡二元结构同样影响到了人们的思想观念。农村经济窘迫、社会保障欠缺与城市经济发达、社会保障完善的对比使人们对城乡老年人的生活和行为提出了不同的愿景。比如,人们会认为农村老人的土地耕种是常规化的生活必需品,只要身体许可就应该做下去;而城市老人应该追求更高的生活目标,社会应创造条件鼓励他们社会参与。因此,城乡二元化的思想观念赋予了经济参与的合理性。

2. 外在实践环境对行动的认同

"失地农民"是中国社会分层中的另类群体,它不属于"农民",也不是"市民"。这一群体称谓的出现,不仅代表着"失地农民"群体存在"身份角色的错位性认同、土地情结的鸡肋性认同、经济生活的剥夺性认同和制度环境的失衡性认同"②的认同危机,还代表着整个社会对这一群体归属的模糊,不止如此,社会在不断强调他们的权益保障的同时,也在一定程度上强化了社会对他们"弱势群体"的标签化认同。"拆迁户"是对这一特殊群体的另一个称谓,不管拆迁户小区(也称安置小区、失地农民小区)房屋建设如何、小区配套设施如何,在城市空间分类中这种小区是处于最末的,代表的社会地位是最低的,当然也不排除拆迁小区确实存在房屋质量问题和服务设施的不到位现象,这是建筑开发商的责任,但不可否认的是,在我们的观念中已经把这种小区的档次定格化了。正是在这样的标签化效应中,社会环境对失地老人的经济参与"开了绿灯",并且在行动中又强化了这种标签意识。

---

① 《中华人民共和国老年人权益保障法》,2005-08-04,中国政府门户网站,http://www.gov.cn/banshi/2005-08/04/content_20203.htm。
② 郁晓晖:《失地农民的社会认同与社会建构》,《中国农村观察》2006年第1期。

外在实践环境对行动的认同,表现在两个方面:第一,观念上的认可。失地老人在建构行动意义时最先要做的就是自我观念上的认可,而后在行动中自觉不自觉地将这种观念传递给行动中的接触者。这种信息传递与早已存在的客观实际——对失地农民的标签化——结合在一起,从而使外在实践环境对失地老人的经济参与给予认同,就像"他们本来就应该是这样的"。第二,实际行动中的支持。失地老人的经济参与可能会影响到其他人的相关利益,如公共场所的占有和城市违规,但在实际行动中,相关利益者并没有完全按照规定办事,而是对行动再生产起到了部分支持作用。社区工作人员、城市管理人员在老年行动违规时,对这一群体的社会认同使他们自觉不自觉地给出了"生存伦理"的合理化理解,从而发生了部分容忍行为,使得行动得以生产和再生产。

(二)实践连续的现实表现

行动再生产的最明显表现在于行动过程的情景再现。相对于初次的行动实施,失地老人的实践连续则较为容易。在外在环境方面,不管是社会观念许可度还是社会实际的行动空间,由于他们的前期行动,在再生产阶段失地老人遇到的阻力将会少很多;而在个人能力方面,他们在行动选择、行动操作以及行动应对等方面能力提高,这些也有助于他们的实践连续。失地老人实践连续性主要表现在:

首先,经济参与的行动周期连续延长。行动周期指的是一个行动从行动开始到行动结束的时间段。不同的行动形式行动周期是不同的,菜农的行动周期包括从播种到收获果实,一般为半年时间;正式单位职工的行动周期指的是签订劳动合同的时间段,最少是半年一次,而流动摊贩的行动周期就比较短,每次的出摊和收摊就代表着一次单独的行动。经过了前期的行动动员和资源整合,失地老人的经济参与部分获得了利益相关者的默许,而他们在行动中表现出来的利他性也得到了他人的认可,在排除行动可能性风险的情况下,失地老人的经济参与一般会延续,即行动周期连续延长。从2012—2014年的跟踪调查来看,失地老人各类形式的经济参与行动周期连续性都较强,有的甚至能持续到3年以上。比如菜农李某,他已经在小区种菜

3 年了，蔬菜销售得很好。而在招工较难的情况下，勤快肯干又要求低的老年雇工深受用人单位的欢迎，他们一般都能得到续约的机会。

表 8.2　　　　　　　失地老人的经济参与行动周期的延续

经济参与形式	行动周期连续次数	大约人数
种菜卖菜	1 次	2
	2—3 次	14
	3 次以上	5
流动摊点	1 次	1
	2—3 次	17
	3 次以上	31
集体承包项目中的临时工	1 次	2
	2—3 次	6
	3 次以上	19
正式工作	1 次	1
	2—3 次	3
	3 次以上	4

资料来源：访谈资料整理。

其次，经济参与行动常规化。在重复的行动情景中，失地老人的经济参与成为人们日常生活的一部分，它们被常规化了。行动成为日常生活的一部分，不但包括行动者而且包括与行动相关者。对行动者而言，行动带来的利己效应使他们产生再次行动的动机，而且在行动条件改善的情况下，行动更易进入，因此行动再生产相比于初次行动，行动者付出的行动成本要少很多。对行动相关者而言，不管是行动者家人还是行动涉及的社区居民或是管理者，他们对于经济参与行动已经有了大体的感触——或利益惠及而支持或无可奈何默许，这种感触的强烈度会在行动再生产中有所下降，并随着行动的重复发生而将其视为生活中熟悉的部分，"就是这样的"，"没什么特别"，在这样的熟视无睹下经济参与行动常规化了。

最后，经济参与的行动选择多样化。正是在这样的行动场景下，行动的连带作用发挥出来。"他这样，我也这样"、"他可以，我们也可以"的相互影响力使得失地老人的经济参与行动带动了其他人，不但使得经济参与人数增加，而且行动者的行动形式也多样化了。在跟踪调查的2012—2014年间，虽然失地老人领取的养老金数额不断变动，但他们的经济参与热情不减，这足以说明行动者的经济参与不仅仅是为了赚钱和维持生计。在整体的经济参与氛围中，失地老人从经济参与行动中所获得的是多层次的，各人取其所需。另外，随着经济参与的不断实施，失地老人根据自身和他人的行动经验，他们可以选择更适合自己的行动形式，从而使行动实践更加得心应手和更有收获。

第四节　经济参与的行动再生产阻滞因素

就失地老人经济参与而言，无论是正式制度还是社会伦理方面，其经济参与的空间都较为狭窄，加上失地老人自身年龄与能力等方面的弱势处境，都将会为其经济参与行动再生产带来潜在的障碍。失地老人经济参与行动再生产的阻滞因素主要包括：

一　行动空间的变化

从结构角度，失地老人经济参与的行动空间主要涉及政治结构、经济结构、文化结构，以及社会结构等诸多方面。社会发展的演进规律表明，伴随社会形势的变化，社会主体行动空间中的政治、经济、文化、社会等结构元素都会相应发生变化，这一结构的变化对于失地老人经济参与而言，就是客观行动背景和条件的改变。客观行动背景和条件的变化，对于当前经济参与行动的影响是显的。从影响趋势看，无外乎两种可能，一方面是更有利于经济参与的持续，另一方面可能就是为经济参与带来阻碍作用。就现实看，失地老人经济参与多属于制度弹性空间下的"空间"，无论是经济参与的场域还是经济参与的现实条件，都不同程度地带有"违规"色彩。具体体现在：

第一，菜地的短期性。种菜的地方多是小区内部或是小区周边的马路旁边，这些地方从城市规划角度而言，都是有着美化小区和城市的功能，都是需要种花种草的地方，而不是作为菜地供农民种菜。目前这些地方的闲置更多是因其处于城郊地带，城市化的进程还没有到此地步。伴随实践的推移，城市化的进程与程度将进一步提升，一旦这些闲置地方的城市和小区美化功能提上日程，小区与马路边种菜的土地将会被"取缔"，这也就预示着种菜成为"空中楼阁"。在调查访谈中也发现，失地老人对菜地的短期性质也有预期，他们都笑着说，

> 胡某：这些地方今后都是要种花种草的，趁着他们（指政府或社区管理人员）还没管，我们就种点菜，唉！种一天算一天呗！（C2-3）①

第二，摊贩的"游击战"。流动摊贩是现实失地老人经济参与的一种行动方式。然而，从规范度而言，流动摊贩对于城市形象有较大负面影响，是城市管理中需要清退的对象。所以现实中一些失地老人在马路边摆地摊的行为，也经常会受到城市管理人员的"驱赶"，这种行动方式能持续维持的资本也就是借助当前城市管理滞后带来的机会，与其他地方一样，他们也经常与城管打游击战，"来了就走，走了又来"的游击方式在维持着流动摊贩行为的持续。然而，这种游击战术的运作空间也就是城管制度缺失带来的"机遇"，一旦城市管理规范了，管理制度更加严格了，特别是多元化主体治理理念的引入，许多社区居民也投入到城市管理之中，这一切都将使流动摊贩生存空间越发狭窄，从而流动摊贩对于失地老人而言，只能是边走边看的"职业"了。

第三，跨越年龄的"无保障"。现实中，有些失地老人通过托熟人、谎报年龄等途径在社区物业、超市等地方找到自己的一份"正式

---

① 2014年5月15日Z社区居委会实地访谈。访谈对象，胡某，女，菜农，65岁。

工作"。然而，从规范度方面，这些失地老人都是60岁以上，超越了单位用工的年龄范畴，故而即使成为了正式员工，也因年龄的问题难有其他正式职工的保障待遇。同时，就用人单位而言，其使用失地老人的最大理由可能就是劳动力市场的紧缺，一旦市场供求状态改变了，市场劳动力充足了，出现了供大于求的状况时，一些用人单位可能会对用人提出更高要求，而作为"大"年龄的失地老人就面临随时有可能被解雇的风险。

第四，非正式就业的"不可靠"。通过熟人或社区集体介绍，参加一些临时性的劳动如种花、种草、植树等，是现实中失地老人经济参与的另一种方式。这种临时性的劳动技术含量低，老年人容易上手且力所能及，故而对失地老人有一定的吸引力。现实城镇化背景下，城市郊区的城市化以及老城市的美化改造，为失地老人经济参与提供了较多机会，从而能在一定程度上为他们物质生活提供保障。然而，从长远看，伴随城市化程度的提升，其所能给予失地老人提供的临时工作机会将越来越少，由此也会使其在此方面的就业风险逐渐加大，物质生活的可靠保障也会随之消失。

二 家庭行动时间的"挤占"

子女家庭的意愿和利益是失地老人经济参与的关键性影响因素。失地老人是否经济参与、参与何种活动以及参与时间的开始和终止等都受制于这个因素，如果家庭有需要，老年人会摒弃其他，责无旁贷地开始家庭照顾。失地老人这种观念受其传统文化的影响，同时也是失地老人理性考虑的结果。

首先，家本位观念使然。在中国文化中，家本位从来都占据着重要的地位。家及家庭利益是一切行动的出发点。对老年人来讲，"家"的范围包括了子女家庭，而更以子女家庭为重。而且，在中国现有的养老保障方式中，家庭养老是最基本也是最符合传统的一种方式，尽管现在家庭养老功能在减弱，但它的基础性地位没有改变，尤其是在社会养老保障不健全的今天，中国的家庭仍承担着养老的重要职责；而且在失地老人观念中，父子间抚养赡养的关系本应如此。只不过，他们要求家庭养老的底气已不足，需要再为家庭做点什么——比如家庭照顾——来换取更有利的赡养资本。所以，家庭照顾不仅是人伦的需要，也是未来养老的考虑。

其次，对失地老人来讲，经济参与的付出和收益与家庭照顾不可相提并论。在中国，由于观念影响和市场排斥，经济参与对失地老人而言实属不易的选择，它所得来的价值感受和心理满足相比于家庭照顾要少得多，而操作起来又很不易，所以他们更倾向于家庭照顾。当然，经济参与可以释放自我，使人格独立，从中得到的乐趣也吸引着越来越多的老年人积极参与。

家人的支持是推动老年人经济参与的最大动力，而他们对老年人经济参与的态度也是老年行动与否的关键。一般来讲，如果家人反对，失地老人是不会做的。所以在实施行动前，失地老人总会先做通家人的工作。

> 包某：我出来做事最难搞的就是家里人。他们虽然不反对但也不支持，无所谓。但我心里还是觉得对不住他们。虽说我孙子已经上初中了，但家里事情还是很多，我出来就帮不上他们了。但只要他们有需要，我还是会去的。我这里（时间）很方便的，多一天少一天没关系。有次，儿子出差，我过去照顾了好几天。不管赚钱不赚钱的，平时我也会花钱为孙子买点东西，尽我点心意吧。有那么一两次的，儿媳妇就说了，让我别买，自己挣钱也不容易的，但我看出来他们很喜欢的。毕竟我们有点钱，他们也比较安心吧。(C2－4)①

个案中的包某笔者接触了两次，在第一次交谈中他提到的多是工作带来的喜悦，这次的访谈他传递的感受不同，工作带来的收益不仅是工作财富和交往，家人的赞许最重要。在工作中老年人期望得到他

---

① 2014年5月15日Z社区居委会实地访谈。访谈对象，包某，男，流动摊贩（卖香烛），65岁。

人的认可尤其是家人的认可，这是他们坚持的动力。而这次的收获是他行动反思的结果，在与家人的接触中，他逐渐明白如何才能获得外界支持，只有自立自强才能赢得他人的尊重。

梁某就没有这么幸运。梁某是个劳动惯了的老人，有时小区找人做一些拔草、整理草坪的活，他就和其他人一起做了。梁某的儿子是个公职人员，看见自己父亲出去给人干活，觉得跌面子，起先怎么也不同意。后来，老人家还是瞒着儿子出去做。小梁没办法，只好不断叮嘱安全之类的东西。

> 梁某：我起先是不同意的，但看到他那么愿意（出去做事），也就勉强同意了。每次到家来，他就给我讲工作的事情，和人相处得怎么样，赚了多少钱，眉飞色舞的。出去做事以后，他也不怎么吵闹了，没时间了嘛。原来的时候很节俭，现在也舍得买点东西了。而且现在说话一套一套的，知道的事情也多了，和之前变化挺大的。我现在很支持他的。家里有些事情不烦他做了，有时还会提些建议什么的。（C3）①

梁某的儿子是访谈中对老年人经济参与态度转变最大的一个。由反对到默认到支持的过程，是失地老人通过经济参与行动不断努力改变他人的结果。从梁某儿子的话语中我们可以深深体会到，老年人只有通过行动才能改变他人的观念，包某的儿子也正是受到失地老人的感染，才改变了对老年人经济参与的态度。

总体而言，帮助子女带小孩是中华民族历来的传统，加上现实中家庭人口结构和工作结构的变化，许多年轻夫妇为养家糊口，出外打工无暇照顾小孩现象较为普遍，由此，照顾小孩的重任就会落在老年群体身上。从此方面来讲，家庭照顾对于失地老人是最为重要的"工作"，一旦家庭有这种需求，失地老人将会责无旁贷，其他的经济参

---

① 2014年5月16日WS花苑实地访谈。访谈对象，梁某，男，失地老人子女，42岁。

与行动也将随之立刻消失。

三 个体行动能力弱化

除社会与家庭要素影响之外，伴随年龄的增大，失地老人自身的行动能力弱化对其经济参与再生产产生直接的消极影响。

个体行动能力取决于个体行动资源。在具体资源要素构成上，人口统计学特征所涉及的年龄、性别、教育程度、职业等都有可能成为行动资源的构成部分。就失地老人而言，其经济参与行动的个体资本最典型的体现为年龄资本、技术资本、劳力资本、健康资本等要素，这些资本要素构成了其经济参与行动发生的前提和基础。然而，在失地老人经济参与过程中，伴随着时间的推移，其个体行动资本面临着日渐式微的趋势，从而会对失地老人经济参与行动的再生产带来实质性的风险，具体表现为：

一是年龄老化问题。失地老人群体从年龄上都属于60岁以上，这样的年龄从事经济参与行动，本就是较为吃力。在经济参与过程中，失地老人年龄一天比一天老，对于个体而言其劳力资本也逐日在削减，这一削减的趋势对其经济参与的影响是巨大的，一旦年龄过大丧失了劳动能力，也就意味着其经济参与行动的彻底结束。

二是健康问题。身体是革命的本钱，人的一切行动的有效开展，离不开健康的身体。失地老人经济参与的施行与持续，要以健康的身体为前提。按照生命体学的特征，人过了60岁以后，意味着身体机能的严重下降，也就开始正式步入老年期，说明从这一时期开始人的身体健康稳定性不强，人的许多病情都是从这时候逐步显现出来的。这一健康的不稳定性对于失地老人经济参与而言，是一个极大的风险，一旦发生健康问题，其经济参与行动也将停止甚至彻底消失。

三是技术水平问题。社会发展的标志之一，就是人的劳动技术化要求越来越高。在科学技术高度发达、社会和经济发展速度飞猛发展的今天，劳动技术化的要求更是日趋提高。就失地老人而言，其在城市就业的瓶颈之一就是技术掌握的滞后。在现实城镇化进程中，农村向城市的过渡提供了较多的粗放型就业岗位，这成为失地老人经济就业的主要去向。一旦社会高度发达、城镇化要求基本完成,对于失地老人而言,就预示着许多就业岗位的丧失,而在其他岗位技术化要求高难以进入的形势下,其经济参与的风险也就逐步显现出来。

第五节 经济参与的行动再生产困境消解

从对失地老人经济参与的意义分析中可以看出,现阶段这种经济参与有着非常重要的意义。基于这种经济参与行动再生产可能面临的阻滞因素,社会和国家的层面应该给予相应的支持。

一 构建社会支持网络

"社会支持"是社会学中的专门术语,是指社会运用一定的物质和精神手段对社会弱势群体进行无偿帮助的行为的总和。失地老人经济参与需要获取的社会支持有两类,一个是社会舆论的支持,另一个是社会各层面实际行动的支持。

(一)社会舆论的支持

社会舆论是社会上"多数人"整体知觉和共同意志的外化,一定程度上体现了社会文化观念。虽然中国现在的社会养老保障制度在不断健全,但在社会文化领域,不利于老年群体的氛围依然浓郁。"老而无用"的观点、年龄歧视等在社会各个领域都有显见。这些社会舆论对老年人经济参与是非常不利的,它们不但影响了社会对老年人经济参与行动的看法,对其实际行动产生间接的阻碍作用,而且也影响了老年人自身的参与意愿。

为老年人经济参与提供社会舆论的支持,最为主要的在于社会需要改变传统老龄观,以积极的眼光去看待失地老人的经济参与行动。在对行动评价中,社会舆论不是以否定而是肯定、不是可怜而是尊重的态度去评价和宣传失地老人的参与行动,褒扬他们的做法,以形成有利于老年人经济参与的社会氛围。

另外,社会需要整合道德价值观念,形成良好的尊老社会风气。而这也是一个系统的社会工程,需要国家动用各种媒体加以引导,也需要各社会组织、个人的相互监督与相互鼓励，这样，尊老爱老的社会传统就会保持并良性循环地代际传承。

（二）社会各层面实际行动的支持

失地老人在经济参与过程中，势必会受到各种因素的影响，需要包括家庭、社区、企业单位、非营利组织在内的全社会共同支持。

首先，就家庭而言，家庭是生活的港湾，家庭子女晚辈的支持可以为失地老人经济参与提供动力。一方面，中国传统的家庭观念赋予了老人照顾子辈甚至孙辈的责任和义务，以其换来被赡养的权利。改变对老年家庭照顾的看法，肯定和尊重失地老人在家庭照顾和经济参与两者间的选择，对老人来讲就是最大的慰藉。另一方面，家人的支持也可以使失地老人有勇气有信心走出家庭，参与社会生活。不管何种形式的经济参与对失地老人而言都会遇到困难，亲人的帮助和支持是其渡过难关的最大的动力。

其次，社区、企业单位、非营利组织也可为失地老人的经济参与提供广阔的实践空间。社区是失地老人较为熟悉的活动场所，企业单位和非营利组织可以为失地老人提供更多更适宜的工作岗位。为推进失地老人经济参与，社区、企业单位和非营利组织要为失地老人提供良好环境，既包括提供适合其身体特征的工作设备，又包括营造尊重接纳老年工作者的工作氛围。更为重要的是，用人单位需要公平公正地评价老年人的工作成果，以促进他们更好地参与。

二　加强制度保障

失地老人的经济参与行动可能会在一定时期、一定程度下得到再生产，但要保持行动的可持续性，我们还需要给予失地老人多重的制度支持。

（一）以"顶层设计"来完善经济参与制度规划

"顶层设计"原是系统工程学的专业术语，作为中央文件出现的名词最早出现在"十二五"规划中，其寓意是自高端开启的总体构想，是自上而下的整体规划。中国的老年人经济参与行动的瓶颈就在于缺少制度上的"顶层设计"。

自 1999 年中国进入人口老龄化社会后，人口问题已经不单单是人口数量的问题，而且涉及社会发展、经济发展和文化建设。如何对待老年群体已经成为一个亟待解决的问题。目前，中国的老年政策在制定和执行中仍存在着政策缺位和越位、政策落实不到位、缺少规范化的长远发展战略等诸多问题。在老年政策的内容方面，更多体现的是对弱势群体的照顾和关爱，而较少从增能和社会参与的角度，给予老年人提高技能、平等参与社会的机会①。随着老年人健康条件改善和社会需求的提高，他们必然会在自我提升和社会参与方面提出更高的要求，以期得到更高的自我认同和社会认同，而在参与和发展方面，中国现有的制度设计和社会环境还较难满足他们的需求。

失地老人不同于其他层次的老年群体，他们有自身的群体特征和群体需求。在中国现有的经济条件下，保障有条件的失地老人参与到经济活动中，实现他们自我保障的需求，可以有效缓解家庭与社会的养老压力，而这需要相关的制度保障。允许进入的就业政策、完善的权益保障，可以为老年群体提供参与的动力和契机。而发展型、能力建设型的制度建设，则可以提升失地老人参与市场的竞争能力。

（二）以"老有所养"来确保经济参与物质保障

"老有所养"是中国老年政策的首要目标，保障老年人共享经济社会发展成果是政策实施的基本原则。失地老人为中国农业发展和城市化建设做出了贡献，他们理应享受国家提供的养老保障待遇。只有满足了最基本的生活需求，失地老人才能把经济参与的理念提高，不是为了"生存必须"，而是"一种选择"。

"老有所养"具体而言就是提高失地老人的养老金待遇。一般来讲，失地老人的养老金待遇水平与征地补偿金总数联系在一起，他们的养老资金直接来自于征地补偿款。提高养老金待遇，主要的就是增加政府投入。但这牵涉到一个保障理念的问题。在"土地换保障"制度的争议中，有关制度的合理性即"保障为什么要用土地来换"

---

① 吴帆：《中国老年歧视的制度性根源与老年人公共政策的重构》，《社会》2011 年第 5 期。

的问题一直是争论的焦点。自从社会保障制度确立以来,保障公民的生存权就是政府的责任,那么失地老人的生存权是不是也应该属于政府的保障范围之内,为何还要用土地来交换?另外,既然是土地换来的,为什么允许其标准低于城市低保(城市低保是城市居民依市民资格无偿领取的经济保障金)?因此,增加政府投入需要转变保障理念,把城乡居民真正纳入到保障的范围内,而不是区别对待。

另外,"老有所养"还需要分对象区别"养老"。以 Z 社区为例,大致可以分为三种:

第一种情况是没有任何养老保障,生活困难。Z 社区 270 名失地老人中,有 107 人选择了一次性货币支取养老金,致使晚年生活中没有任何养老保障,抗风险能力很弱。针对这部分人,如果在调查过程中发现他们的生活比较困难,可以给予最低生活保障的制度保障以维持他们的晚年生活。

第二种情况是养老金待遇不足以支撑生活所需。除了一次性支取养老金的 107 人外,有 101 名失地老人每月都能领到政府发放的养老金。但长期以来,养老金水平很低,如果失地老人仅以养老金为最主要的收入来源,而子女供给又较少的情况下,失地老人的生活也会比较困难,那么提高养老金待遇,就属于"雪中送炭"的性质。

第三种情况是养老金待遇不高但不影响日常生活。2012 年实施新保障政策以来,Z 社区中有 62 名失地老人加入企业职工养老保险,虽然自己补缴了一部分养老保险金,但他们每月领取的养老保险金标准要大大高于失地农民养老金,数额从几百元到一千元不等。虽然失地老人领取的养老保险金还不能与城市老人的退休金相比,但失地老人的生活水平还是可以维持的。那么在这种情况下,政府提高养老金待遇,对失地老人而言就属于"锦上添花"的性质。

不管是何种情况下的养老金提高,对失地老人都是一种物质保障的提高,使他们能在满足基本生活需求的前提下,保持一种良好的生理及心理状态,积极投身到经济参与过程中。

(三)以特殊"照顾"来增加经济参与机会

在市场经济领域,"适者生存"的潜规则和"效率优先"的理念,使得失地老人在适龄劳动者面前处于劣势。因此,政府应该为老年人经济参与提供更多的机会。

一方面,增加经济参与机会,需要政府在特定领域的"特殊照顾"。受限于他们的教育水平、技术能力和年龄因素,失地老人的市场进入是很难的。所以在经济参与的行动过程中,失地老人多没有合法的经营场所,以至侵占公共空间和公共资源,如菜农和流动摊贩等。他们的这种经济参与只能是短时期的行动,它不会受到法律的保护,也容易损害自身权益。所以,为了满足失地老人自我保障的需求,政府需要在特定领域给予他们"特殊照顾",使他们的行动合理合法。比如:政府可以允许开发商与菜农协商,在一定期限内耕种尚待开发的土地;城管部门可以在一定时间范围内为老年农民划定一定的经营场地,保障其经营的权利。失地老人的经济参与首先是一种市场行为,它要遵循市场的规则。政府对失地老人在特定场域的"特殊照顾"只能在一定限度内给予老年人经济参与机会,但不能干扰到市场的正常运转。

另一方面,增加就业机会,需要政府给予就业支持和就业权益保护。失地老人不同于其他的就业人群,他们有着群体就业的弱势。因此,为了支持他们的就业,政府需要在政策规定上给予特殊照顾。

在正式工作岗位,失地老人受到年龄限制被排斥在就业市场外。为此,政府应鼓励有些单位专门为他们设置一些轻体力的服务工作,吸纳他们进入工作领域。在"延迟退休"的不断呼声中,首先开放部分工作岗位给失地老人,可以大大拓展他们的经济参与机会。而在工作中维护老年人权益也是必须的。诉求法律是维护老年人权益的合法有效的途径。分析现今失地老人的权益损失成因,不仅存在着不知诉求、不知如何诉求、不去诉求等因自身缺乏法律知识和法律意识而导致的因素,还有诉求渠道缺乏或单一等社会因素在其中,而且以后一种因素占的比重较大。因此,失地老人的权益维护,除了对他们进行法律知识的普及和宣传外,还应健全中国法律体系,规范法律操作程序,建立多渠道的诉求路径,以使老年人能说得出话,听得见回音。

（四）以增能提高经济参与能力

增能（Empowerment）又译为增权或赋权，萌于 20 世纪 70 年代。增能理论成为社会工作理论体系的一个重要组成部分，它认为，每个个人或群体都有内在的发展潜能，但由于与周边环境的互动不利或受到社会环境不利因素的制约，使得发展潜能受挫或施展不出来，从而成为弱势群体或失权者。因此，增能并不是赋予服务对象以权力，而是激发他们的潜能，提高他们的社会参与能力及面对问题、解决问题的能力。

对失地老人的增能主要是提高他们的经济参与能力，而技术培训是关键。调查中发现有些有一定技能的失地老人，如会修理车辆，会修剪草坪等，他们很容易就能找到就业的渠道，并能保证一定的收入。由此发现，技能培训是促进失地老人有效经济参与的关键。

对失地老人进行技能培训，需要注意以下几个问题：第一，要注意他们的可接受程度。N 市失地老人的受教育水平普遍偏低，如果教授的内容太过于复杂化，他们是接受不了的。在访谈中曾有个老人这样抱怨，"原来的时候我也去过他们年轻人上的（培训）课，听不懂，没用"。第二，要因他们的特点而培训。失地老人在长期的劳作中有自己的一技之长，失地后他们的技能可能已经不太适应就业的形式，但如果能根据他们的特长培训一些相关的技能，那么培训会起到事半功倍的效果。比如，有些老年人在田间劳作时动手能力很强，那么培训与之相关的技能如插花、做手工艺品等，失地老人可能很快就能学会。

总之，对失地老人进行培训，不能从外人的角度加以客观地界定，而应该从他们主体需求出发，来进行有效的培训。老年人的理解能力有限，接受能力也有限，因此，政府在组织培训期间不宜操之过急，应该多给他们一些时间来消化和适应。

第九章 结论与讨论

通过以上的研究，本书得出三个结论：一是"情理法"的工具性运用，二是"违规空间"下的自发秩序，三是乡村性—城市性的行动表征。基于失地老人经济参与是城市化进程中的阶段性表现，其未来何去何从？这一点，西方产出性老龄化和发展型社会政策理念也许会给我们更多的启示。

第一节 研究的结论

一 "情理法"的工具性运用

研究发现，失地老人经济参与是一种与现行制度、社会相违背的不规范行动。在没有制度和社会支持的情况下，失地老人在中国特定情境下使用的"情理法"策略对不规范行动的运作起到了很大作用，同时"情理法"的运用也鲜明体现了中国情境下社会行动的特点。

（一）作为社会规范的"情理法"

"情理法"是中国一种特有的历史现象。在长期的人与人相处的社会关系中，"情理法"逐渐成为约束人们行为的主要社会规范。"情"主要指向人的本性和主观感受，是人们在共同生活过程中认可和遵守的习惯与交往规则。"情"在实践中表现为"找关系"、"托人情"，这已经成为中国社会交往的最普遍行为规范。"理"也就是"天理"，主要指向公道和天理，要求人们在日常生活中要以"公"为上，要追求正义，不能违背天理和公道。"理"在实践中常见于陌生人或熟人之间纠纷，"人在做、天在看"、"做人要公道，要有良心"等等都是"理"的表现。在中国,很多时候"情"、"理"都是交会在一起,称为"情理"。其中,"情"是外在表现,而"理"则是内在反映,一切都在"情理之中"即是此意。"法"主要指向正式的法律、法规,是一种强制性的制度规范。但"徒法不足以独行","法"作为社会规范,很多时候都有"情理"因素的介入。执法人员往往通过"变通"、"忍让"、"默认"等方式,追求一种情理化的正义之法,而不是形式上的格式化正义之法。

(二)"情理法"在经济参与行动中的工具性运用

失地老人经济参与行动发生在中国情境中,势必会受到中国"情理法"社会观念的影响。失地老人正是利用了中国情境中的"情理法",才能使经济参与行动成为可能。不仅如此,失地老人将自己"失地老人"的弱势身份工具化,从而为行动实施争取到最大程度的社会支持。

首先,用"情"策略,获取经济参与行动的"准入"。这里的情有三个层面,人情、感情和同情。一是用人情关系找工作。中国素来特别注重人际关系和群体意识,人们之间的交往和互助,就是以己为中心的社会网络。失地老人拥有广泛的强关系网络,这种资源分布在家人、亲戚和朋友间。失地老人在强关系网络中获得信息,并在熟人关系中寻求帮助。二是用感情缓和矛盾。失地老人的经济参与不可避免地会影响到他人的利益,比如种菜卖菜、流动摊点会影响到社区居民的生活环境、菜农会影响到菜贩的生意、失地老人就业可能会"抢"了他人的饭碗等。在这些矛盾引发的冲突面前,失地老人多以"示好"的姿态出现,以合作、共赢、共处的方式取得他人的谅解。三是用同情减轻障碍。失地老人的弱者身份已经被社会"标签化",而失地老人将这种"标签"、"工具化",利用社会上对失地老人的"同情"为经济参与实施减少障碍。

其次,用"理"策略,获取经济参与行动的"正当"。这里的"理"包括行动的合理性和行动的生存伦理,是失地老人为他们自身的经济参与行动寻求一种"道义"上支持的表现。第一,失地老人认为在特殊的经济参与行动空间中,行动的发生是合理的。帕森斯认为,"只要行动可以在环境条件允许的范围内追求目的,而所用的手段则是行动者所能利用的手段中根据可以理解的并且可以由实证经验科学证实的理由来看是在本质上最适合目的的手段,这种行动才是合理的"①。事实证明,在郊区治理的环境中,种菜卖菜、流动摊点的存在是可以被"允许"的,而在市场对劳动者有需求时,失地老人跨越年龄的就业也是有条件的。那么在这种特殊的行动空间中,失地老人的经济参与行动就具有了合理性。第二,失地老人坚信自己的经济参与行动是依照"生存伦理"而发生的,是正当的行为,所以他们即便是在违规的状态下也会为自己合理辩解。另外,生存伦理的首要原则是安全第一,一切有损于生存的现象和风险等要规避。侵害他人利益,势必会遭到他人反对或打击报复,这违背了生存伦理的存在法则。因此失地老人在处理各种社会关系和矛盾时他们也会从这一立场出发,用真诚去得到别人的认可与支持。

再次,用"情理法"策略,获取经济参与行动可能的违规空间。失地老人的经济参与行动违反了社区管理规定、城市管理规定,超年龄的就业也违反了就业管理制度,依照相关法规,相关管理部门是可以予以阻止的。研究发现,在实践中,失地老人对这些刚性的格式化规则并没有一味"服从",而是很好地利用了中国特定的"情理法"策略,认为相关执法人员也是人,会讲公道、讲人情,不会简单强行阻止他们的经济参与行为。抱着这份理念,失地老人在诸多制度限制面前,并没有表现出过多的恐惧和不安。而相关执法人员的表现也部分契合了失地老人的预期,对于失地老人违规的经济参与行动,并没有强行禁止,而是采用"忍让"、"默认"、"睁一只眼闭一只眼"等变通方式来予以执行,从而失地老人经济参与也由此获得了可能的违规空间。

二 "违规空间"下的自发秩序

结构与行动的关系是行动理论中的主要议题。本书研究中的失地

---

① [美]帕森斯:《社会行动的结构》,张明德译,译林出版社2003年版,第64页。

老人经济参与行动则具体体现了中国情境中结构与行动的互嵌互构。研究发现，受制度、社会等方面的约束，失地老人经济参与的规范行动空间极为有限。实践中，失地老人往往借助正式制度的"弹性"和生活经验的"策略"运作获取"违规空间"，以此实现经济参与行动的可能。同时，在城市生活环境中，这种经济参与行动的可能也造就了"违规空间"下自发秩序的产生。

（一）经济参与的"违规空间"

"违规空间"从字面上理解，即是在制度规范的空间中有行使不符合制度规范行为的可能。就失地老人的经济参与行动而言，个体摊贩型经济参与和劳务雇佣型经济参与行动都违反了相关制度规定，如"种菜卖菜"和"流动摊点"违反了社区管理制度和城市管理制度，临时工和正式工违反了单位用工的就业制度。研究发现，尽管失地老人的经济参与不符合制度规范，但在行动者与制度的互动中，这种经济参与的"违规空间"不但出现而且得到了默许。

首先，失地老人经济参与的"违规空间"是正式制度对违规的默许。正式制度方面，与失地老人经济参与行动相关联主要有就业制度、城管执法和社区管理制度等等。表面上，这些正式制度是失地老人经济参与的刚性约束；但在当前的社会环境下，这些有着刚性约束的正式制度还是表现出了一定程度的制度弹性，从而为失地老人不合规范的经济参与行动"让"出了一条"活路"。制度弹性存在的原因表现为两方面：一是普适性的制度可能会面临特殊场域的排斥和抵抗。二是制度本身的"盲点"和"落点"问题的存在以及制度实施者的不到位。研究发现，这两种情况在失地老人的行动场域中都有充分体现。具体表现为：失地老人是个特殊群体，年龄大、适应性差，对城市相关管理制度缺乏认知，其日常生活行为往往以遵循原有惯习和规范为主；同时，正式制度本身的问题——中国就业制度的矛盾、城管执法的合法性质疑、社区治理的困境——也逐渐暴露出来。从而，这些正式制度在实际运作中，往往会遭遇到失地老人集体的或消极或积极的抵抗。面对失地老人经济参与的不规范行动，制度会表现出一定程度上的"无奈"。为保持城市社会空间的稳定，制度最终只能以"变通"和"默许"方式认可这种经济参与"违规空间"的存在。

其次，失地老人经济参与的"违规空间"也是他们自身努力争取的结果。失地老人作为经济参与的行动者，在缺少制度和社会支持的情况下，他们借助日常生活经验和社会关系网络，整合各种可能的背景资源，并运用情理法的行动策略努力改善经济参与行动的各方关系，从而获得经济参与行动的"合法性认同"。

(二)"违规空间"下的自发秩序

在社会学意义上，秩序表现为一种动态的社会状态。自发秩序是一个相对的概念，是指这种秩序的构建主要依靠行动者主观的自发努力，而在规范的制度与社会方面获取的支持较少。研究发现，失地老人从事的种菜卖菜、摆地摊、临时工、正式工等各种形式的经济参与，很大程度上受限于城市管理制度、就业制度的控制，主要依靠"情理法"策略来获取行动的违规空间。就此意义上可以说，失地老人经济参与行动所构建的秩序就是"违规空间"下的自发秩序。

首先，这种"违规空间"下的自发秩序促进了失地老人"城市人"的转变。在当前城市环境背景下，失地老人的经济参与很大程度上是一种不规范的行动方式，但这种不规范的行动方式却能为失地老人提供一定数量的物质生活资料，它意味着失地老人在城市生活空间中寻求了一种新的生产方式。生产方式是社会关系中的最基本要素，伴随失地老人经济参与这种新的生产方式的出现，会相应带给失地老人在生活方式、社会交往、文化观念等方面的变革。为此，失地老人经济参与行动所构建的自发秩序，不仅有新的生产方式的内容，同时也有新的生活方式、社会交往、文化观念的内容，它构成了失地老人生活处境的全部。从积极意义上，这种自发的生活秩序不仅缓和了失地老人失去土地保障的"不安"情绪，同时也促进了他们向"城市人"的转变。

其次，"违规空间"下的自发秩序与现行的城市生活秩序有较大张力。研究表明，失地老人经济参与受到制度和社会的支持非常少，是一种依靠"违规空间"而发生的不规范行动。故而，这种不规范的经济参与行动构建的自发秩序会带有明显的隐性和不规范性特征。而现行的城市生活秩序则是在规范制度和现代文化中塑造出来的，它是显性和规范性的。研究发现，在"违规空间"下的自发秩序中，失地老人仍然在部分延续着以往农村的生活习性和观念，并保留着较多的农村风俗，而这些都与城市生活秩序不相容，并且这种现实存在又会对城市生活秩序造成一定程度的"干扰"。从未来趋势看，同一城市空间中的两种不同秩序间的冲突会在较长时间内存在，但伴随着失地老人经济参与空间的"被逐渐挤压"，其构建的自发秩序也会逐渐消融在城市生活秩序之中。

三 乡村性—城市性的行动表征

中国城市化战略是迈向现代化的重要手段，其本质在于人的城市化。人的城市化不仅是人生活地理空间的城市化，还涉及人的生产生活方式、社会交往、文化观念等方面的城市化。这种人的城市化的全面实现，除有自上而下的城市化手段之外，还需要失地农民有"自我城市化"的理念和行动。现实中失地老人的经济参与，就是失地老人"自我城市化"的实际表现。这种经济参与从形式上，是失地老人主动获取物质生活资料的一种生产行动方式。而从经济参与行动的整个过程分析，它既具有乡村生活意义的乡村性，同时又具有城市生活意义的城市性，是乡村性与城市性两者的交会，并在失地老人"自我城市化"方面发挥重要作用。

（一）经济参与行动的乡村性

首先，经济参与类型的乡村性。长期劳作的生活经验使得 Z 社区失地老人有着较强的经济参与意愿，同时基于土地耕种上的个体性、自由性和分散性的生产方式也影响到失地老人经济参与类型的选择。他们更倾向于从事个体摊贩型经济参与，比如成为种菜卖菜的菜农和自由不受约束的流动摊贩。

其次，经济参与行动策略的乡村性。在当前的就业环境下，失地老人经济参与的空间极为有限。这不仅在于他们自身体力智力的限制，还在于"供养"的社会观念、就业市场的排斥和老年就业制度的缺失。尽管如此,失地老人遵循熟人社会的习惯找关系、托人情以寻找合适的工作;他们运用多年积攒的经验以情动人、以理服人,甚至群体性违规,从而保证了经济参与的实施。

再次,经济参与行动资本的乡村性。失地老人经济参与中动用的社会资本多是他们以往在乡村关系网络中积累的同质性社会资本,这些社会资本在失地老人经济参与中转化为行动资本,直接为其提供实际的支持。

(二)经济参与行动的城市性

失地老人的劳务雇佣型经济参与是建立在业缘基础上,以集体性、规范性为特征,因此,不管是临时工还是正式工都代表了一种典型的城市生产方式。同时,失地老人在从事劳务雇佣型经济参与过程中,以业缘关系为纽带进行社会交往,这种异质性社会资本的积累不但能为失地老人提供一些技术、信息、岗位等方面的实际帮助,有助于失地老人经济参与的进一步延续;而且可以通过与城市人群的交往,影响失地老人的生活方式、思想观念和行为模式,有助于失地老人市民化的转变。

(三)经济参与行动双重属性存在的必然性

集乡村性与城市性为一体的双重属性,是对现实失地老人经济参与行动的真实写照。

首先,从行动发生分析,这种特性的存在有其必然性。一方面,失地老人生活空间由农村转到城市,是政府自上而下的强制推动。在其中,受路径依赖、惯习等因素影响,内化于失地老人头脑中的生产生活方式、文化观念、社会交往等不会立即"城市化",而会有一个相对漫长的适应过程,短时间内它们仍然会不同程度存在于失地老人的日常生活和行动之中。另一方面,土地的失去意味着依靠土地的劳动生活成为历史,在新的城市生活空间,他们必须为自己的生活谋出路,寻找一份既力所能及同时又与城市空间相适应的经济参与。由此,无论是经济参与类型的选择还是经济参与策略的运用,都不可避免会有城市性的特质。

其次,从功能分析,这种双重属性是维持失地老人经济参与的有效保障。单从城市性而言，失地老人面临的是一个陌生人社会，社会关系网络极为单薄，社会行动资源也极为欠缺，加上自身条件处于劣势，失地老人要在此空间背景下"闯出"经济参与（特别是劳务雇佣型经济参与）的天地，确实是难上加难。单从乡村性而言，在陌生人的社会空间，失地老人如果因循守旧，只认可和坚持乡村生活的意义，不主动去适应城市空间的行动逻辑，其经济参与也注定是不长久的。如果两者结合，则会有相互补充的效果出现。乡村性对于经济参与的意义，是失地老人能利用自身的乡村社会关系资源和生活经验，为经济参与输送源源不断的行动资源，从而弥补城市性在此方面的不足。城市性对于经济参与的意义，是失地老人可以通过这种自主的城市生活理念，主动去迎合城市空间，摸索出一条与之相适应的经济参与方式，从而弥补乡村性守旧、传统的陋习。

再次，从意义分析，有着双重属性的经济参与又可以为失地老人的城市化注入强大的正能量。直接意义上，失地老人的经济参与作为一种生产方式，能为失地老人的物质生活资料提供一定程度的保障。间接意义上，经济参与是一种新的生产方式，它不仅是对以往生产方式的替代，同时还能在促进失地老人的生活方式、文化观念、社会交往等方面的城市化产生实质性的积极影响。

第二节 进一步的讨论：失地老人经济参与行动的未来走向

据以上研究可知，失地老人经济参与是城市化进程中的一种普遍现象。从积极意义上说，它不仅可以为失地老人提供一定程度的生活保障，同时还能在促进失地老人城市化和构建城市化过渡阶段的"有序秩序"等方面有所作为。然而，失地老人经济参与行动是在"违规空间"中发生的，从未来看，它必然会面临以下方面的风险：首先，伴随城市化进程的深入，城市管理等制度会日趋完善，失地老人经济参与的行动空间也会相应缩减。其次，伴随经济社会的纵深发展和养老保障制度的逐渐完善，失地老人的生活困境和养老困境也会逐渐消失,甚至失地老人都将成为"历史"。基于此,笔者认为,当前意义上的失地老人经济参与在经历很长一段时间后,会面临着"未来向何处去"的拷问?

就目前而言,针对现实中失地老人的经济参与行动,我国各级政府都未见有相应的制度与政策予以回应。换句话说,就是失地老人的经济参与行动还没有真正进入到政府关注的视野之中。由此,笔者提出如下思路:首先,就现实中的失地老人经济参与而言,如同上文"行动再生产"研究中所认为,它有着提供失地老人生活保障和促进城市化稳定等方面的价值,因此,政府应该对其予以充分重视,并通过相关制度来规范和扶持。其次,对于未来面临"向何处去"的经济参与,政府也不应熟视无睹,需要以相应的理念和手段促进其转型——倡导一种老年人经济参与,即将失地老人经济参与推广到全社会老人的经济参与。这一点,兴起于西方的发展型社会政策和产出性老龄化理念可为我们提供更多的启示。

发展型社会政策和产出性老龄化理论兴起于 20 世纪八九十年代,是对西方社会面临的风险危机和老龄化危机的理论回应,并受到了社会各界的极大关注。这两种理论最大的贡献在于:发展型社会政策提出了以人为核心的"可持续生计"观点;而产出性老龄化理论肯定了老年人的产出性价值,从而为老年人自立养老提供了理论辩护。发展型社会政策和产出性老龄化理论贡献不仅对西方国家有现实意义,同时对于我国现实经济社会的发展同样有重要的启迪。老年人通过经济参与,不仅可以为自身的可持续性生计提供一定保障,同时还可以体现自身的产出性价值。基于此,笔者认为,对于未来的老年人经济参与,政府在理念上不应该置若罔闻,而需要以可持续性生计和产出性价值标准去衡量和规范。

另外,发展型社会政策和产出性老龄化理论在观念上给了我们未来倡导老年人经济参与的理由。然而在具体落实方面,无论是发展型社会政策还是产出性老龄化理论,在中国语境下考量都有着一定意义上的理论局限。如发展型社会政策特别强调社会政策的投资性和产出性效应,会忽视社会政策对于弱势群体的基本生活保障功能。产出性老龄化理论主要关注西方社会背景下的工薪阶层和经济实力相对充裕的老年群体，忽视了那些来自社会底层、没有知识和文化的老年群体。这些与中国现实都存在着明显的张力。为此，如何立足中国情境，在借鉴西方发展型社会政策和产出性老龄化理念的基础上，倡导一种以"可持续生计"和"产出性价值"为标准的老年人经济参与，这不仅需要理论界的深入研究，还需要各级政府的实践探索。

参考文献

一 著作类

毕天云：《社会福利场域的惯习》，中国社会科学出版社2004年版。

范斌：《福利社会学》，社会科学文献出版社2006年版。

范明林：《老年社会工作案例评析》，华东理工大学出版社2010年版。

费孝通：《费孝通选集》，天津人民出版社1988年版。

费孝通：《乡土中国》，北京出版社2005年版。

风笑天：《社会学研究方法》，中国人民大学出版社2001年版。

宫留记：《资本：社会实践工具 布尔迪厄的资本理论》，河南大学出版社2010年版。

和春雷：《社会保障制度的国际比较》，法律出版社2001年版。

景天魁：《福利社会学》，北京师范大学出版社2010年版。

李培林等：《当代中国城市化及其影响》，社会科学文献出版社2013年版。

李强等：《城市化进程中的重大社会问题及其对策研究》，经济科学出版社2009年版。

梁漱溟：《中国文化要义》，上海人民出版社2005年版。

刘渝琳：《养老质量测评：中国老年人口生活质量评价与保障制度》，商务印书馆2007年版。

司马云杰：《文化社会学》，山西出版社2007年版。

孙本文：《社会学原理》，商务印书馆1935年版。

童星：《社会转型与社会保障》，中国劳动社会保障出版社2007

年版。

童星等:《交往、适应与融合》,社会科学文献出版社2010年版。

万育维:《社会福利服务:理论与实践》,三民书局股份有限公司1998年版。

王爱珠:《老年经济学》,复旦大学出版社1996年版。

王道勇:《国家与农民关系的现代性变迁——以失地农民为例》,中国人民大学出版社2008年版。

杨光、温伯友:《当代西亚非洲国家社会保障制度》,法律出版社2001年版。

尹新明:《失地农民的就业和社会保障研究》,中国劳动社会保障出版社2008年版。

曾小华:《文化·制度与社会变革》,中国经济出版社2004年版。

张鸿雁等:《城市化理论重构与城市化战略研究》,经济科学出版社2012年版。

张恺悌、郭平:《中国人口老龄化与老年人状况蓝皮书》,中国社会出版社2010年版。

张敏杰:《新中国60年人口老龄化与养老制度研究》,浙江工商大学出版社2009年版。

张伟民:《社会政策导论》,中国人民大学出版社2004年版。

郑功成:《中国社会保障30年》,人民出版社2008年版。

郑杭生:《社会学概论新修》,中国人民大学出版社2005年版。

周沛:《社会福利体系研究——社会保障与社会政策研究》,中国劳动社会保障出版社2007年版。

朱国宏:《经济社会学》,复旦大学出版社2008年版。

第五届社会政策国际论坛暨系列讲座:《产出性老龄化论坛论文集》,济南,2009年。

[丹麦]艾斯平-安德森:《福利资本主义的三个世界》,郑秉文译,法律出版社2003年版。

[德]斐迪南·滕尼斯:《共同体与社会》,林荣远译,商务印书馆1999年版。

［德］考夫曼：《社会福利国家面临的挑战——社会政策译丛》，王学东译，商务印书馆 2004 年版。

［德］克劳斯·科赫：《市场的贪欲：国家在世界市场经济竞争中的无奈》，张洪明译，社会科学文献出版社 2002 年版。

［德］马克斯·韦伯：《经济与社会》（上），林荣远译，商务印书馆 1998 年版。

［德］马克斯·韦伯：《新教伦理与资本主义精神》，于晓译，陕西师范大学出版社 2005 年版。

［俄］克鲁泡特金：《互助论：进化的一个要素》，李平沤译，商务印书馆 1963 年版。

［法］阿兰·图海纳：《行动者的归来》，舒诗伟译，商务印书馆 2008 年版。

［法］吉尔·利波维茨基：《超级现代时间》，谢强译，中国人民大学出版社 2005 年版。

［法］皮埃尔·布迪厄：《实践与反思》，李猛译，中央编译出版社 1998 年版。

［法］涂尔干：《社会分工论》，渠东译，上海三联书店 2000 年版。

［加］米什拉：《社会政策与福利政策——全球化的视角》，郑秉文译，中国劳动社会保障出版社 2007 年版。

［美］彼德·布劳：《社会生活中的交换与权力》，孙非译，华夏出版社 1988 年版。

［美］波普诺：《社会学》，李强等译，中国人民大学出版社 1999 年版。

［美］戴安娜·M. 迪尼托：《社会福利：政治与公共政策》，何敬等译，中国人民大学出版社 2007 年版。

［美］林南：《社会资本》，张磊译，人民出版社 2005 年版。

［美］罗纳德·伯特：《结构洞：竞争的社会结构》，任敏等译，格致出版社 2008 年版。

［美］马斯洛：《动机与人格》，许金声译，华夏出版社 1987 年版。

［美］诺丁斯：《始于家庭：关怀与社会政策》，侯晶晶译，教育科学

出版社 2006 年版。

［美］帕森斯：《社会行动的结构》，张明德译，译林出版社 2003 年版。

［美］帕特南：《使民主运转起来》，王列译，江西人民出版社 2001 年版。

［美］乔布拉：《不老的身心》，崔京瑞译，工人出版社 2007 年版。

［美］舒尔茨：《老龄化经济学》，裴晓梅译，社会科学文献出版社 2010 年版。

［美］泰德·C. 费晓闻：《揭秘老龄化》，吴礼敬译，机械工业出版社 2011 年版。

［美］约翰·罗尔斯：《正义论》，何怀宏等译，中国社会科学出版社 1988 年版。

［美］詹姆斯·科尔曼：《社会理论的基础》，邓方译，社会科学文献出版社 1992 年版。

［美］詹姆斯·米奇利：《社会发展》，苗正民译，格致出版社 2009 年版。

［印度］阿玛蒂亚·森：《生活水准》，徐大建译，上海财经大学出版社 2007 年版。

［印度］阿玛蒂亚·森：《以自由看待发展》，于真译，中国人民大学出版社 2010 年版。

［英］安东尼·哈尔：《发展型社会政策》，罗敏等译，社会科学文献出版社 2006 年版。

［英］伯特兰·罗素：《幸福之路》（上），曹荣湘等译，文化艺术出版社 1997 年版。

［英］菲利普·泰勒：《趋向老龄化的劳动力：期望与愿景》，于戈译，社会科学文献出版社 2011 年版。

［英］吉登斯：《第三条道路：社会民主主义的复兴》，郑戈译，北京大学出版社 2000 年版。

［英］吉登斯：《社会的构成》，李康、李猛译，上海三联书店 1998 年版。

［英］吉登斯：《失控的世界》，周红云译，江西人民出版社 2001 年版。

［英］吉登斯：《现代性的后果》，田禾译，译林出版社 2011 年版。

［英］希尔：《理解社会政策》，刘升华译，商务印书馆 2003 年版。

Giddens, *The Constitution of Society*, Cambridge: Polity Press, 1984.

M-H. Nancy, J. Hinterlong & M. Sherraden, *Productive aging: Concepts and Challenges*, Baltimore: The Johns Hopkins University Press, 2001.

二 网站资料

中国社会保障网，www.cnss.cn。

中国政府门户网站，www.gov.cn。

中华人民共和国人力资源和社会保障部网站，www.mohrss.gov.cn。

全国老龄工作委员会办公室网站，www.cncaprc.gov.vn。

中华人民共和国民政部网站，www.mca.gov.cn。

中国老年网，www.chelder.com.cn。

中国老年服务网，www.chinalnfw.com。

中华老年网，www.zhln.org。

中华助老网，www.njjiufu.com。

中华人民共和国国家发展和改革委员会网站，www.sdpc.gov.cn。

中华人民共和国国土资源部网站，www.mlr.gov.cn。

江苏省国土资源网站，www.jsmlr.gov.cn。

江苏民政网，www.jsmz.gov.cn。

江苏省统计局网站，www.jssb.gov.cn。

网上村村通，www.wscct.com。

N 市国土资源局网站，www.ntgt.gov.cn。

N 市民政局网站，www.mzj.nantong.gov.cn。

N 市统计局网站，www.tjj.nantong.gov.cn。

N 市人力资源和社会保障局网站，www.jsnt.lss.gov.cn。

附录1　N市Z社区失地老人经济参与调研访谈提纲

访谈编号：

一　基本情况

年龄：_____　　性别：_____　　几组：_____
家庭人口数：_____（_____子_____女）
目前居住情况：_____　　身体状况：_____
文化水平：_____

二　访谈内容

对象：失地老人

1. 您觉得失地后，生活有什么改变吗？
2. 在居住上，您是倾向自己（与配偶）居住还是与子女家庭住在一起？
3. 您是怎么看待老年家庭照顾的？
4. 您通常为子女家庭做些什么？
5. 如果和孩子发生冲突，您会采取什么样的方法解决？
6. 您现在的经济来源有哪些？收支状况如何？
7. 您是如何看待老年人就业的？
8. 您想不想找一份工作？您对工作的要求是什么？

9. 现在政府发的养老金增多了，您还想着去工作吗？

10. 当家庭有需要，而您又有一份能带来收入的经济生产活动，您会选择怎么做？为什么？

11. 从工作中，您得到了什么？

对象：失地老人子女

1. 您希望与老年人生活在一起吗？
2. 您是怎样看待老年家庭照顾的？
3. 如果与老年人发生争执，您通常会怎么解决？
4. 您是如何看待隔代抚养的？
5. 您觉得怎样才是对父母孝顺？
6. 您觉得老年人最需要的是什么？您是怎样满足的？
7. 您如何看待老年人就业的问题？
8. 如果您的父母找到了一份工作，您会采取什么态度？
9. 如果您的父母找到了一份工作，您会有什么样的支持？
10. 您觉得老年人怎样生活才更充实？
11. 为了让老年人高兴，您通常会怎么做？

对象：社区居民

1. 您如何看待失地老人的经济参与？
2. 您如何看待社区内的菜地？
3. 如果老年人种菜影响了您的出行，您会怎么做？
4. 如果社区内老年人因种菜与社区工作人员起了争执，您会怎么做？
5. 如果您也有机会在门前种菜，您会怎么做？

对象：相关工作人员

1. 社区失地老人的基本概况是怎样的？
2. 自社区成立以来，"社区调解室"受理的家庭调解有哪些？
3. 社区内老年从业者的工作意愿和工作性质是怎样的？社区提

供了哪些帮助?

4. 社区环境治理方面,社区做了哪些工作?
5. 您觉得目前社区居委会工作面临的最大困难是什么?
6. 社区居委会在老年人福利服务方面有什么措施?
7. 遇到路边摊贩,您会怎么做?
8. 你们是如何看待老年工作者的?会提供哪些帮助?

对象:农村老人

1. 您目前从事农业劳动吗?您怎么看待老年人参与劳动的现象?
2. 您对目前的生活(包括收入情况、家庭居住情况等)满意吗?
3. 您倾向于征地拆迁吗?为什么?
4. 如果征地拆迁后,您觉得生活会发生什么变化?
5. 如果征地拆迁后,您会找点事情做来增加收入吗?

附录2 N市Z社区失地老人经济参与调研访谈情况一览表

访谈编号	访谈时间	访谈地点	访谈对象及形式	访谈内容	资料整理情况
A1	2012.5.12	Z社区居委会	失地老人座谈会	失地后的生活情况、居住情况	整理记录8份访谈资料
A2	2012.5.13	Z社区居委会	失地老人座谈会	经济参与意愿、经济参与形式	整理记录11份访谈资料
A3	2012.5.15	Z社区居委会	失地老人子女座谈会	失地后的就业情况、经济情况	整理记录8份访谈资料
A4	2012.6.10	Z社区居委会	三、六、七组农村老人座谈会	征地拆迁的意愿、对失地老人经济参与的看法	整理记录10份访谈资料
A5	2012.7.4	Z社区居委会	居委会工作人员个案访谈	失地农民家庭矛盾纠纷情况	整理记录1份访谈资料
A6	2012.7.5	WS公寓	菜农个案访谈	小区种菜、卖菜的动机、困境	整理记录3份访谈资料
A7	2012.7.5	WS公寓			
A8	2012.7.6	WS新苑			
A9	2012.7.6	WS公寓菜场	菜贩个案访谈	对菜农的看法	整理记录1份访谈资料
A10	2012.7.12	WS公寓	失地老人个案访谈	照顾子女家庭的感受	整理记录1份访谈资料
A11	2012.7.12	WS新苑	社区居民座谈会	对安置小区的看法	整理记录5份访谈资料

续表

访谈编号	访谈时间	访谈地点	访谈对象及形式	访谈内容	资料整理情况
A12	2012.7.19	马路边	流动摊贩个案访谈	卖小商品的动机、困境	整理记录5份访谈资料
A13	2012.7.19	马路边		卖小吃的动机、困境	
A14	2012.7.19	狼山脚下		卖香烛的动机、困境	
A15	2012.7.19	狼山脚下		卖香烛的动机、困境	
A16	2012.7.20	小区内		修理自行车的动机、困境	
A17	2012.8.6	Z社区居委会	居委会工作人员个案访谈	社区治理的困境、对老人经济参与的支持措施	整理记录1份访谈资料
A18	2012.8.6	WS新苑	失地老人个案访谈	与城市居民收入对比的感受	整理记录1份访谈资料
A19	2012.8.7	HT小区	失地老人个案访谈	找工作的经历和感受	整理记录1份访谈资料
A20	2012.8.7	马路口	城管工作人员个案访谈	对流动摊贩的看法和工作措施	整理记录1份访谈资料
B1	2013.3.13	Z社区居委会	失地老人座谈会	对新保障政策的看法及对经济参与的影响	整理记录8份访谈资料
B2	2013.5.5	ZN小区	小区保洁员个案访谈	小区保洁工作的日程安排及工作感受	整理记录2份访谈资料
B3	2013.5.5	Z社区居委会			
B4	2013.5.6	ZN小区	草坪修剪工个案访谈	草坪修剪工的工作体会	整理记录1份访谈资料
B5	2013.5.6	ZN小区物业委员会	物业管理工作人员	招聘工作者的条件和要求	整理记录1份访谈资料
B6	2013.7.15	WS花苑	失地老人子女个案访谈	对孝的理解、对老年经济参与的看法	整理记录2份访谈资料
B7	2013.7.15	WS花苑			
B8	2013.7.16	ZN百货商场	商场保洁员个案访谈	商场保洁的工作体会	整理记录2份访谈资料
B9	2013.7.16	ZN超市			

附录2　N市Z社区失地老人经济参与调研访谈情况一览表

续表

访谈编号	访谈时间	访谈地点	访谈对象及形式	访谈内容	资料整理情况
B10	2013.7.20	NT大学操场	草坪清理者个案访谈	临时工作的寻找渠道和工作体会	整理记录3份访谈资料
B11	2013.7.20	NT大学操场	草坪清理者个案访谈		
B12	2013.7.21	WS新苑	图案缝制者个案访谈		
C1	2014.5.14	Z社区居委会	失地老人座谈会	经济参与的收获	整理记录8份访谈资料
C2	2014.5.15	Z社区居委会	失地老人座谈会	对经济参与持续性的意愿	整理记录5份访谈资料
C3	2014.5.16	WS花苑	失地老人子女个案访谈	对父母经济参与的态度及变化情况	整理记录3份访谈资料
C4	2014.5.16	WS花苑			
C5	2014.5.16	WS公寓			